Histoire vivante
du **Québec**

Jacques Lacoursière ■ Pierre Caron
Québec et sa région

Design graphique : François Daxhelet
Traitement des images : Mélanie Sabourin
Révision : Danièle Bombardier
Correction : Anne-Marie Théorêt

Catalogage avant publication de Bibliothèque et
Archives nationales du Québec et Bibliothèque et
Archives Canada

Lacoursière, Jacques
    Québec et sa région
    (Histoire vivante du Québec)

1. Québec (Québec) - Histoire. 2. Québec, Région de
(Québec) - Histoire. 3. Lieux historiques - Québec
(Province) - Québec. 4. Québec (Québec) - Ouvrages
illustrés. I. Caron, Pierre. II. Titre.

FC2946.4.L32 2008   971.4'471   C2008-940483-1

Pour en savoir davantage sur nos publications,
visitez notre site : **www.edhomme.com**
Autres sites à visiter : www.edjour.com
www.edtypo.com • www.edvlb.com
www.edhexagone.com • www.edutilis.com

04-08

Dépôt légal : 2008
Bibliothèque et Archives nationales du Québec

ISBN 978-2-7619-2317-0

DISTRIBUTEURS EXCLUSIFS :

• Pour le Canada et les États-Unis :
  MESSAGERIES ADP*
  2315, rue de la Province
  Longueuil, Québec J4G 1G4
  Tél. : 450 640-1237
  Télécopieur : 450 674-6237
  * filiale du Groupe Sogides inc.,
    filiale du Groupe Livre Quebecor Media inc.

• Pour la France et les autres pays :
  INTERFORUM editis
  Immeuble Paryseine, 3, Allée de la Seine
  94854 Ivry CEDEX
  Tél. : 33 (0) 1 49 59 11 56/91
  Télécopieur : 33 (0) 1 49 59 11 33
  Service commandes France Métropolitaine
  Tél. : 33 (0) 2 38 32 71 00
  Télécopieur : 33 (0) 2 38 32 71 28
  Internet : www.interforum.fr
  Service commandes Export – DOM-TOM
  Télécopieur : 33 (0) 2 38 32 78 86
  Internet : www.interforum.fr
  Courriel : cdes-export@interforum.fr

• Pour la Suisse :
  INTERFORUM editis SUISSE
  Case postale 69 – CH 1701 Fribourg – Suisse
  Tél. : 41 (0) 26 460 80 60
  Télécopieur : 41 (0) 26 460 80 68
  Internet : www.interforumsuisse.ch
  Courriel : office@interforumsuisse.ch
  Distributeur : OLF S.A.
  ZI. 3, Corminboeuf
  Case postale 1061 – CH 1701 Fribourg – Suisse
  Commandes : Tél. : 41 (0) 26 467 53 33
                Télécopieur : 41 (0) 26 467 54 66
                Internet : www.olf.ch
                Courriel : information@olf.ch

• Pour la Belgique et le Luxembourg :
  INTERFORUM editis BENELUX S.A.
  Boulevard de l'Europe 117,
  B-1301 Wavre – Belgique
  Tél. : 32 (0) 10 42 03 20
  Télécopieur : 32 (0) 10 41 20 24
  Internet : www.interforum.be
  Courriel : info@interforum.be

Gouvernement du Québec – Programme de crédit
d'impôt pour l'édition de livres – Gestion SODEC –
www.sodec.gouv.qc.ca

L'Éditeur bénéficie du soutien de la Société de
développement des entreprises culturelles du
Québec pour son programme d'édition.

Conseil des Arts   Canada Council
du Canada   for the Arts

Nous remercions le Conseil des Arts du Canada de
l'aide accordée à notre programme de publication.

Nous reconnaissons l'aide financière du gouvernement du Canada par l'entremise du Programme
d'aide au développement de l'industrie de l'édition
(PADIÉ) pour nos activités d'édition.

Histoire vivante
du **Québec**

Jacques Lacoursière ▪ Pierre Caron

Québec et sa région

LES ÉDITIONS DE
L'HOMME

Un essaim de
toitures pentues
et le clocher
de l'église
de Notre-Dame-
des-Victoires,
dans le quartier
de la place
Royale.

TABLE DES MATIÈRES

DEUX VISIONS DE QUÉBEC

CELLE DE L'HISTORIEN

Dans l'histoire du Canada, la région de Québec a été la première à se peupler et à se développer. De ce fait, elle est, sans contredit, le berceau de l'Amérique francophone. Il faut cependant souligner que les colonies de la Nouvelle-Angleterre la devanceront rapidement aussi bien au chapitre du peuplement que sur le plan de l'économie. Ces colonies chercheront d'ailleurs à la conquérir à plusieurs reprises, mais il leur faudra attendre plus d'un siècle et demi pour que leurs espoirs se concrétisent.

De 1608 à 1866, Québec a été le siège du gouvernement de la Nouvelle-France, puis de celui de la Province de Québec, et enfin de celui du Canada-Uni. C'est entre ses murs que l'on a élaboré le projet de loi conduisant à la Confédération. Auparavant, c'est aussi de cette ville qu'étaient partis missionnaires et explorateurs. Même durant les périodes les plus troublées, la vie culturelle y était vivace.

Son patrimoine bâti témoigne des influences françaises, anglaises et américaines, sans oublier un souci de création... canadienne ! En 1985, l'Unesco a eu raison d'inscrire l'arrondissement historique du Vieux-Québec dans la Liste du patrimoine mondial.

Même si je vis à Québec, je ne cesse d'y découvrir des aspects nouveaux. Serais-je donc, dans la ville où j'ai étudié et où je me suis établi il y a quatre décennies, un perpétuel touriste ?

JACQUES LACOURSIÈRE

Timbre commémorant le tricentenaire de la fondation de Québec (1608-1908) et illustrant l'Abitation de Champlain.

CELLE DU ROMANCIER

Rien de plus singulier dans ma vie que la fascination que Québec exerce sur mon imagination. J'en ai pris conscience alors que j'y faisais des études de lettres. Dans mes promenades solitaires, au jour le jour je fixais sur papier les moments qui m'atteignaient le cœur et intensifiaient mon attachement pour cette ville. Sans effort et sans le savoir, j'explorais ainsi les rouages de l'écriture, tout pris que j'étais par une exaltation heureuse. Cette même fièvre s'empare de moi encore aujourd'hui, lorsque j'écris ; elle me replonge dans cet état de grâce où je trouve l'inspiration.

À Québec, je sens bondir en moi une sorte de légèreté que je n'ai éprouvée nulle part ailleurs. C'est l'histoire, les gens d'avant, la vie d'autrefois, le temps passé qui me portent. Même si j'ai déjà visité Rome, ma ville éternelle, c'est Québec.

Dans la vieille capitale, les distances n'existent pas. Partout, c'est la même vie ardente qui m'agite intérieurement. Je n'ai jamais vraiment envie d'être ailleurs.

Raconter son *histoire vivante* avec la complicité de Jacques Lacoursière m'a permis de connaître davantage cette ville, pour mieux l'aimer.

PIERRE CARON

> C'est dans cet immeuble, à gauche, que j'ai exploré les rouages de l'écriture.

Le temps passe,
le sport de la
glisse demeure.

L'HISTOIRE VIVANTE

Parce que le présent est la continuité du passé, les années, les siècles ont pu s'écouler sans effacer les traces du temps jadis. Voilà pourquoi l'on peut dire que l'Histoire est vivante.

Pour le démontrer, les auteurs de cet ouvrage inversent la narration traditionnelle de l'Histoire. Ainsi, au lieu de relater des faits puis d'en indiquer le théâtre, ils partent plutôt d'un lieu pour raconter les événements qui justifient l'importance de ce lieu dans le temps. Par exemple, le lecteur découvrira le parc des Champs-de-Bataille avant qu'on lui raconte la bataille des plaines d'Abraham. De la même manière, c'est en explorant l'histoire de la Maison des Jésuites de Sillery que l'on découvre l'existence du premier roman écrit en Amérique du Nord, *The History of Emily Montague,* par Frances Brooke.

Une carte géographique permettant de repérer les lieux emblématiques de Québec ouvre chaque chapitre ; et chacun se termine par de courtes biographies de personnages exceptionnels.

Enfin, des adresses utiles et des références bibliographiques complètent l'ouvrage.

N

L'Ange-Gardien

Boischatel

Chute Montmorency

Charlesbourg

Beauport

Sainte-
Pétronill

40

QUÉBEC

L'Ancienne-Lorette

Sillery

Sainte-Foy

Cap-Rouge

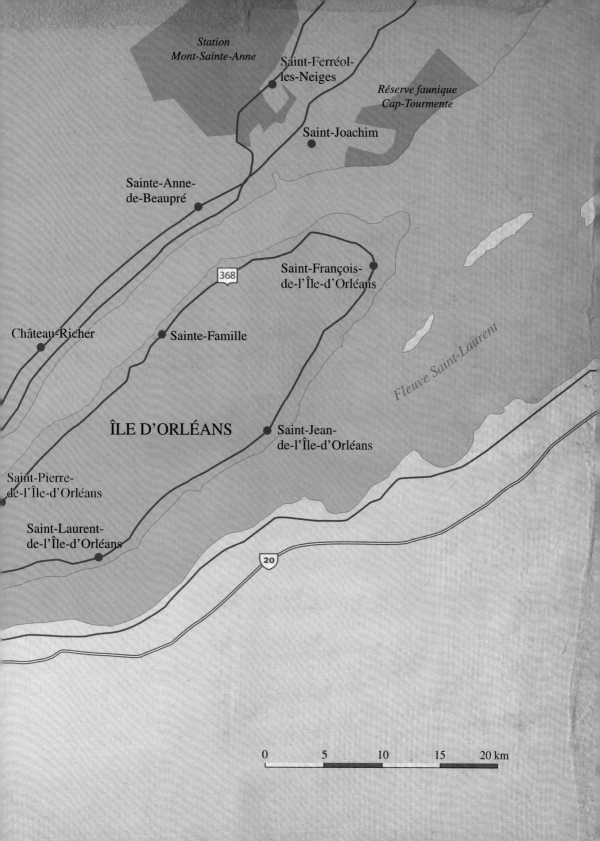

Station
Mont-Sainte-Anne

Saint-Ferréol-
les-Neiges

*Réserve faunique
Cap-Tourmente*

Saint-Joachim

Sainte-Anne-
de-Beaupré

368

Saint-François-
de-l'Île-d'Orléans

Château-Richer

Sainte-Famille

Fleuve Saint-Laurent

ÎLE D'ORLÉANS

Saint-Jean-
de-l'Île-d'Orléans

Saint-Pierre-
de-l'Île-d'Orléans

Saint-Laurent-
de-l'Île-d'Orléans

20

| 0 | 5 | 10 | 15 | 20 km |

1. CAP-ROUGE

Cap-Rouge

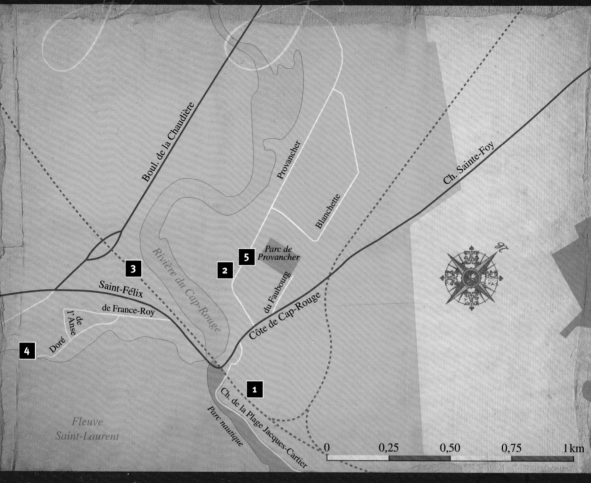

Boul. de la Chaudière

Rivière du Cap-Rouge

Provancher

Blanchette

Ch. Sainte-Foy

3

5

2

Parc de
Provancher

Saint-Félix

de France-Roy

du Faubourg

Côte de Cap-Rouge

4

de
l'Anse

Doré

1

Ch. de la Plage Jacques-Cartier

Parc nautique

Fleuve
Saint-Laurent

0   0,25   0,50   0,75   1 km

Page 14 :
Le tracel en
construction.

Page 15 :
La rivière
Cap-Rouge
vient rencontrer
le fleuve Saint-
Laurent en
passant sous
le plus long
viaduc du genre
au Québec.

1	Site des premières tentatives de colonisation
2	L'église Saint-Félix-du-Cap-Rouge
3	Le « tracel »
4	La plage Saint-Laurent
5	La maison Provancher

Histoire vivante du Québec

C'est un cap, composé de rochers rouges, sur lequel est sise la plus grande partie de la ville, qui lui a donné son nom déjà attesté par le père Paul Le Jeune dans les *Relations des Jésuites* en 1637. D'abord érigée en paroisse en 1872 sous l'appellation de Saint-Félix-du-Cap-Rouge, en l'honneur d'un vicaire général de Québec (1850-1881) éponyme, elle devint officiellement Cap-Rouge en 1983 seulement, puis un arrondissement de Québec en janvier 2002.

LE SITE DES PREMIÈRES TENTATIVES DE COLONISATION

On s'étonne de l'apprendre, mais cet arrondissement de la Ville de Québec, érigé en partie sur le cap de rochers rouges et en partie sur les rives de la rivière dont il porte le nom, Cap-Rouge, est le site des deux premières tentatives de colonisation en Nouvelle-France.

C'est à cet endroit, nommé d'abord Charlesbourg-Royal, qu'à la fin d'août 1541 une vingtaine d'hommes de la troisième expédition de Cartier labourèrent pour la première fois le sol d'Amérique. Au cours de l'hiver suivant y naquit le fameux conflit franco-iroquois qui ne prendra fin qu'à la signature de la Grande Paix de Montréal en 1701.

Ces hostilités forcèrent Cartier à lever le camp dès la fin juin 1542, ne laissant derrière lui que des morts... Le Malouin avait cependant eu le temps de charger dans ses cales une cargaison importante de pierres précieuses, des diamants et de l'or. Toutefois, l'expertise de leur valeur, en France, se révéla décevante : les diamants n'étaient que du quartz et l'or, de la pyrite de fer, d'où le fameux proverbe demeuré depuis : *Faux comme diamants de Canada.*

«... un joli fort [...] lequel était beau à voir [...] sur une haute montagne [...]. » (François-Xavier Garneau)

La première stèle rappelant les tentatives de colonisation de 1541 et de 1543, aujourd'hui disparue.

C'est encore à Cap-Rouge qu'on retrace la deuxième tentative de colonisation. En septembre 1542, le sieur de Roberval, mandaté par François 1er, qui l'avait déjà ouvertement accusé d'être un traître et un voleur ayant jusqu'alors préféré la capture de vaisseaux anglais et portugais à sa mission de conquérir le Canada, choisit *ce joli fort (...), lequel était beau à voir et d'une grande force, situé sur une montagne avec un puits devant* (fontaine qu'avait fait creuser Cartier) *et au pied de la montagne, près d'une petite rivière (...).* Du blé y avait poussé, du blé généreux à 120 grains l'épi, et on y récolta la première moisson de ce pays.

En honneur à son roi, Roberval rebaptisa l'endroit France-Royal.

Usant de son droit de justice, il y rédigea, au bénéfice de l'amiral Paul Aussillon de Sauveterre, menacé de poursuites pour avoir tué le matelot Laurent Barbot à la Noël 1541, une lettre d'absolution qui constitue le premier texte officiel de notre histoire.

Autre première : après l'hiver qui suivit et au cours duquel le scorbut tua le quart des colons, on érigea la première potence de la colonie où l'on pendit un nommé Michel Gaillon jugé coupable de vol.

Puis, au début de juin 1543, Cap-Rouge et l'entreprise de colonisation connurent un nouvel abandon, repli justifié, selon la chronique, par *l'hostilité persistante des indigènes, le climat du pays et le petit profit.*

Pour rappeler ces faits marquants de 1541 à 1543, sous l'ombre persistante des piliers d'acier du viaduc (le tracel) de Cap-Rouge, on a d'abord érigé un humble monument, une stèle triangulaire de pierres liées avec du gros mortier, qui portait l'inscription suivante :

Jacques Cartier passa l'hiver à cet endroit avec ses compagnons au cours de son 3e voyage en 1541-1542, ainsi que Roberval et ses compagnons au nombre de 200 en 1542, 1543. Deux forts furent construits par Cartier, l'un en bas et l'autre en haut de la côte. Ils furent agrandis par Roberval qui renomma l'endroit France-Roy.

On y cultiva le blé et les légumes de l'Europe pour la première fois au Canada, mais cette première tentative de colonisation subit un échec désastreux et fut presque abandonnée. En 1543, Cartier reçut mission du Roy de France de ramener l'expédition de Roberval.

En 1981, les autorités fédérales remplacèrent ce monument, victime du temps et de vandalisme, par un nouveau, sculpté à même un bloc de granit blanc, sur lequel on fixa une nouvelle plaque au texte réduit à ceci :

Lors de son 3e voyage en terre canadienne en 1541, Cartier hiverna à Cap-Rouge et, sur un site qu'il nomma Charlesbourg-Royal, il fit construire deux forts, l'un sur le rivage et l'autre sur le promontoire. Après le départ de Cartier, Roberval s'établit au même lieu qu'il rebaptisa au nom de France-Roy.

Cette inscription a l'avantage d'être exacte par rapport à la précédente en ce qu'elle ne reprend pas, à propos de la première tentative de colonisation, qu'elle aurait été *presque abandonnée,* alors qu'elle le fut complètement. Surtout, elle ne répète pas la dernière phrase au sujet de Cartier qui aurait eu mission de ramener l'expédition en France, ce qui est une assertion erronée.

Le nouveau monument fut déménagé le 1er juillet 1991, lors des fêtes du 450e anniversaire, à l'entrée du parc nautique où il se trouve toujours.

Il fallut attendre un demi-siècle avant la prochaine tentative réussie de colonisation en Nouvelle-France. Elle fut menée en 1608 par Samuel de Champlain qui s'établit à Québec.

UNE HALTE IMPORTANTE POUR LE TRANSPORT DU BOIS

En 1805, l'empereur Napoléon imposa de forts tarifs sur le bois importé de la mer Baltique, et ce qu'on appela alors le *Blocus continental* força l'Angleterre à trouver une nouvelle source d'approvisionnement pour le bois devant servir à la construction de ses navires. Elle se tourna donc vers sa colonie nord-américaine.

Vue de Cap-Rouge avant le viaduc ferroviaire (dit «tracel»).

Dès l'année suivante, un nommé Philemon Wright fit descendre à Québec, depuis la rivière des Outaouais, le bois destiné à l'exportation vers l'Angleterre.

Il apparut alors combien Cartier n'avait pas surestimé les commodités que présentait l'anse de Cap-Rouge *pour y mettre des navires et les placer.* Ainsi, elle devint par la suite la première des trois anses qui s'échelonnaient jusqu'à la rivière Montmorency (celles de Dalhousie, de Cap-Rouge et d'Alexandrie), où s'arrêtaient les *raftmen,* descendus avec leur train de bois (cages). Au fil des années, elle représenta une halte à ce point importante qu'en 1853 on y fonda la Compagnie des jetées, quais et bassins du Cap Rouge, dont James Bell Forsyth fut l'un des principaux administrateurs. C'est l'époque où le commerce du bois équarri commença à perdre de son importance.

CAROUGE ET LA BANDE À CHAMBERS

Au XIXe siècle, les résidents de Cap-Rouge déformèrent son nom en Carouge, d'où la naissance du gentilé Carougeois. Cette appellation désigne toujours le bois qui s'étend au nord de l'arrondissement et où il était très risqué de se promener au début des années 1830. En effet, on y était régulièrement attaqué par une bande de voleurs armés. Le 3 février 1835, quelques-uns de ces brigands se présentèrent chez un nommé Paradis, un habitant de Cap-Rouge, dont la rumeur colportait qu'il gardait chez lui de fortes sommes d'argent; ils n'y trouvèrent que 170 louis. Pour compenser ce piètre butin, quelques jours plus tard ils fracassèrent une fenêtre de la chapelle de la Congrégation, située au

Le presbytère et l'église de Saint-Félix-du-Cap-Rouge, vers 1905.

coin des rues Sainte-Anne et d'Auteuil, dans la haute-ville, et s'emparèrent de deux calices et de divers objets religieux. Après qu'ils eurent commis d'autres méfaits encore, on parvint à leur mettre la main au collet. L'enquête révéla qu'ils étaient membres d'une bande dirigée par nul autre que Charles Chambers, un riche marchand de bois de Québec, frère de Robert Chambers, qui fut maire de Québec de 1875 à 1880. Jugé et condamné, le triste sire fut déporté en Nouvelle-Galles-du-Sud (Australie).

L'ÉGLISE DE CAP-ROUGE

Près de trois cents ans après la dernière tentative de colonisation de Roberval, soit en 1840, dans le remarquable mouvement d'expansion démographique de la ville de Québec, la croissance du commerce du bois dans la baie de Cap-Rouge et l'industrie naissante de la poterie dans la vallée de la rivière incitèrent de nombreuses familles à venir s'installer à Cap-Rouge. En une quinzaine d'années, cette population acquit un sentiment d'appartenance tel qu'elle souhaita bientôt la création d'une paroisse. Cette demande fut d'abord refusée par les autorités ecclésiastiques, mais la ténacité des Carougeois l'emporta et, le 5 mars 1862, il fut procédé à l'établissement canonique de la paroisse de Saint-Félix-du-Cap-Rouge dont la reconnaissance civique fut sanctionnée dix ans plus tard, soit le 11 mars 1872, par le premier lieutenant-gouverneur de la province de Québec, Sir Félix Narcisse-Fortunat Belleau.

Persuadés dès le départ que leurs arguments parviendraient à convaincre l'archevêché, le 29 janvier 1861 déjà, un groupe de propriétaires avaient obtenu du seigneur de Gaudarville, Antoine Juchereau Duschesnay, qu'il cède à la Corporation archiépiscopale de Québec un emplacement au cœur du village pour l'érection d'une église et d'un presbytère.

Il faudra cinq ans avant que la construction du presbytère, par Joseph Hamel, et celle de l'église, par l'architecte Joseph-Ferdinand Peachy, qui en était aussi le maître d'œuvre, ne soient terminées. Et la fabrique de Cap-Rouge fut la première à appliquer les tout nouveaux règlements mis en vigueur pour amenuiser les risques d'incendie dans

En haut:
Intérieur de l'église de Cap-Rouge, vers 1900.

En bas:
Façade de l'église, de nos jours.

La manufacture de poterie derrière laquelle se profilent les grandes cheminées des fours.

les églises, à savoir qu'une casserole de fer se trouve en permanence sous le poêle de la sacristie pour éviter que des flammèches ne mettent le feu au plancher, et que les portes s'ouvrent vers l'extérieur.

Comme un ouvrage qu'on ne cesse de peaufiner, les travaux de finition de l'église s'étirèrent sur une longue année. On mit particulièrement l'accent sur son intégration à l'environnement. Le résultat est éloquent : Cap-Rouge s'enorgueillit aujourd'hui de posséder une église qui se fond harmonieusement dans le paysage, ce qui fut célébré en ces termes par Mgr Elzéar-Alexandre Taschereau, archevêque de Québec, oncle du premier ministre Louis-Alexandre Taschereau : *le site du presbytère et de l'église de Cap-Rouge est un véritable coin de paradis.*

LE CHANTIER NAVAL

Entre 1825 et 1838, les frères Henry et William Atkinson, riches marchands surnommés *les barons du bois*, exploitèrent un chantier naval au pied de la côte de Cap-Rouge. Mis à l'eau en 1825, le *Thomas Wallace* fut construit par François et Romain Robitaille, les premiers Canadiens français à y bâtir des vaisseaux. Vinrent ensuite le *Harriet* (1826), le *Carouge* (1830) et le *Guina* (1838).

Mais ce chantier ne fut pas la première expérience de construction maritime à Cap-Rouge. Ainsi, on rapporte qu'en 1642, déjà, Maisonneuve serait parti pour aller fonder Ville-Marie (Montréal) à bord d'embarcations construites à cet endroit. Puis, ce fut tout près qu'en 1810 on lança sur la plage Jacques-Cartier, dans l'anse Crescent dont il prit le nom, un gros navire de 403 tonneaux construit, celui-là, par Francis et William Hunter.

À marée basse, sur les rives de la rivière Cap-Rouge, à proximité du pont Galarneau, on peut apercevoir une longue jetée de pierres, vestige du chantier des frères Atkinson.

L'INDUSTRIE DE LA POTERIE

En 1860, un commerçant de Québec, Henry Howison, exploitait au 33 de la rue Saint-Jean une boutique de porcelaine, poterie et verrerie. Il eut l'idée, moderne, d'importer d'Angleterre de la vaisselle illustrée du castor et de la feuille d'érable ainsi que d'une devise nationaliste : *Nos institutions, Notre langue et Nos lois*. Doué, on le voit, d'un esprit inventif et entreprenant, l'homme d'affaires ambitionna bientôt d'offrir à sa clientèle un produit local. À cette fin, il s'associa à John Pye et Zéphirin Chartré et fonda la Howison, Pye & Chartré dans le but d'établir une manufacture de poterie. Cette dernière serait érigée sur un terrain borné à l'ouest par la route seigneuriale entre les seigneuries de Maure et de Gaudarville et, à l'est, par la rivière Cap-Rouge.

Quels sont les motifs du choix de Cap-Rouge pour l'établissement de cette nouvelle industrie ? Les facteurs probables sont au nombre de quatre : la disponibilité de l'argile rouge ; la proximité de la brique-terie de Timothé Piché, dit Delisle, où l'on pourra se procurer la brique nécessaire à la construction des cheminées et des fours ; la présence des chantiers de bois de construction dans l'anse Dalhousie ; le faible coût du transport des matières premières et des produits manufacturés par la rivière et le fleuve.

La construction de la manufacture fut confiée à Joseph Hamel, déjà maître d'œuvre du presbytère, selon des plans dessinés par l'architecte Charles Baillairgé.

Situation ayant encore souvent cours de nos jours, la réalisation des travaux accusa un tel retard que la nouvelle compagnie se retrouva avec de sérieuses difficultés financières avant même le début de la production.

Pour diriger l'entreprise, Philip Pointon y fut nommé *contremaître et fabricant de faïence*. Ce résident de Cap-Rouge ne connaissait rien à la poterie, mais il apprit vite et bien, s'établissant une enviable réputation de potier. On lui attribue les toutes premières pièces de poterie en terre cuite fine de couleur blanche fabriquées au Canada. On peut d'ailleurs admirer, au Musée des beaux-arts de Montréal, où il est exposé, un de ses pichets particulièrement réussi, à bordure rouge bordeaux, enjolivé de dorure et portant l'inscription *Narcisse F. Belleau ex Gouverneur* à qui il fut offert et qui fut exhibé à l'Exposition universelle de Philadelphie en 1876.

Une pièce particulièrement réussie, sortie de la poterie de Cap-Rouge.

Au printemps 1862, à cause de la situation précaire des affaires, la première production de la poterie de Cap-Rouge fut mise en vente aux enchères dans un local de la rue Arthur (tout près de l'actuel édifice de la Douane). Le succès fut mitigé. On répéta l'expérience, mais, au total, le produit de ces ventes ne permit même pas de rembourser le créancier principal, la Banque de Montréal, qui fit saisir les équipements.

Un ingénieur civil de Québec, Louis-Pierre Gauvreau, signa alors une promesse d'achat et s'associa à son frère, T. Elzéar, sous la raison sociale L. P. Gauvreau et frère. Quoique la vente ne fût jamais conclue, la nouvelle entreprise ouvrit un commerce au 30 de la rue Saint-Paul, à côté du magasin de l'honorable H. Renaud, qui existe encore aujourd'hui (situé en face du Café des Antiquaires), où les deux hommes s'affichèrent *fabricants de faïence*.

Six ans plus tard, le 17 août 1869, la poterie fut véritablement vendue, cette fois à Edward Jackson et à Charles William Wilson, qui ne s'associèrent que 14 mois plus tard. Aussitôt, ils menèrent l'affaire à grands frais, employant pas moins de 40 hommes à la fabrication et 20 autres à titre de représentants.

En 1873, l'entreprise fut vendue à nouveau, cette fois à John Ross et à William Cream, spécialisés dans le commerce du bois et le transport maritime. Ross s'associa à Joseph Bell Forsyth, fils de James et premier maire de Cap-Rouge. Ensemble, ils créèrent The Cape Rouge Poterie Company.

Fait à signaler, malgré ces multiples changements, Philip Pointon était toujours à l'emploi de la poterie. Il y demeurera jusqu'en septembre 1875. On le retrouvera plus tard à Saint-Jean-sur-Richelieu comme directeur de la Saint-John's Stone China Ware Co.

L'année d'ensuite, à partir de juin, succès soudain et inexpliqué, la poterie vit ses ventes et son réseau de distribution croître de manière phénoménale. Puis, mystérieusement, à peine une année plus tard, les affaires périclitèrent de manière tout aussi incroyable. Ainsi, en janvier 1874, le produit total des ventes ne fut que de... 10,75 $! Les dernières entrées comptables de la compagnie datent d'avril 1876.

Ne disposant pas de relevés d'exploitation des affaires de la compagnie depuis, on ne peut que spéculer sur les années subséquentes, où elles végétèrent sans doute, puis se rabattre sur un entrefilet du *Courrier du Canada* qui, le 15 avril 1892, rapporte : *M. Parent du Cap-Rouge, qui travaillait à la démolition de la poterie à cet endroit, l'a échappé belle samedi (...).*

C'est ainsi qu'on apprend qu'après plus de trente ans dans le paysage de Cap-Rouge les grandes cheminées des fours de brique de la poterie ont disparu.

En rétrospective, le déclin définitif de l'industrie de la poterie serait imputable à la combinaison des éléments suivants : le retard initial dans la construction de la manufacture ; l'inexpérience ou le manque de compétence des employés ; le fait que les propriétaires successifs étaient tous engagés dans d'autres entreprises dont les profits servirent à maintenir à flot cette affaire qui ne fut probablement jamais véritablement rentable.

Aujourd'hui, dans le voisinage immédiat de l'ancienne poterie, soit au numéro 4264 de la rue Saint-Félix, se trouve une industrie de métal.

LE VIADUC FERROVIAIRE, OU TRACEL

En 1906, simultanément à celle du pont de Québec et exécutée par la même entreprise, la Dominion Bridge, débuta à Cap-Rouge la construction du viaduc ferroviaire que les Carougeois appellent le «tracel» en déformation du terme anglais *trestle* (pont sur tréteaux). Il fut terminé quatre ans plus tard, en 1910. Haut de 50 mètres et parcourant un kilomètre, c'est le plus élevé et le plus long des viaducs de ce type au Québec. Il permet aux convois du Canadien National d'enjamber la vallée de Cap-Rouge sans avoir à la contourner par un détour qui n'aurait pas permis le respect des normes de pentes et de courbes imposées aux chemins de fer.

Le tracel, le plus long et le plus haut viaduc ferroviaire du genre au Québec.

Indissociable de l'image de l'arrondissement, le tracel est considéré par certains comme un monument historique (l'ancien président de la société historique de l'endroit, l'architecte Jean Déry, le qualifiait même d'œuvre d'art), alors que d'autres l'estiment être un obstacle visuel désagréable qui fait tache dans le paysage. Mais une évaluation des opinions pour et contre menée par l'historien Marc Vallières, de l'Université Laval, permet de conclure que tout projet d'enlever le viaduc se verrait opposer une forte résistance de la part des résidents de Cap-Rouge.

Les 30 piliers qui soutiennent la masse métallique de 4288 tonnes sont une tentation constante pour la jeunesse intrépide. La rumeur rapporte que *les mioches de Cap-Rouge ont toujours aimé grimper aux piliers, malgré la défense formelle des parents*. La voie élevée, elle, fut hélas le choix de plusieurs malheureux désirant en finir avec leur détresse. Ainsi, il y eut huit suicides en quatre ans seulement (de 1991 à 1995) et on estima même alors qu'il était urgent de fermer le tracel... Depuis, un dispositif sophistiqué de télésurveillance permet de repérer aussitôt toute personne qui s'aventurerait sur les rails. On garantit une intervention policière dans les cinq minutes.

Il est impossible de rater cette structure d'acier qui s'impose au regard dès que l'on s'approche de Cap-Rouge. Et elle fait tout autant partie du paysage que de l'histoire de cet arrondissement.

Vue, en carte postale, de Cap-Rouge, vers 1900.

o. 25 St. Félix du Cap Rouge.

eurs, Pruneau & Kirouac, Québec.

LA PLAGE SAINT-LAURENT

Le long du fleuve, là où circulaient autrefois les convois du CN, court la plage Saint-Laurent qu'à raison on appelle *la perle de Cap-Rouge*.

Son histoire est celle d'un étonnant revirement dans la volonté populaire des Carougeois. En premier lieu, le 13 mai 1924, le conseil municipal de Cap-Rouge requit expressément de la Compagnie des chemins de fer nationaux de ne pas enlever cette voie – qu'elle n'utilisait plus –, car il en résulterait des dommages pour les résidences construites tout près, de même que des pertes économiques pour les commerces et l'industrie locale. Puis, en 1933, le conseil proposa plutôt, et toujours dans l'intérêt public local, que *la compagnie lui loue, sur une distance d'un mille et demi*, cette voie ferrée dont on avait enlevé les dormants.

Pour gérer et favoriser un développement aussi harmonieux que réfléchi des lots échelonnés au pied de la falaise le long de l'ancien chemin de fer, le 23 avril 1947 une ordonnance officielle créa la Corporation de Plage Saint-Laurent.

Deux ans auparavant, un prêtre ayant obtenu un grade de capitaine pendant la Seconde Guerre mondiale s'installa sur la plage. Écrivain (auteur entre autres de *Ton histoire est une épopée*), l'abbé Arthur Maheux eut l'idée d'un journal, l'*Hebdo-Plage Saint-Laurent*, dans lequel il serait question, au bénéfice des 452 résidents dont les chalets s'échelonnaient sur les berges du fleuve, de tout ce qui pourrait les concerner, depuis la prudence sur l'eau jusqu'aux méfaits de l'herbe à puce... La publication vécut cinq ans (1945-1949).

Aujourd'hui, le chemin de la plage Saint-Laurent, une voie privée, n'a plus besoin de quelque publication pour faire parler de lui. La fierté des gens qui y habitent à longueur d'année s'affiche d'elle-même dans la belle allure de leurs propriétés, et ce parcours d'environ deux kilomètres et demi est un pur ravissement. Lorsqu'on y circule d'ouest en est, on ne peut qu'être soulevé par la vue du fleuve qui glisse sous le pont de Québec et le pont Pierre-Laporte. Si l'on peut alors faire abstraction de ces deux ouvrages, on a exactement l'image qu'offrait le Saint-Laurent à Jacques Cartier en 1541.

PERSONNALITÉS QUI ONT VÉCU À CAP-ROUGE OU QUI EN ONT MARQUÉ L'HISTOIRE

Léon Provancher (1820-1892), prêtre et naturaliste, auteur de plusieurs ouvrages sur la faune et la flore ; fondateur de la revue *Le Naturaliste canadien*. Sa sépulture se trouve dans l'église paroissiale de Saint-Félix. Deux rues et un parc rappellent son souvenir.

Louis Fréchette (1839-1908), journaliste et écrivain, était propriétaire d'une maison à Cap-Rouge. Elle était située dans la côte de Cap-Rouge.

Roger Lemelin (1919-1992), écrivain, y possédait une résidence secondaire. Parmi ses œuvres les plus connues se trouvent *Au pied de la pente douce* (1944) et *Les Plouffe* (1948).

James Bell Forsyth (1802-1869), important commerçant de bois et propriétaire foncier. Il appuya le projet de construction d'un chemin de fer vers le Pacifique et il se fit le défenseur de la compagnie ferroviaire du Grand Tronc. Il investit aussi dans la navigation fluviale. Il fut l'un des propriétaires du domaine Cataracoui.

Située au 1435, rue Provancher, la maison de Léon Provancher, telle qu'elle a été reconstruite, est aujourd'hui un musée visité, chaque année, par de nombreux enfants.

écu ou qui ont marqué

Vue panoramique de Cap-Rouge
fermée par le tracel.

2. SAINTE-FOY

Sainte-Foy

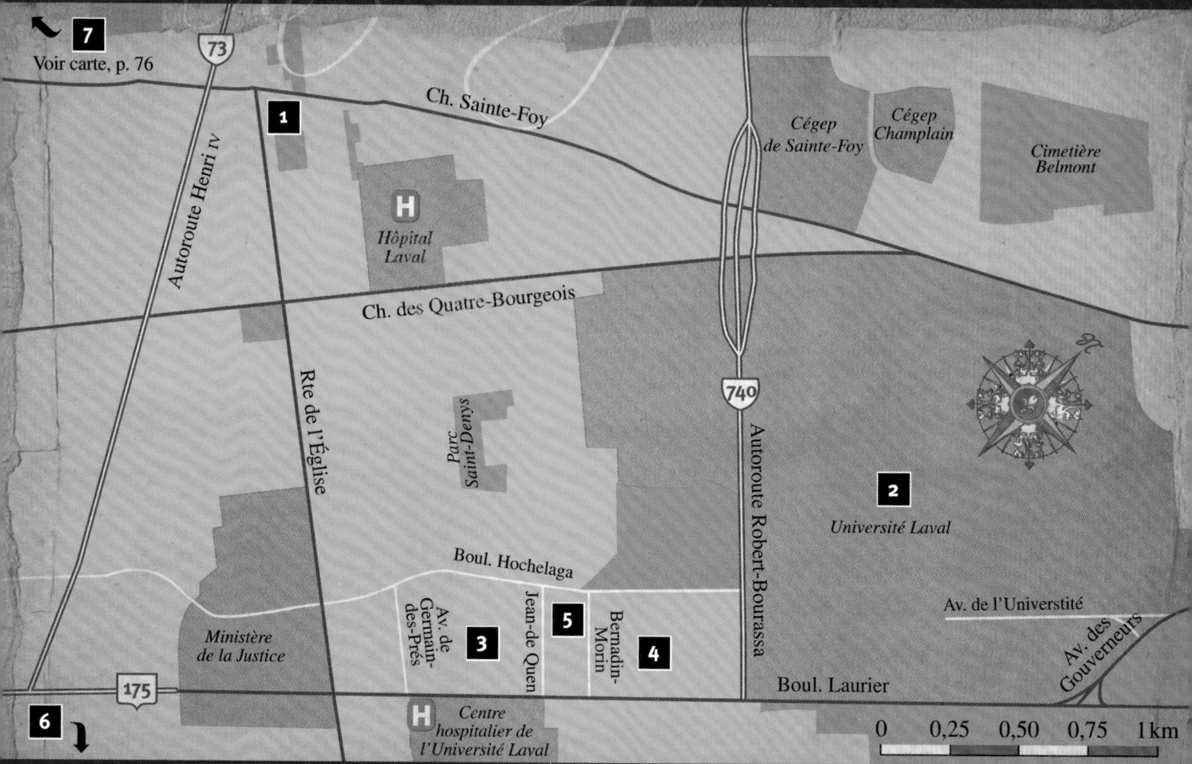

7 Voir carte, p. 76

73

Autoroute Henri IV

Ch. Sainte-Foy

1

H Hôpital Laval

Cégep de Sainte-Foy

Cégep Champlain

Cimetière Belmont

Ch. des Quatre-Bourgeois

Rte de l'Église

Parc Saint-Denys

740

Autoroute Robert-Bourassa

Université Laval

2

Boul. Hochelaga

Av. de Germain-des-Prés

Jean-de Quen

5 Bernadin-Morin

Ministère de la Justice

3

4

Av. de l'Universtité

Av. des Gouverneurs

175

6

H Centre hospitalier de l'Université Laval

Boul. Laurier

0   0,25   0,50   0,75   1 km

Page 30:
Première église de Sainte-Foy, érigée en 1669.

Page 31:
Construite en 1918, l'église de Sainte-Foy brûla en juin 1977. Les vestiges sont soutenus par des structures d'acier.

1 Vestiges de l'église de Sainte-Foy, incendiée en 1977

2 Le campus de l'Université Laval

3 La Place-Laurier

4 La Place-Ste-Foy

5 La Place-de-la-Cité

6 L'Aquarium de Québec

7 La Base de plein air de Sainte-Foy

L'origine du nom de cet arrondissement de Québec situé au sud-ouest de la capitale se perd presque dans les voies escarpées de l'histoire. Il a suscité bien des hypothèses et on pourrait les considérer une à une sans pour autant rendre claire la source de ce toponyme qui en devient une véritable énigme.

Selon l'explication la plus répandue, il viendrait de la seigneurie du même nom, concédée à Pierre de Puiseaux, seigneur de Montrénault, qui, en 1637, l'aurait adopté d'un village de France.

Ensuite, il y a celle voulant qu'il remonte à une statue de Notre-Dame-de-Foy dont les Jésuites de Dinant, en Belgique, auraient fait cadeau à leurs confrères de Québec en 1668. Avec le temps, l'appellation se serait modifiée en Notre-Dame-de-Sainte-Foy, puis en Sainte-Foy, tout simplement. À l'appui de cette version, notons que le père jésuite Pierre-Joseph-Marie Chaumonot fit construire pour les Hurons en 1669, tout près de la route du Vallon, une chapelle dédiée à Notre-Dame-de-Foy.

On ne peut ignorer non plus cette autre version : un Huron nommé Amantacha, qui avait séjourné en France de 1626 à 1628, et qui avait été baptisé sous le patronyme de Louis de Sainte-Foi, aurait bénéficié d'une grande notoriété et donné son nom à cet endroit où il était revenu mourir.

Mais ce pourrait être aussi en l'honneur de sainte Foy, ou Foi, vierge martyrisée à Agen, alors sous la férule de l'empereur Maximien (on est au IIIe siècle), et dont le sort, torture et décapitation, aurait beaucoup ému les ouailles des Jésuites. D'autant qu'en latin le nom de la sainte se dit *Fides* et que le gentilé des résidents de Sainte-Foy est *Fidéen*.

La bataille de Sainte-Foy, aquarelle de Joseph Légaré (v. 1854).

Toujours est-il que Notre-Dame-de-Foy, établie comme simple mission en 1638, fut érigée canoniquement en 1698 par Mgr de Saint-Vallier (Jean-Baptiste de La Croix de Chevières de Saint-Vallier).

En 1760, elle s'inscrivit au panthéon de l'histoire lorsque, le 28 avril, les troupes de Lévis l'emportèrent contre celles de Murray lors d'une bataille qui eut lieu près de l'actuelle avenue des Braves à Québec, victoire qui n'empêcha cependant pas la capitulation de la colonie le 8 septembre de la même année...

La municipalité de Sainte-Foy créée en 1845 devint une ville un peu plus d'un siècle plus tard, soit en 1949.

L'ÉGLISE DE SAINTE-FOY

Ils ne manquent pas d'envergure, les vestiges de cette église qui a brûlé le 12 juin 1977! Ses murs de pierre, soutenus par des structures d'acier recomposant aussi la silhouette de l'ancien clocher, imposent de toute évidence le passé au coin de la rue de l'Église et du chemin Sainte-Foy.

Ici la chronique est riche : elle rapporte toute une succession de chapelles et d'églises sur le territoire de Sainte-Foy depuis 1637.

Il y eut d'abord une chapelle à même la première résidence des Jésuites.

Puis, la construction d'une autre, indépendante celle-là, dans la côte Saint-Michel (à l'angle de l'actuelle route du Vallon et du chemin des Quatre-Bourgeois) où plusieurs familles huronnes s'étaient établies.

Ensuite, en 1669, fut érigée une première véritable église dans laquelle on exposa la statue de Notre-Dame-de-Foy donnée aux Jésuites par leurs confrères de Belgique.

L'érection canonique de la paroisse Visitation de la Bienheureuse Vierge Marie, que les fidèles avaient déjà l'habitude d'appeler Notre-

Dame-de-Foy, remonte au 18 septembre 1698. Son premier curé fut Charles-Amador Martin, fils d'Abraham Martin (celui des plaines d'Abraham...). La même année, quelque part entre ce 18 septembre et le 6 novembre, la chapelle en bois de la côte Saint-Michel fut la proie d'un violent incendie. Aussitôt, la famille Pinguet céda à l'évêque de Québec le terrain situé à la rencontre de la rue de l'Église et du chemin Sainte-Foy pour qu'on y construise une église et un presbytère. Pour quelque raison administrative, la fabrique n'en devint véritablement propriétaire qu'en juin 1709 alors que déjà le presbytère était construit. Enfin, *la première pierre de cette chapelle* (*sic*) *fut posée par sa protectrice, la très honorable Dame J. Élisabeth Bégon, en l'année du Seigneur 1719 (...)*, comme le révèle une plaque de plomb que l'archéologue Michel Gaumond a trouvée dans la pierre angulaire de l'édifice dont la construction fut terminée en 1722.

La veille de la bataille de Sainte-Foy, afin d'empêcher les troupes françaises qui s'approchaient de s'y retrancher, les Anglais y mirent le feu avant de se réfugier dans l'enceinte de Québec. La restauration, qui se poursuivit ensuite jusqu'en 1774, fut payée en partie par nul autre que James Murray qui accepta sa responsabilité dans l'incendie.

Un siècle et deux ans plus tard, soit en 1876, on bâtit une nouvelle église autour de la première qu'on démolit toutefois une fois la construction terminée ; mais la saga des églises de Sainte-Foy n'était pas encore à son terme : le 13 février 1918, un autre incendie fit ses ravages.

On reconstruisit selon les plans de l'abbé Henri-Arthur Scott, mais ce ne sont pas ses vestiges que l'on aperçoit rue de l'Église, car elle aussi brûla, en juin 1977. *Je me souviens très bien de la dernière célébration que*

L'incendie de l'église dans la nuit du 11 au 12 juin 1977.

j'ai présidée dans l'église, rapporte Alfred Berthiaume, alors curé de Sainte-Foy. *C'était le samedi 10 juin, à 17 h. À 1 h 35 dans la nuit du samedi au dimanche, j'ai été réveillé par des bruits insolites, l'église était devenue un brasier épouvantable. Tout a brûlé, nous avons tout perdu.*

L'année suivante, le site de la dernière église à s'élever à la jonction du chemin Sainte-Foy et de la rue de l'Église fut classé monument historique et l'année d'après, on inaugura un nouveau temple, rue Chanoine-Martin.

LE PONT DE QUÉBEC

Ce qu'il est convenu d'appeler *les sept merveilles du monde* date du IIIe siècle avant Jésus-Christ. Il s'agit de monuments exceptionnels qui témoignaient déjà de l'aspect ingénieux de l'esprit humain. Quand, au début du XXe siècle, les promoteurs du pont de Québec qualifièrent cet ouvrage projeté de *huitième merveille du monde,* la liste était complète. Il n'empêche qu'ils avaient raison : une fois réalisée, cette structure d'acier allait être une merveille. Il valait donc qu'on lui fasse enjamber, avant le fleuve Saint-Laurent, deux mille ans d'histoire pour se joindre à ses semblables. Encore de nos jours, ce pont cantilever (à nervures inférieures horizontales) est le plus long du monde avec ses 548 mètres de partie libre entre ses piliers principaux. Sa hauteur dépasse de près de 10 mètres celle de son plus proche rival, érigé celui-là en Écosse.

On emploie souvent l'expression *monument historique* pour désigner un ouvrage chargé d'histoire. Jamais cette formule n'aura aussi justement convenu en ce qui concerne le pont de Québec. Les péripéties, voire les drames qui ont jalonné sa construction et qui ont

coûté pas moins de 113 vies humaines, sans ébranler l'entêtement à la fois visionnaire, fou et courageux de ses bâtisseurs, font partie des annales des grandes réalisations humaines.

Inaugurés le 2 octobre 1900, lors d'une cérémonie réunissant environ 10 000 personnes présidée par Wilfrid Laurier, alors premier ministre du Canada, qui qualifia l'ouvrage projeté *du dernier chemin de notre unité nationale* (!), et par Simon-Napoléon Parent, maire de Québec et premier ministre désigné de la province (qui fut assermenté le lendemain à la suite du décès du premier ministre élu, Félix-Gabriel Marchand), les travaux allaient durer 17 ans.

Courageux et fiers, ces neuf ouvriers ont œuvré à la construction du pont de Québec, qui s'écroula à deux reprises pendant les travaux.

La Patrie

29e ANNÉE—No 159 SEIZE PAGES   MONTREAL VENDREDI 30 AOUT 1907   LE NUMÉRO UN CENTIN

Catastrophe Nationale

UN DEUIL EPOUVANTABLE S'ABAT SUR QUEBEC

La partie sud du pont de Québec s'écroule hier soir, causant la mort de plusieurs ouvriers et occasionnant des pertes matérielles de deux millions de de...

SCENES D'HORREUR INDESCRIPTIBLES

Les malheureuses victimes lancent des appels désespérés au milieu de la nuit

Québec, Lévis et plusieurs villages des environs sont dans le deuil le plus profond, et la désolation s'est abattue sur la Vieille Capitale.

Vers 6 heures, hier après-midi la monumentale charpente de fer de la partie sud du pont de Québec, qui s'allongeait au-dessus du fleuve sur une longueur de plus de 700 pieds, s'est tout-à-coup écroulée avec un bruit épouvantable, entraînant avec elle plusieurs équipes d'ouvriers, une locomotive et plusieurs wagons remplis de matériaux.

Le nombre exact des victimes n'est pas encore connu, mais il est certain que quatre-vingts hommes au moins ont perdu la vie dans cet épouvantable désastre.

Le spectacle qui se produisit dépasse toute description et l'imagination se refuse à l'envisager.

Déjà la nuit commençait à étendre ses ombres sur le fleuve lorsque les malheureux ouvriers furent précipités dans le gouffre—Les secours furent rendus plus difficiles par les ténèbres.

Les appels au secours, les râles des mourants, les gémissements des blessés formaient un ensemble épouvantable à entendre.

Bientôt la funeste nouvelle se répandit dans la ville et la banlieue, semant partout l'effroi et la désolation.

L'heure Exacte

L'écroulement du pont s'est produit exactement à six heures moins vingt-trois minutes, hier alors qu'un grand nombre d'ouvriers se préparaient à quitter le travail.

Horrible Spectacle

L'horreur du spectacle était augmentée par la vue d'un grand nombre de blessés cloués aux débris restés accrochés à la rive. Leurs cris et leurs plaintes sont entendues distinctement des personnes venues pour leur porter secours, mais ne pouvant les atteindre. L'absence de lumière : il aurait fallu des projecteurs, alors qu'on n'avait que de faibles lumières portatives, et il était impossible de localiser les malheureuses victimes.

(Dépêche spéciale à la "PATRIE")

QUÉBEC, 29.—10 heures du soir. La plus terrible catastrophe dont l'histoire de Québec fasse mention, vient d'se produire.

Le Pont de Québec s'est écroulé ! Telle est en quelques mots la nou...

NOMBRE DE FAMILLES DANS LE DEUI

Un voile de mort vient de s'abattre sur St-Romua New-Liverpool, etc.

...tre nouvelle qui s'est répandue comme une traînée de poudre, dans Québec et à Lévis, le soir et peu après 5.30 heures p. m.

Tout d'abord personne ne voulait y croire. Ce n'est pas possible ! C'est une fausse nouvelle ! Nulques furieux venant vers ici sont dans le pays. le.... de la partie du pont écroulée sur la rive sud s'était écroulée, et que des 80 hommes qui y travaillaient

AU MOINS 65

s'étaient en fait tue ca n'etaient nou... La nouvelle de cette épouvantable

M. ULRIC BARTHE, secrétaire de la Cie du Pont de Québec, qui failli périr dans la catastrophe

UNE PARTIE DU PONT DE QUEBEC EN CONSTRUCTION

Mais ce n'était de doute de la nouvelle fut connue, et bientôt cet partout la certitude que la nouvelle s'était vue trop vraie, que le Pont de Québec, c'est-à-dire toute la partie du pont enfoncée sur la rive sud

PLAN DU PONT DE QUEBEC

PRECIS DE L'EFFONDREMENT DE LA PARTIE SUD DU PONT DE QUEBEC

L'HEURE.

L'accident s'est produit hier soir à six heures moins vingt-trois minutes.

LES VICTIMES.

Des 92 personnes qui travaillaient sur le pont on n'a sauvé que 8.

COMMENT L'ACCIDENT EST ARRIVE

L'écroulement s'est produit au moment où une locomotive trainant plusieurs chars chargés d'acier sur le bras, long 800 pieds, qui s'élançait vers le nord à une hauteur de 180 pieds au-dessus de l'eau.

CAUSES DE L'ACCIDENT.

Les causes sont, 1o. le mauvais calcul, 2o. l'emploi de mauvais

LES DOMMAGES.

Le coût des travaux détruits était d'environ deux millions.

LES PROPRIETAIRES.

Le pont de Québec était la propriété de la compagnie du Pont de Québec subventionnée par le gouvernement.

LOCALITE.

Le pont de Québec est au Cap Rouge, à l'endroit où le fleuve est le plus étroit, à neuf milles en haut de Québec.

LA NAVIGATION.

La navigation du St-Laurent, entre Québec et Montréal, ne sera

...catastrophe a jeté la consternation aussi dans Québec et à le bien dans toutes les localités que site du fleuve, surtout à Romuald, Lévis, Breuville et

Vue de face du fleuve, partie qui s'est

Ils commencèrent par la mise en place du premier caisson devant servir à la construction du pilier nord. Un caisson était une immense boîte à parois épaisses et résistantes que l'on coulait jusqu'au lit du fleuve. Puis, à l'aide d'un puissant jet d'air comprimé, on en chassait l'eau. On y maintenait ensuite l'air à une pression telle qu'il demeure sec et que des ouvriers puissent y accomplir les tâches requises à la préparation du fond, où il devait recevoir la base d'un pilier. Le travail, en air comprimé, y était très pénible et les hommes ne pouvaient y demeurer qu'une heure à la fois. Ils en ressortaient d'ailleurs souvent avec des saignements aux yeux et aux oreilles. De plus, il y avait toujours danger d'hémorragie pulmonaire.

Quarante ouvriers furent affectés à cette tâche, pelletant sans relâche le sable que des aspirateurs projetaient hors du caisson.

Pendant ce temps, et au cours des six années suivantes, on termina en surface le bras d'ancrage sud ainsi que les cinq premières sections du bras cantilever.

Et le 29 août 1907, ce fut l'horreur. Cette structure partielle bascula dans le fleuve, entraînant la mort de 76 ouvriers. Le bruit de la catastrophe résonna à plusieurs kilomètres à la ronde, provoquant une onde de choc semblable à un tremblement de terre et qui secoua le sol jusqu'à Lévis. Une colonne d'eau fusa du point de chute et les rives du fleuve furent inondées sur une profondeur de 18 mètres.

On refusa d'abord de croire la nouvelle. Puis, dans un mouvement à la fois incrédule et stupéfait, quelque trois cents femmes et enfants se dirigèrent sur les lieux en empruntant le pont Gatineau qui traverse la Chaudière. Bien vite, des centaines d'autres personnes accoururent de partout, formant une procession compacte de parents, de proches, d'amis des victimes et de curieux.

De la structure, qui déjà attestait pourtant le génie de ses concepteurs, ne restait plus qu'un amas de pièces enchevêtrées et tordues d'où montaient cris et lamentations. Sur la centaine d'ouvriers qui s'y affairaient au moment de la chute, on comptera à peine une vingtaine de survivants, plus ou moins grièvement blessés.

Le deuil sera plus pénible pour certaines familles que pour d'autres ; ainsi, celle de Pierre d'Ailleboust qui y perdit ses quatre fils… Et pour la majorité d'entre elles, l'affreuse catastrophe signifia des années de misère, car elles y perdirent leur unique revenu. Au village iroquois de Caughnawaga (aujourd'hui Kahnawake), chacune des familles compta au moins une victime. Deux croix, fabriquées avec des pièces d'acier tirées des décombres et qui se dressent dans le cimetière, rappellent encore ce sinistre qui a coûté la vie à 33 des leurs.

La commission royale d'enquête qui fit rapport sur les causes de l'effondrement du pont conclut qu'il avait résulté de la rupture des membres inférieurs de la travée d'ancrage près du pilier principal et

Page 38 : La première page dramatique de *La Patrie* relatant l'effondrement de la structure du pont avant son achèvement.

que cette rupture ne pouvait *être attribuée directement à d'autres causes qu'à des erreurs de jugement de la part des deux ingénieurs* (qui) *n'ont pas été à la hauteur de la situation.*

Il faudra attendre trois ans avant que soit accordé le contrat pour débarrasser la rive sud du fleuve du tas de ferraille qui y gisait. C'est la compagnie Charles Koenig de Québec qui, le 9 avril 1910, l'obtiendra. Tout l'acier tordu, révélé par les marées basses, sera enlevé. Il faudra dynamiter ou tailler aux chalumeaux oxyacétyléniques 60 % de cette ferraille. La masse totale ainsi déblayée cumulera 9000 tonnes. Ce travail durera deux ans et sera terminé le 31 août 1912.

Pendant ce temps, les travaux de sous-structure avaient débuté sur la rive nord. En 1911, les caissons de ce côté étaient descendus, le pilier intermédiaire terminé, et la construction du pilier d'ancrage, commencée. En 1912, ce fut le caisson sud qui fut mis en place et les travaux des piliers nord, achevés. Ceux du pilier sud le furent en 1913. Ainsi, en trois ans, on avait terminé la sous-structure du pont.

En novembre déjà, on avait lancé un appel d'offres pour la construction de la superstructure. Pas moins de 35 soumissions furent déposées.

C'est celle de la St. Lawrence River Bridge Company, formée uniquement pour réaliser la construction du pont de Québec, qui fut retenue sans que les membres de la Commission des ingénieurs, formée pour leur étude, ne soient pourtant par-

En haut :
La travée centrale du pont qu'il fallut arrimer à ses bras cantilever rejoignant les rives.

En bas : Une masse de 9000 tonnes d'acier tordu, en 1907.

venus à s'entendre. Il fallut que le ministère des Chemins de fer et des Canaux fasse appel à deux ingénieurs consultants pour reprendre l'analyse des soumissions et en venir à une décision. Mais leur choix souleva un tollé de protestations dans la région de Québec, le projet sélectionné ne prévoyant pas de voie carrossable sur le pont, seulement une voie ferrée. Il n'y avait alors que 786 véhicules automobiles enregistrés dans toute la province; quand même, le gouvernement fédéral justifia sa décision par la nécessité qu'il avait *de réduire la pesanteur de la structure* et, par là, de parvenir à *une réduction énorme dans le coût du pont.* Ces justificatifs furent jugés insatisfaisants par la Chambre de commerce de Québec, qui reprocha au gouvernement d'Ottawa de ne pas l'avoir consultée, non plus que les députés représentant la ville de Québec et le conseil municipal, avant d'arrêter son choix.

Ces arguments ne parvinrent cependant pas à infléchir la décision.

Lorsque les deux bras cantilever furent achevés, il fallut procéder à la construction de la travée. Elle débuta le 25 mai 1916 et fut terminée en juillet de la même année.

Catastrophe nationale

Son installation ne pouvait se faire qu'à marée basse, mais il fallait l'amener à son point d'ancrage à marée haute depuis l'anse de Sillery où elle avait été construite. Il fut décidé que la manœuvre se ferait le 11 septembre, alors que la marée de pleine lune serait haute à 5 h 14. La travée devrait alors être rendue aux points d'arrimage pour y être attachée aussi rapidement que possible afin que l'on profite de l'étal de la marée, cette période de 45 minutes comprise entre le montant et le baissant au cours de laquelle il n'y a pas de courant.

L'entreprise était risquée. Aussi les ouvriers qui acceptèrent d'exécuter cette tâche exigèrent d'être payés 10 $ l'heure, soit dix fois plus que le taux horaire habituel, et réclamèrent en sus un bonus de 200 $ si l'entreprise devait réussir. Après bien des tergiversations, la compagnie accepta ces conditions.

Il régnait une forte appréhension. Les esprits étaient encore emplis de l'effroyable effondrement d'août 1907, et la rumeur charriait de sombres prédictions. Tous les journaux en faisaient leur une.

Ce 11 septembre donc, à 4 h 40 du matin, on commença à remorquer la travée centrale vers les structures du pont où l'on devait la placer exactement en ligne avec les cantilevers et la fixer aux suspentes qui la soulèveraient jusqu'au niveau du tablier. À 6 h 35, c'était chose faite et à 8 h 50, quatre crics hydrauliques actionnèrent les huit suspentes : la travée commença son ascension.

À peine une demi-heure plus tard, les pontons sur lesquels reposait la travée étaient libérés et cette dernière se trouva suspendue à sept mètres au-dessus du fleuve.

C'était une réussite : les délais avaient été respectés et tout s'était déroulé exactement comme prévu. La majorité des curieux, ainsi que les journalistes qui se trouvaient à bord du *Rapid's King* pour ne pas rater le spectacle, quittèrent les lieux en pavoisant. À 10 h 30, alors que les treuils hissaient de nouveau la travée de trois quarts de mètre, la charpente ploya et se tordit. Le coin sud se déplaça et rompit ses appuis alors que ceux du coin sud-est cédèrent. Dans un craquement épouvantable, à 10 h 47, la masse de fer se décrocha et plongea à 50 mètres sous l'eau du Saint-Laurent.

Quatorze hommes travaillaient alors sur la charpente, ils tombèrent dans le fleuve. Un seul fut rescapé. Le pont de Québec venait de faire 13 victimes de plus.

Cette deuxième catastrophe ne détourna pas pour autant les bâtisseurs de leur acharnement et, une année plus tard, le 17 septembre 1917, à 5 h 45, une nouvelle travée quitta l'anse de Sillery, traînée par sept remorqueurs. Le fleuve était calme, et on y avait interdit toute navigation. Une foule estimée à 100 000 personnes avait envahi les deux rives. L'anxiété était lourde, on craignait une autre catastrophe. *Le Soleil* avait même promis un cahier spécial en cas d'accident...

13 victimes de plus

Mais cette fois, l'ascension de la travée centrale, en 60 élévations successives, réussit, et le 20 septembre, le maire de Québec, Henri-Joseph Lavigueur, suggéra aux citoyens de sa ville de célébrer *l'accomplissement de l'entreprise nationale du pont de Québec*.

Les centimètres qu'il demeurait à franchir le furent dès 13 h 30 avec une étonnante précision et les ouvriers se précipitèrent alors à qui mieux mieux sur le tablier, chacun désirant être le premier à traverser le pont.

Après que le premier convoi régulier, tiré par une toute nouvelle locomotive fabriquée à la Montreal Locomotive Work, l'eut franchi le 3 décembre et après que l'on eut terminé les épreuves de solidité, installé les trottoirs et peinturé la structure, en août 1918, le pont de Québec fut officiellement inauguré par le prince de Galles, futur roi d'Angleterre.

LE PONT PIERRE-LAPORTE

Ce devait être le pont Frontenac, mais des événements marquants en ont décidé autrement et, à proximité du pont de Québec, le pont Pierre-Laporte, mis en chantier en avril 1965, n'a pas à pâlir de son histoire.

Le soir du 30 septembre 1966, la drague Manseau, qui entamait les travaux de préparation du lit du fleuve pour l'érection d'un pilier, chavira sous les coups de vagues très fortes, entraînant dix ouvriers dans la mort. Puis, au cours des quatre années de réalisation de l'ouvrage, le chantier fut perturbé par pas moins de neuf grèves.

Premier pont suspendu au Canada soutenu par des câbles à fils parallèles, son allure élancée et légère rappelle pourtant un lourd moment de l'histoire : la crise d'Octobre. Le 10 octobre 1970, un événement tragique portait la tension politique à son comble : Pierre Laporte, ministre du Travail dans le gouvernement de Robert Bourassa, était kidnappé et son corps sera retrouvé dans le coffre d'une voiture abandonnée à l'aéroport de Saint-Hubert une semaine plus tard. Il serait mort étranglé par la chaîne qu'il portait au cou.

Ainsi, Frontenac continua de célébrer un certain hôtel aux allures de château et le premier ministre Bourassa inaugura le pont Pierre-Laporte en présence de la veuve du ministre Laporte et de ses enfants.

C'était le 1er novembre 1970.

Déjà, à l'entrée de la ville, le passé côtoie le présent. Ici, le pont Pierre-Laporte et le pont de Québec, parallèles.

Histoire vivante du Québec

Le campus de l'Université Laval.

LE CAMPUS DE L'UNIVERSITÉ LAVAL

Il faut éviter d'être complice de l'histoire lorsqu'elle se fait oublieuse. Aussi il serait inapproprié de parler de l'Université Laval sans rappeler son premier campus sur un terrain jouxtant le Séminaire, rue de l'Université, dans le Vieux-Québec. Les premiers bâtiments de cette noble institution furent l'École de médecine (1854), le pensionnat (1855) et ce qu'il est convenu d'appeler le bâtiment principal. On doit le premier aux architectes Joseph Goodlatte Richarson Browne et Joseph-Pierre-Michel Le Court, tandis que les deux autres sont l'œuvre du fameux Charles Baillairgé, déjà réputé à l'époque. Leur allure était modeste, mais en 1875, lorsqu'on entreprit de résoudre les problèmes d'infiltration d'eau causés par le toit plat du bâtiment principal, l'architecte Joseph Ferdinand Peachy, qui ajouta un étage couvert d'une toiture mansardée ainsi qu'une fausse façade à l'extrémité est, celle donnant sur la rue des Remparts, donna à l'édifice une facture plus adaptée aux tours et aux clochers qui caractérisent les traits de la vieille ville et, par là, une envergure bien supérieure.

Cinquante ans plus tard, on fit appel à l'architecte Joseph-Siméon Bergeron pour agrandir l'institution afin d'y loger l'École supérieure de médecine (1923) puis la Faculté de droit, extension qui donna dans la côte de la rue Sainte-Famille. Le maître d'œuvre aménagea les façades de telle manière à prolonger le style architectural du Séminaire, équilibrant les anciennes et les nouvelles ouvertures afin d'obtenir une remarquable cohérence stylistique.

Ces deux ajouts n'allaient toutefois pas résoudre les problèmes d'espace qui s'accumulaient en raison des exigences indiscutables de l'enseignement universitaire. Aussi, après que, telle celle de musique, certaines écoles durent élire domicile dans d'autres immeubles, on chercha un endroit, hors du Quartier latin, pour établir un autre campus. Le choix s'arrêta sur la terrasse Dandurand (aujourd'hui boulevard de l'Entente), à Sainte-Foy, où l'on construisit les écoles de chimie et des mines ainsi que le pavillon Monseigneur-Alexandre-Vachon. Le mouvement d'extension ne s'arrêta pas là et la superficie de la terrasse se révéla bientôt insuffisante. C'est alors, au milieu des années 1940, que s'imposa le projet de regrouper toutes les écoles et les facultés de l'université sur un même campus et qu'un vaste terrain fut acquis à Sainte-Foy dans ce but.

Inspiré des campus américains qui se développaient alors, l'architecte Édouard Fiset proposa un plan d'aménagement qui favorisait de grands axes croisés à angles droits. Ils encadraient des surfaces gazonnées et reliaient les édifices selon une disposition hiérarchisant ces derniers en vertu de leur importance pour donner à l'ensemble un caractère organisé.

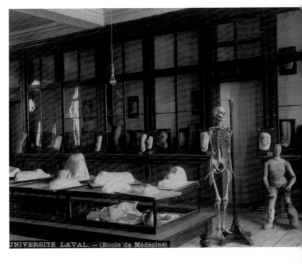

Le laboratoire de l'École de médecine, vers 1900.

Dès 1950, la construction du premier bâtiment de ce nouveau campus, l'École d'arpentage et de génie forestier (le pavillon Abitibi-Price), était terminée et jusqu'à 1966 les écoles et les facultés, anciennes et nouvelles, s'y établirent.

La désertion du Vieux-Québec, bien que déchirante pour plusieurs anciens professeurs et étudiants y ayant connu l'effervescence du Quartier latin, où l'on envahissait les quelques cafés des alentours (dont le Café Buade) pour y refaire le monde après les cours, était absolument nécessaire, comme le rappelle l'historien Claude Galarneau :

Nous étions très à l'étroit dans ces bâtiments historiques, aucun professeur n'avait de bureau personnel, ni de téléphone. La rencontre des étudiants se faisait un peu partout dans les corridors (....). Dans toutes les disciplines, on manquait d'espace : l'aménagement et les équipements relevaient d'un autre âge, les intérieurs vieillots étaient sombres et ternes.

Aujourd'hui, la ville universitaire de l'arrondissement de Sainte-Foy est l'une des plus enviées au niveau international. Elle demeure en constante évolution et les mouvements modernes d'enseignement s'y expriment avec beaucoup d'éloquence.

LES CENTRES COMMERCIAUX

LA PLACE-STE-FOY

L'histoire, c'est aussi une évolution économique, aspect qu'il ne faut pas dédaigner.

C'est une conjoncture de prospérité et de démographie galopante qui dicta, à la fin de la Seconde Guerre mondiale, un *nouveau type* de commerce au détail : les centres commerciaux.

À cette époque, les magasins des rues Saint-Jean et Saint-Joseph, comme tous les autres de la haute et de la basse-ville de Québec, étaient encore très fréquentés. Cependant, le nombre croissant des automobiles provoquant d'insurmontables problèmes de stationnement, la perspective de commerces capables d'offrir toute facilité pour garer la voiture devint l'élément majeur dans le choix des consommateurs.

Les banlieues disposent de grands espaces inoccupés, à des prix intéressants, et longent les voies d'accès et de sortie des villes. Dans un sens comme dans l'autre, à toute heure du jour, les automobilistes y affluent.

Sainte-Foy est à la porte de la vieille capitale et présente tous ces atouts. Aussi, Sam Steinberg, désireux de mettre en application son idée de construire des supermarchés qui soient le centre d'un ensemble d'autres commerces dont la clientèle alimenterait ses épiceries à grande surface, inaugura-t-il la Place-Ste-Foy en 1957, le 26 novembre. Les principales bannières à s'y réunir furent les suivantes : Steinberg, Morgan, Woolworth et la Banque Royale du Canada. Quelques marchands au détail de la rue Saint-Joseph se joignirent aussi à l'aventure.

Le magasin Simons de Sainte-Foy.

Histoire vivante du Québec

Quatre ans plus tard, la maison Simons, un fleuron des établissements commerciaux du Vieux-Québec, y ouvrit une succursale d'un luxe innovateur et, en mars 1964, le centre était pourvu d'un mail couvert et d'un cinéma de 800 sièges.

Actuellement, avec quelque 135 détaillants répartis sur une superficie de 40 000 mètres carrés, la Place-Ste-Foy accueille 8 millions de visiteurs par année.

LA PLACE-LAURIER

La Place Laurier fut réalisée par un groupe d'hommes d'affaires québécois bien connus : les Amédée Demers père, François Nolin et Paul Racine. Sa construction débuta à la fin de 1960 pour se terminer le 11 novembre 1961.

Le mail fut achevé dès l'année suivante, deux ans donc avant celui de Sainte-Foy.

Aussitôt considéré comme un espace privilégié pour les événements communautaires, on y couronna la reine du carnaval de Québec à l'hiver 1961-1962 et, depuis, expositions, spectacles et émissions de télévision s'y succèdent. Il arriva même que la messe de minuit y soit célébrée.

Depuis son ouverture, le centre fut agrandi pas moins de dix fois. En 1989 et 1990, de fortes sommes furent investies dans la modification de son architecture, dans la modernisation de sa décoration et dans l'amélioration de son accessibilité.

Longtemps le plus grand centre commercial au Canada (jusqu'au début des années 1980), il réunit plus de 350 magasins et boutiques fréquentées par 15 millions de clients par année.

LA PLACE-DE-LA-CITÉ

L'espace qu'occupait le magasin Pollack entre la Place-Ste-Foy et la Place-Laurier fut converti en édifice pour multiples magasins à partir de 1978 et sa jonction avec les deux autres centres fut réalisée en 1992. Aujourd'hui, la Place-de-la-Cité est surtout occupée par des bureaux.

UNE RUE DES PLUS ORIGINALES

Il est intéressant de noter qu'aux termes d'un acte de servitude publique l'allée centrale de chacun des trois centres est considérée comme une rue. De l'autoroute du Vallon jusqu'à la rue Saint-Germain-des-Prés, l'espace majeur qui permet d'y circuler d'un commerce à l'autre constitue donc une rue municipale au même titre que toute autre artère de l'arrondissement de Sainte-Foy. Nul n'est besoin de préciser que cette longue rue est exclusivement piétonnière...

Intérieur de la Place-Laurier, qui fut longtemps le plus vaste centre commercial du Canada.

Sous les eaux de l'aquarium de Québec.

L'AQUARIUM DE QUÉBEC

L'histoire a parfois des secrets. Ainsi, quels visiteurs de l'Aquarium de Québec sont au fait qu'il fut d'abord le Centre biologique de Québec, centre créé dans les années 1940 à la suite de l'accroissement des pêcheries commerciales?

Au ministère des Pêcheries, le réputé Vadim D. Vladykov, docteur et pionnier en recherche biologique, animait déjà une équipe de chercheurs sans toutefois disposer d'équipement ou d'espace pour mener à bien ses analyses et études. Il parvint à convaincre un collègue, sous-ministre des Pêcheries, Arthur Labrie, de construire un centre de recherche et le gouvernement acquit du Canadien National les terrains sur lesquels se dresse aujourd'hui l'aquarium.

En 1956, on y avait réalisé la rotonde, l'auditorium, les deux galeries d'aquariums et des locaux destinés aux laboratoires. L'année suivante, on ajouta une aile pour loger la bibliothèque et d'autres laboratoires. Puis, en 1958, on aménagea un restaurant au-dessus des galeries d'aquariums. Enfin, au cours des années subséquentes, on construisit trois bassins pour accueillir des phoques, un autre pour permettre la présentation de spectacles, et on réaménagea le hall d'entrée.

À la fin de 1959, le Centre biologique put remplir sa double mission, l'une de recherche et l'autre d'éducation populaire.

Il accueillit ses premiers visiteurs le 18 juin de la même année et les 150 000 personnes qui défilèrent devant ses 30 baies vitrées au cours des 6 premiers mois démontrèrent on ne peut mieux l'intérêt certain du public.

Les laboratoires, les bureaux et la bibliothèque déménagèrent au Complexe scientifique, 2700, rue Einstein, en 1979 et le Centre biologique de Québec devint alors l'Aquarium de Québec, voué exclusivement à l'éducation populaire.

Depuis 1999, le site est doté de 50 bassins et offre pas moins de 3500 espèces marines, indigènes et exotiques, à la curiosité des visiteurs qui en ont fait l'une des attractions récréotouristiques les plus fréquentées de toute la grande région de Québec.

LE CIMETIÈRE NOTRE-DAME-DE-BELMONT

Une épidémie de choléra dévasta Québec en 1832. Elle ne fit pas moins de 3500 victimes et on attribua bientôt la propagation de cette maladie infectieuse à la présence des morts dans les cimetières de la ville... Cette constatation, à laquelle se rangèrent les citoyens et le corps médical, eut pour conséquence qu'au milieu du XIXe siècle il fallut fermer les cimetières de Québec. C'est ainsi qu'en 1857 la fabrique Notre-Dame-de-Québec acheta de John William Dunscomb un vaste terrain ayant fait partie du domaine Belmont, de John Caldwell, où il avait son manoir, et qui longeait le chemin Sainte-Foy.

S'inspirant de la disposition du cimetière Greenwood, à New York, Charles Baillairgé y aménagea alors un cimetière-jardin où l'on put inhumer les défunts à partir de 1859 et, depuis, le temps y a réuni plusieurs personnalités marquantes.

un cimetière-jardin

Ainsi, les restes de François-Xavier Garneau furent transférés en ces lieux le 17 septembre 1867; s'y trouvent aussi ceux d'un autre historien célèbre, Guy Frégault. L'homme de lettres et pamphlétaire Arthur Buies, le journaliste Jules-Paul Tardivel, l'orfèvre Cyrille Duquet et le ténor mondialement connu Raoul Jobin reposent également au cimetière Notre-Dame-de-Belmont.

Mais surtout, l'histoire politique de la province y marque plusieurs de ses chapitres importants avec les sépultures de pas moins de quatre premiers ministres.

Élu en mai 1896 à la tête de la province, Edmund James Flynn, qui n'occupa le poste qu'une seule année, mais dont la haute fonction est le point d'orgue d'une brillante carrière politique au cours de laquelle il fut ministre dans quatre gouvernements successifs, y repose depuis le 10 juin 1927.

Puis, ayant eu droit à des funérailles nationales, puisqu'il est décédé pendant qu'il occupait sa charge, Félix-Gabriel Marchand, notaire, écrivain et journaliste avant d'être premier ministre en 1897, y fut mené en terre en septembre 1900. Cinq ans plus tard, l'artiste Louis-Philippe Hébert sculpta dans une pièce de granit gris clair, en provenance des carrières de Barre, au Vermont, un monument en son hommage qui fut érigé bien en vue en tête d'une allée dans une des vieilles parties du cimetière.

Après avoir remporté les élections générales de 1923, 1927, 1931 et 1935, le premier ministre Louis-Alexandre Taschereau, qui démissionna en 1936, y fut inhumé après son décès, près de vingt ans plus tard, soit le 6 juillet 1952. L'étendue de son règne lui avait permis de traverser à la fois des années de prospérité et de crise économique (1929). On lui doit la création de la Commission des liqueurs (aujourd'hui la Société des alcools du Québec), la fondation des écoles des beaux-arts de Québec et de Montréal, la mise en place du ministère du Travail, du Service de l'assistance publique et de la Commission des accidents du travail. Il fut de plus l'initiateur de la cité parlementaire dont il fit construire les premiers édifices, Honoré-Mercier, Jean-Antoine-Panet et André-Laurendeau, et c'est sous son gouvernement que le Conseil privé statua que le Labrador appartient à Terre-Neuve.

Enfin, en décembre 1980, on y enterra Jean Lesage, premier ministre de 1960 à 1966. Préalablement ministre fédéral dans le gouvernement de l'honorable Louis Saint-Laurent, cet avocat, né à Montréal en 1912, accéda à la tête du gouvernement provincial à l'issue du scrutin de 1960. Deux ans plus tard, après avoir convoqué des élections anticipées sur le thème de la nationalisation de l'électricité, il remporta une éclatante victoire et poursuivit la série de

réformes de tout acabit qu'il avait déjà entamée et qui composa ce qu'il est convenu d'appeler la Révolution tranquille. Ainsi, c'est sous son gouvernement que furent créés les ministères des Affaires culturelles, du Revenu et des Affaires fédérales-provinciales (1961), et que fut entreprise une réforme de l'enseignement au Québec qui aboutit à la création du ministère de l'Éducation, en 1964. Il instaura aussi plusieurs sociétés d'État, la Société générale de financement (1964), la Société québécoise d'exploration minière (1965) et la Caisse de dépôt et placement (1965) après avoir mis en place, dès 1961, le système d'assurance-hospitalisation. L'autoroute qui relie Québec et Montréal fut baptisée de son nom en 1978.

LA BASE DE PLEIN AIR DE SAINTE-FOY

Situé à l'intersection des autoroutes Félix-Leclerc et Duplessis, ce vaste espace dont est banni tout développement urbain ou industriel, et qu'on a aménagé en un parc de plein air à but récréatif exclusivement, a bien failli perdre ses vertus écologiques quand le Canadien Pacifique, en 1974, annonça son intention d'aménager une gare de triage à proximité.

Ce sont les recommandations de la société d'urbanistes-conseils Jean-Claude La Haye en 1964 et 1966 qui avaient convaincu les autorités de la ville de Sainte-Foy de faire de ce territoire un parc urbain régional. Aussi, la municipalité y avait-elle acquis *un ensemble de terrains totalisant une superficie de 18 741 856 pieds carrés* qui incluait le lac Laberge et, dès 1968, elle y organisait des camps de jour pour adolescents. En 1972, la base était ouverte toute la semaine pour les familles. Outre des zones de camping et de pique-nique bien aménagées, elle

À Sainte-Foy, une oasis naturelle pour les sportifs et les amoureux de la nature.

offrait des classes vertes. S'ajoutèrent bientôt des activités hivernales organisées pour les écoles primaires de Sainte-Foy.

À l'encontre de la décision de la compagnie de chemin de fer, la ville plaida que ses installations entraîneraient la destruction des nappes aquifères alimentant les différents bassins (lacs et étangs) et provoqueraient une pollution visuelle, auditive et olfactive. Prenant en compte ces arguments ainsi que les conclusions d'un rapport sur les eaux souterraines préparé par le ministère des Richesses naturelles, le CP renonça à son dessein et le gouvernement du Québec assura la pérennité de cette décision en se portant alors acquéreur des terrains de la compagnie.

En 1980, on y aménagea des terrains de soccer, de baseball et de tennis, et les cinq lacs artificiels qui existaient encore alors furent réunis et convertis en deux étendues d'eau.

Aujourd'hui, la Base de plein air de Sainte-Foy est ouverte à longueur d'année et contient même un sentier pédestre d'environ quatre kilomètres.

LE JARDIN ROGER-VAN DEN HENDE

Ouvert aux visiteurs depuis 1978, ce jardin en milieu urbain recèle pas moins de 2000 espèces de cultivars ainsi qu'une collection unique de plantes indigènes et d'autres, ornementales, introduites d'Europe, d'Asie et d'ailleurs en Amérique.

Il fut conçu puis aménagé entre 1966 et 1975 par Roger Van Den Hende, un éminent professeur d'horticulture ornementale de l'Université Laval, et on l'utilise encore pour l'enseignement et la recherche tout en faisant de la vulgarisation auprès du public.

Plusieurs résidents de Sainte-Foy ont pris l'habitude d'y venir chercher conseil pour l'aménagement paysager de leur propriété et y combler leur soif de connaissances en entretien horticole selon les saisons.

Un parc aux allures de jardin botanique.

PERSONNALITÉS QUI ONT VÉCU À SAINTE-FOY OU QUI EN ONT MARQUÉ L'HISTOIRE

Charles-Amador Martin (1648-1711) fut le premier curé de la paroisse Notre-Dame-de-Foy. Il était le fils d'Abraham Martin, dit L'Écossais, et de Marguerite Langlois. Après des études classiques et théologiques au Collège des Jésuites, il est ordonné prêtre le 14 mars 1671, à l'âge de 23 ans. Il exerce son ministère dans plusieurs paroisses avant de devenir professeur au Séminaire de Québec. En 1698, il devient le premier curé de la nouvelle paroisse de Notre-Dame-de-Sainte-Foy. Il figure parmi les victimes de l'épidémie de fièvre pourprée qui cause plusieurs décès dans la région de Québec, en 1711.

Henri-Arthur Scott (1858-1931) fut le 27ᵉ curé de la paroisse Notre-Dame-de-Foy. Après des études au Petit et au Grand Séminaire de Québec, il est ordonné prêtre au début du mois de juin 1882. Après avoir été vicaire dans quelques paroisses, il est nommé curé de Notre-Dame-de-Foy en 1893. Il est l'auteur de plusieurs ouvrages dont *Une paroisse historique de la Nouvelle-France. Notre-Dame de Sainte-Foy. Histoire civile et religieuse d'après les sources, tome I (1541-1670)*, publié en 1902, et de la brochure *Deuxième centenaire de Notre-Dame de Foy au Canada*, en 1919.

Louis-Alexandre Taschereau (1867-1952) est l'un des premiers ministres du Québec qui reposent au cimetière Notre-Dame-de-Belmont. Après des études en droit, il est admis au barreau de la province de Québec en juillet 1889. Il est élu député libéral pour la première fois en 1900. Il siégera à l'Assemblée législative jusqu'en 1936. Il dirigera le ministère des Travaux publics et du Travail, puis il sera nommé procureur général dans le cabinet du premier ministre Lomer Gouin. Lui-même deviendra premier ministre en 1920, poste qu'il occupera jusqu'à sa démission, le 11 juin 1936.

Un politicien de grande envergure, Louis-Alexandre Taschereau.

3. SILLERY

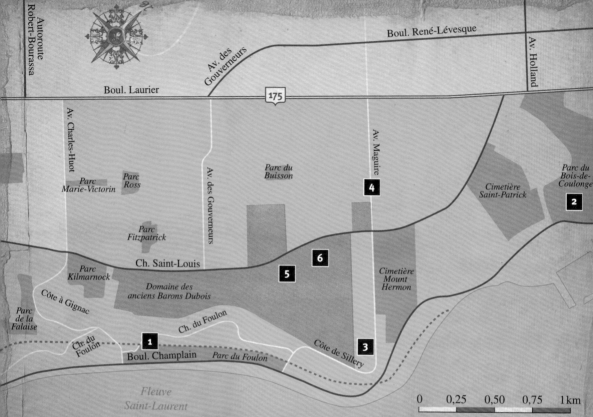

Sillery

Boul. René-Lévesque

Av. des Gouverneurs

Boul. Laurier

Autoroute Robert-Bourassa

Av. Holland

Av. Charles-Huot

Parc Marie-Victorin

Parc Ross

Av. des Gouverneurs

Parc du Buisson

Av. Maguire

4

Cimetière Saint-Patrick

Parc du Bois-de-Coulonge

2

Parc Fitzpatrick

Ch. Saint-Louis

6

5

Cimetière Mount Hermon

Parc Kilmarnock

Côte à Gignac

Domaine des anciens Barons Dubois

Parc de la Falaise

Ch. du Foulon

Ch. du Foulon

1

Boul. Champlain

Parc du Foulon

Côte de Sillery

3

Fleuve Saint-Laurent

0   0,25   0,50   0,75   1 km

---

1 La Maison des Jésuites

2 Le Bois-de-Coulonge

3 L'église Saint-Michel de Sillery

4 L'avenue Maguire

5 Cataraqui

6 Le collège Jésus-Marie

Page 54 :
Difficile d'établir l'âge de la Maison des Jésuites! Chose certaine, elle fut érigée avant 1733 et a subi plusieurs transformations. Tour à tour mission puis maison de ferme, après la Conquête elle fut louée à des britanniques et devint un lieu de commerce.

Page 55 :
La Maison des Jésuites dans son état actuel.

Parce qu'il se révéla presque impossible aux Jésuites d'atteindre leur objectif d'évangéliser les nations autochtones autrement qu'en les sédentarisant, le père Paul Le Jeune, inspiré par une expérience semblable menée, en 1634, à Sainte-Marie (Midland, Ontario), décida de créer, dans l'anse Saint-Joseph, à quelques kilomètres à l'ouest de Québec, une *réduction*, c'est-à-dire une bourgade où les Indiens pourraient défricher, cultiver la terre et s'établir à demeure.

D'abord connue comme la Réduction de Saint-Joseph, elle devint celle de Sillery lorsqu'un ancien ambassadeur ordonné prêtre, Noël Brûlart de Sillery, lui attribua les revenus d'une fondation pour l'établissement d'un séminaire destiné à l'éducation des jeunes sauvagesses et que le père Le Jeune utilisa plutôt pour mettre sur pied sa mission.

Le site choisi était déjà fréquenté par les Indiens qui y venaient pêcher chaque été. Ils le connaissaient d'ailleurs sous le vocable de *Kamiskoua-Ouangachit*, c'est-à-dire « endroit où l'on vient pêcher, pointe aux anguilles ».

Plus précisément, la Réduction de Sillery était sise à moins d'un demi-kilomètre à l'ouest de l'anse de Sillery où s'avance un promontoire bas, mais taillé à pic et que les documents anciens nomment la Pointe-Saint-Joseph : c'est là, dans un renfoncement du côté est, que le père Le Jeune avait établi sa mission.

Dès 1637, les Jésuites y construisirent une maison pour se loger pendant qu'ils entreprenaient la construction d'autres habitations qu'ils destinaient à des familles d'autochtones dont plusieurs déjà étaient venues s'établir tout autour. Mais les maisons dites *à la française* coûtaient

Sillery vu des plaines d'Abraham (1895), huile sur toile de Joseph-Charles Franchère.

bien davantage que les *wigwams* et leur construction était ralentie par les rigueurs du climat et, surtout, la rareté d'une main-d'œuvre sachant travailler la pierre, matériau dont elles étaient construites.

Heureusement, deux ans plus tard, des ouvriers compétents vinrent mettre la main à la pâte et les choses purent aller bon train.

Le premier baptême y fut célébré le 8 avril 1638, et cet événement demeure inscrit au registre paroissial de Sillery que l'on peut consulter encore aujourd'hui. Cette première cérémonie fut suivie de 31 autres la même année et de 56 l'année suivante.

Une vie paroissiale s'y dessina dès 1647 avec la construction de la chapelle Saint-Michel. Le commerce du bois et la construction navale atteignirent des proportions enviables à la fin du XVIIIe siècle alors que s'y ajoutaient les activités agricoles.

Remarquablement, de 1835 à 1845, l'histoire y marqua un mouvement de démocratisation de la propriété terrienne lorsque trois grands propriétaires firent cession gracieuse de leurs terres aux habitants qui travaillaient pour eux.

D'abord appelé Saint-Colomban-de-Sillery en 1855 lorsqu'il fut canoniquement érigé en paroisse, cet arrondissement de Québec, aux proportions réduites par rapport à la superficie de 1699 depuis les fusions municipales de 2002, longe le fleuve et est situé à l'est et au sud de Sainte-Foy. Il fut nommé Sillery lorsqu'il obtint le statut de ville en 1947. C'est un arrondissement essentiellement résidentiel.

LA MAISON DES JÉSUITES

Bien malin celui qui pourrait aujourd'hui donner l'âge de la Maison des Jésuites. Située au 2320, chemin du Foulon, à Sillery, devenue musée, elle présente des expositions sur l'histoire de Sillery et l'archéologie du site, ainsi que du mobilier et des objets usuels anciens.

Ce que l'on sait, pour pouvoir l'observer lorsqu'on étudie le détail de sa charpente et qu'on considère le profil du bâtiment, c'est que le deuxième étage fut ajouté après la construction d'origine.

Les *Relations* des Jésuites rapportent, sans donner le détail de ses dimensions ou de sa structure, que leur première maison à Sillery fut construite en 1637. Puisqu'elle ne logeait que deux missionnaires et, peut-être, quelques Indiens, on peut en déduire qu'elle était plus petite que celle qu'on appelle aujourd'hui *la vieille maison des Jésuites*. Elle brûla en 1657.

En 1660, les religieux en terminèrent la reconstruction, mais on ne retrouve aucune indication concernant ses dimensions. De la même manière, on ne peut affirmer de façon certaine qu'elle était de pierre.

Enfin, en 1733, l'*Aveu de dénombrement* de la seigneurie, qui contient une description détaillée de celle-ci avec le nom des censitaires, la grandeur de leur terre et l'inventaire des bâtiments qui s'y trouvent, donne les détails d'une maison sise à l'endroit actuel de celle des Jésuites qui correspond bien à ce qu'elle est : *une maison de ferme en pierre, d'une longueur de quarante-six pieds et d'une largeur de vingt-six pieds*.

On peut donc conclure tout au plus que la Maison des Jésuites date d'avant 1733.

Avant qu'elle ne devienne, en 1929, un des trois premiers édifices du Québec classés monuments historiques, son histoire en est une

La Maison des Jésuites, vers 1965.

de propriétaires, de locataires et de simples occupants successifs dont la liste constitue un inventaire exhaustif d'un intérêt négligeable. Certains d'entre eux cependant marquent des étapes importantes de l'histoire de la Nouvelle-France, alors que d'autres ont laissé leur empreinte dans la chronique postérieure.

Ainsi, sitôt après la signature du traité de Paris, qui concéda le Canada à l'Angleterre en 1763, les Jésuites la louèrent au révérend John Brooke, un pasteur britannique, aumônier à Québec en 1759-1760, et à son épouse, la romancière Frances Brooke, qui y vécurent jusqu'en 1767. Le séjour de la femme de lettres créa un fort remous dans la haute société québécoise où elle fut invitée dans toutes les réceptions et tous les bals élégants. On disait d'elle, qui parlait parfaitement la langue française, mais ne bénéficiait pas d'un physique avantageux, qu'*elle possédait l'art de rendre la laideur agréable...*

Frances Brooke, la première romancière de Québec, auteur du roman *The History of Emily Montague* (1769).

À Sillery, elle rédigea, sous la forme épistolaire, qu'elle affectionnait particulièrement, un roman intitulé *The History of Emily Montague,* dans lequel elle se permit de décrire et de juger la société canadienne de l'époque. Par la voix de ses personnages, elle livra dans ces termes son opinion sur les Canadiens de langue française : *Ces paresseux laissent la plupart de leurs terres incultes et n'en ensemencent dans chaque espèce de grain que pour leurs besoins particuliers. Trop orgueilleux et trop lâches pour travailler pour les autres, ils font leurs moissons eux-mêmes.*

L'ouvrage fut publié à Londres en 1769, un an après le départ de Frances Brooke du Canada. Il parut en français sous le titre d'*Émily Montague.* Même si ses qualités littéraires sont mineures et ses traits parfois désobligeants à l'endroit de nos ancêtres, il demeure que ce fut le premier roman écrit en Amérique et qu'il dépeint assez exactement la vie au Canada au XVIIIe siècle.

Le dernier des jésuites vivant au Canada, le père Jean-Joseph Casot, mourut en 1800. La Couronne prit alors possession des biens de la communauté et institua une commission pour leur administration. Cette dernière procéda à un inventaire et rapporta que la maison était en bon état. Elle était alors en location à un marchand de Québec, John Lynd.

De 1805 à 1815, il est intéressant de noter qu'elle fut utilisée par le brasseur William Hullett. Ce dernier cultivait le houblon sur le domaine des Jésuites depuis 1802 déjà. Bénéficiant d'un bail de quinze ans, il habita la maison, établit sa brasserie à même le bâtiment érigé tout près sur la propriété, et transforma la chapelle en houblonnière.

Lorsque, plus tard, le domaine fut loué aux frères James et John Jeffreys, ces derniers ajoutèrent le deuxième étage de la maison. Ils ne se rendirent cependant pas à la fin de leur bail et la propriété fut

acquise par un nommé Henry Le Mesurier qui la loua, après y avoir lui-même habité pendant sept ans, à deux marchands de bois, Thomas Beckett et Richard Reid Dobell, qui en devinrent à leur tour propriétaires en 1896. C'est leur succession qui la céda à la Commission des monuments historiques du Québec en 1924.

Transformée pour la première fois en musée par un nommé Roland Gagné qui l'avait achetée en 1948, la maison redevint ensuite propriété des Jésuites...

Elle appartint au ministère des Affaires culturelles de 1976 à 1987 alors que le gouvernement du Québec en remit la propriété à la ville de Sillery.

LE BOIS-DE-COULONGE

Havre de paix, de fraîcheur et de beauté naturelle, le Bois-de-Coulonge, parc d'une superficie de 24 hectares donnant sur le chemin Saint-Louis (au numéro 1215), où résidaient anciennement les gouverneurs du Canada-Uni, puis, à partir de 1867, les lieutenants-gouverneurs de la province de Québec, mérite amplement sa réputation de joyau des parcs gérés par la Commission de la capitale nationale du Québec.

Constituant le cœur d'un immense domaine forestier lorsque le gouverneur de la Nouvelle-France Louis d'Ailleboust de Coulonge et d'Argentenay l'acquit en 1649 du fermier Nicolas Gaudry, dit Bourbonnière, il fut dès lors érigé en fief, sous l'appellation de Châtellenie de Coulonge, et aménagé comme tel, ce dont témoignent encore

Le printemps venu, le parc du Bois-de-Coulonge offre à ses visiteurs une féerie de tulipes.

l'agencement de la partie donnant sur le fleuve, la disposition des allées principales et l'âge des arbres de la partie boisée. De plus, le représentant du roi en Nouvelle-France y fit construire sa résidence, qu'il habita jusqu'en 1658.

Par la suite, et jusqu'en 1766, le domaine passa aux prêtres du Séminaire de Québec.

Après avoir connu différents propriétaires à partir de 1766 et avoir eu comme locataire le gouverneur James Craig de 1807 à 1811, il était vendu le 3 avril 1811 à Michael Henry Percival. Ce dernier était le neveu du premier ministre d'Angleterre, l'honorable Spencer Perceval, d'où lui vint le nom de Spencerwood qui remplaça alors celui de la Châtellenie. Il passa ensuite entre les mains d'Henry Atkinson, riche négociant de Québec et président de la Société d'horticulture de Québec qui y aménagea d'admirables jardins. En 1850, ce passionné d'agriculture ornementale loua une partie de son domaine au gouvernement du Canada-Uni, partie correspondant à ce qui forme aujourd'hui le parc, pour la lui vendre en deux temps, en 1852 et 1854. Le gouverneur de la colonie, le comte d'Elgin, y résida de 1847 à 1854.

Enfin, les autorités fédérales transférèrent la propriété de Spencerwood à la province de Québec en 1870 et elle devint la résidence officielle du lieutenant-gouverneur. C'est en 1950, aux termes du Bill 6 adopté par l'Assemblée législative le 7 mars, qu'on lui redonna son appellation première de Bois-de-Coulonge.

Maison du gardien du parc du Bois-de-Coulonge.

"Spencerwood" Quebec City

Un drame mit fin à la fonction vice-royale du domaine le 21 février 1966 alors qu'un incendie ravagea la résidence et que le lieutenant-gouverneur Paul Comtois y perdit la vie.

Depuis, le Bois-de-Coulonge ne compte plus les admirateurs qui viennent y déambuler chaque jour. La végétation y est généreuse et les vieux arbres rappellent de nombreuses pages de notre histoire. Dans ses sentiers ombrageux qui mènent au panorama lumineux regardant le fleuve, le temps est immobile comme la beauté des lieux.

CATARAQUI, UNE VILLA ANGLAISE À SILLERY

Son origine remonterait à 1831, alors que James Bell Forsyth aménagea à Sillery un ensemble de terrains qu'il avait acquis en 1831, 1839 et 1850. Son nom, Cataraqui, n'a rien d'anglais : il s'agirait d'une dérivation de *Katarokwen,* nom donné par les Iroquois aux terres sur lesquelles fut érigée Kingston, lieu d'origine du riche marchand de bois. Il signifie «là où le fleuve et les lacs se rejoignent», formule qui décrit assez justement la toponymie de la région de cette ville ontarienne.

Issu d'une famille écossaise de haute noblesse, ce Forsyth, avec un associé du nom d'Alexander D. Bell, avait ensuite fondé à Québec la firme Forsyth, Bell Company et s'était intéressé à des entreprises aussi variées que les assurances et le transport des pianos, et avait investi dans les navires.

En 1840, il se départit de la demeure bourgeoise qu'il habitait rue Sainte-Anne, face à l'Esplanade, pour emménager à Cataraqui. Dix ans plus tard, au décès de son épouse, il vend le domaine à son associé qui le revendit aussitôt, le 13 août 1850, à un nommé Henry Burstall pour la somme de 8000 $. Ce dernier commanda alors à

l'architecte Edward Staveley, qui partageait avec Charles Baillairgé le monopole de la conception et de la réalisation des résidences prestigieuses à Québec, la construction d'une nouvelle villa à laquelle il désirait que l'on donne des allures de manoir.

La résidence fut terminée fin décembre 1851. L'historienne de l'architecture France Gagnon-Pratte en décrit ainsi l'aspect extérieur :

La façade principale de la villa Cataraqui est composée avec beaucoup de soin. Les coins d'angle sont bien délimités par un chaînage de pierre, et les ouvertures sont mises en évidence par des encadrements en pierre de taille qui se découpent sur les murs de brique. Tout comme la porte centrale est de dimensions plus importantes que la fenêtre qui la surmonte, les ouvertures latérales sont plus larges que celles de l'étage : l'architecte les transforme en porte-fenêtre.

L'aménagement du domaine fut accordé au style de la villa pour donner un ensemble dit *pittoresque*, nom d'un mouvement de l'époque qui désignait, en art pictural, *tout paysage digne d'être peint*. Amorcée par quelques écrivains anglais qui se voulaient théoriciens du beau, cette école tentait d'imposer le principe selon lequel la connaissance pouvait être acquise autant par la perception sensible que par la raison. Le caractère de tous les grands domaines construits alors en subissait l'influence. Ce fut le début des résidences situées nettement en retrait des chemins et cachées par un écran de végétation.

En 1860, Henry Burstall loua Cataraqui, avec promesse de vente, au gouvernement du Canada-Uni qui en fit la résidence du gouverneur général Sir Edmund Walter Head, forcé de quitter Spencerwood (le Bois-de-Coulonge) ravagé par un incendie le 12 mars de la même année. Ce dernier eut l'occasion d'y accueillir le prince de Galles, futur roi Édouard VII, de passage au Canada pour la pose de la première pierre du parlement d'Ottawa et l'inauguration du pont Victoria, à Montréal.

Sir Charles Stanley Monk succéda à Edmund W. Head à titre de gouverneur général du Canada-Uni en 1861. En 1863, il élut domicile à Spencerwood, qu'il avait fait reconstruire l'année précédente. Conséquemment et en application d'une clause à cet effet au contrat de location, le domaine fut mis en vente aux enchères. C'est Charles E. Levey, un riche planteur de canne à sucre à la retraite, qui s'en porta acquéreur et il l'enjoliva jusqu'à en faire *une demeure féerique,* selon les dires de l'historien James M. LeMoine. Millionnaire et libre de son temps, le nouveau propriétaire s'impliqua dans la communauté et fut l'un des membres actifs d'une association formée pour promouvoir la sauvegarde des remparts des plaines d'Abraham devenue problématique à cause de la situation précaire des finances de la ville depuis l'incendie de la moitié du quartier Saint-Louis, en 1876. L'organisme, regroupant autant de francophones que d'anglophones, contribua de ses ressources financières à la restauration de ses vestiges qu'il sauva de la décrépitude.

Charles E. Levey mourut en 1880 et c'est son fils du même nom, qui, après avoir racheté la part de sa sœur Florence, devint le nouveau maître de Cataraqui. Il ne vécut cependant que cinq années au domaine de Sillery, choisissant plutôt de rentrer en Angleterre où il avait fait ses études et où il avait été officier dans l'infanterie légère.

La propriété passa alors aux mains de Godfrey William Rhodes, un gentleman-farmer dont la famille était installée à Québec depuis le XIXᵉ siècle et qui y était demeurée par simple attachement, les affaires s'étant déplacées à Montréal. Il y vécut près de 70 ans. Mort en 1892, il la légua en héritage à son fils aîné, Armitage.

À la même époque cependant, la tradition typiquement victorienne déclina au point où les deux générations suivantes de Rhodes qui se succédèrent à Cataraqui ne purent lui conserver son faste et son rayonnement.

Aussi, le domaine fut vendu à Percyval Tudor-Hart et, en 1972, il fut remis en vente par la firme Trust Royal mandatée par les successibles de Catherine Tudor-Hart, la veuve du dernier propriétaire anglais de la noble demeure, qui l'estimaient à sept millions de dollars alors que l'évaluation municipale ne s'élevait qu'à 394 800 $.

En 1974, un promoteur en fit l'acquisition en vue d'un projet résidentiel; mais le 3 février 1975, le gouvernement provincial refusa de délivrer un permis de lotissement et se porta acquéreur de Cataraqui.

James Bell Forsyth, premier propriétaire (1831) du domaine Cataraqui.

Près de vingt ans plus tard, le domaine s'étant considérablement détérioré, le ministère de la Culture et des Communications du Québec accepta un projet de revitalisation soumis par la Fondation Bagatelle, organisme originalement créé pour la sauvegarde de la villa Bagatelle, sise dans le Bois-de-Coulonge, et lui en confia la gestion.

Enfin, en septembre 1995, Cataraqui, restaurée entièrement et convertie en musée-jardin, devint la résidence du gouvernement du Québec. Aucun premier ministre n'y a élu domicile depuis, mais la prestigieuse propriété, sise au 12141, chemin Saint-Louis, est souvent l'hôte de réceptions officielles.

L'ÉGLISE DE SILLERY

C'est au premier prêtre missionnaire de Sillery, l'abbé Peter-Henry Harkin, originaire d'Irlande comme la majorité des fidèles pour qui elle fut érigée, que l'église Saint-Colomb (aujourd'hui Saint-Michel), construite avec de la pierre de Cap-Rouge charriée sur place par des bénévoles et du bois donné par des commerçants de Sillery, doit d'avoir été ainsi consacrée à un moine irlandais de ce nom.

Préalablement, les fidèles de Sillery avaient pour seul endroit de culte l'ancienne maison du marchand Patrick McInenly, acquise par l'archevêché de Québec, où l'on avait aménagé une chapelle dédiée à saint Richard, jadis roi d'Angleterre. La propriété devint ensuite le presbytère de la paroisse (démoli en 1954).

Le décret autorisant la construction de l'église fut émis le 16 décembre 1850. L'archevêché en confia la préparation des plans à l'architecte Goodlatte Richardson Browne et choisit Michael Mernagh comme entrepreneur. C'est la Pointe-de-Puiseaux, près de la côte de l'Église et un peu en retrait sur un plateau dont la partie avant, en façade sur le fleuve, fut déjà un lieu de refuge prisé par les amoureux (ils appelaient communément l'endroit le *quarry*), qui fut choisie comme site pour le nouveau temple.

Les travaux de construction durèrent deux ans, pendant lesquels il se révéla que saint Richard n'était pas reconnu par l'Église catholique, pour se terminer à l'automne de 1854. L'église fut plutôt dédiée à saint Colomb. L'abbé Harkin décéda en 1873 et c'est la petite cloche de l'ancienne chapelle qui tinta dans le nouveau clocher lors de son service.

Son successeur, Mgr Ignazio Persico, un prélat italien né à Naples qui avait été précédemment évêque de Savannah, en Louisiane, reprit la cure, investi d'une mission papale secrète : évaluer l'influence indue du clergé en politique canadienne. La somme de 1500 $ léguée par l'abbé Harkin pour l'instruction des enfants de la paroisse lui servit à l'érection de l'école Saint-Colomb sur les terrains de la

PERSONNALITÉS QUI ONT VÉCU À SILLERY OU QUI EN ONT MARQUÉ L'HISTOIRE

Alexandre-Eustache Maguire (1854-1934) a laissé son nom à une importante rue de Sillery. D'origine irlandaise, il était le fils du juge John Maguire et de France Agnes Horan. Ordonné prêtre en 1882, il est nommé curé de la paroisse de Saint-Colomb en 1894, après avoir été professeur au Séminaire de Québec et aumônier du couvent Bellevue. En 1917, il avait béni la travée centrale du pont de Québec juste avant que les ouvriers réussissent à relier les deux cantilevers. Deux ans plus tard, les autorités religieuses et civiles célèbrent les vingt-cinq ans de l'abbé Maguire à la tête de la paroisse de Saint-Colomb. Le curé décédera en 1934, après avoir occupé la cure pendant quarante ans !

James MacPherson Le Moine (1825-1912), dans son ouvrage *Monographies et Esquisses*, se plaît à décrire quelques villas situées à Sillery. Après des études classiques au Séminaire de Québec, il obtient sa licence en droit de l'Université Laval où il devient professeur de droit. Par la suite, il occupera le poste d'inspecteur du Revenu des terres. De 1869 à son décès, il demeure à Spencer Grange, une villa de Sillery. « Son implication dans les milieux intellectuels de son époque est constante, écrit Danielle Dion-McKinnon. Il fait partie de l'Institut Canada, de l'Institut ethnographique de France, de l'American Historical Association, de la New York Genealogical and Biographical Society et de l'Audubon Society of New York. » À son décès, il laisse derrière lui plusieurs ouvrages en histoire ou en archéologie. Il est enterré au cimetière Mount Hermon.

Henri-Gustave Joly de Lotbinière (1829-1908), député de Lotbinière à la Chambre d'assemblée du Canada-Uni (1861-1867), puis à la Chambre des communes en 1867 ; premier ministre du Québec (8 mars 1878 – 30 octobre 1879) ; ministre du Revenu (1897-1900) dans le cabinet de Wilfrid Laurier ; lieutenant-gouverneur de la Colombie-Britannique (1900-1906).

Henri-Gustave Joly de Lotbinière est né en France en 1829. De religion protestante, il fait ses études à Paris. Il est admis au Barreau du Bas-Canada en 1855. Cinq ans plus tard, il obtient la propriété de la seigneurie de Lotbinière qui appartenait à sa mère. D'allégeance libérale, en 1861, il est élu député de Lotbinière. Il siégera à Ottawa et à Québec de 1867 à 1874, alors que le double mandat est aboli. Il occupe le poste de premier ministre de la province de Québec du 8 mars 1878 au 30 octobre de l'année suivante, alors qu'il devient chef de l'opposition. En 1896, il retourne siéger à la Chambre des communes. Il fera partie du cabinet de Wilfrid Laurier jusqu'à sa nomination comme lieutenant-gouverneur de la Colombie-Britannique, poste qu'il occupa pendant près de six ans. Il décéda en novembre 1908 et il fut inhumé au cimetière Mount Hermon.

- L'Ancienne-Lorette
- Wendake
- Charlesbourg

4. LA RÉGION NORD DE QUÉBEC

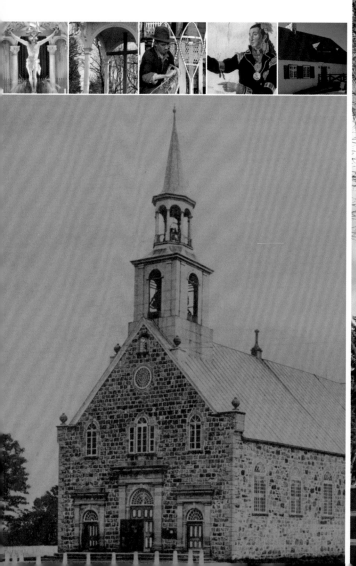

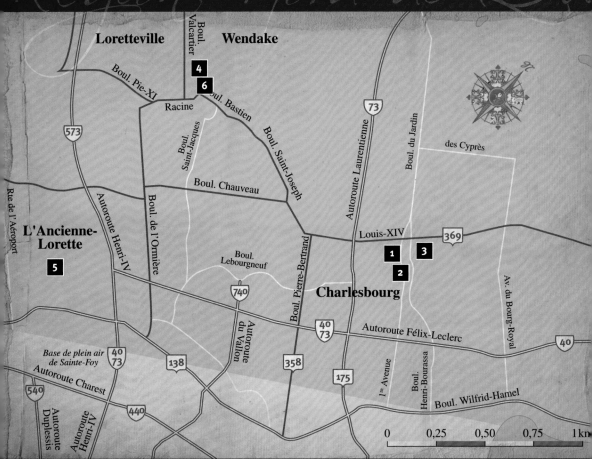

Loretteville

Wendake

L'Ancienne-Lorette

Boul. Valcartier

Boul. Pie-XI

Racine

Boul. Bastien

Boul. Saint-Jacques

Boul. Saint-Joseph

Boul. Chauveau

573

Autoroute Henri-IV

Boul. de l'Ormière

Rte de l'Aéroport

Boul. Lebourgneuf

740

Autoroute du Vallon

Boul. Pierre-Bertrand

Charlesbourg

Autoroute Laurentienne

73

Boul. du Jardin

des Cyprès

Louis-XIV

369

Av. du Bourg-Royal

40 73

Autoroute Félix-Leclerc

40

Base de plein air de Sainte-Foy

40 73

Autoroute Charest

540

138

440

358

175

1re Avenue

Boul. Henri-Bourassa

Boul. Wilfrid-Hamel

Autoroute Duplessis

Autoroute Henri-IV

0   0,25   0,50   0,75   1 km

Page 74 :
L'église de
l'Annonciation,
à L'Ancienne-
Lorette, érigée
de 1907 à 1910.

Page 75 :
L'église de
L'Ancienne-
Lorette, au début
du siècle.

1 Le Trait-Carré

2 L'église Saint-Charles-Borromée

3 Le moulin des Jésuites

4 La maison Tsawenhohi

5 L'église de L'Ancienne-Lorette

6 L'église Notre-Dame-de-Lorette

WENDAKE OU LE VILLAGE HURON

Situé sur les bords de la rivière Saint-Charles, à une douzaine de kilomètres au nord-ouest de Québec, le village de Wendake connut une pléthore d'appellations : Nouvelle-Lorette, La Jeune Lorette, Roreke, Village-Huron-de-la-Jeune-Lorette, Notre-Dame-de-Lorette, Village-Huron, Village-des-Hurons, Indian-Lorette...

Le mot *wendake* est dérivé de la langue huronne, *wendat* signifiant « les habitants de l'île » et *ke*, « chez ». Parce que ces Indiens se coiffaient en donnant à leur chevelure une forme de hure (ou tête de sanglier), les Français leur donnèrent le nom de Hurons : Wendake veut donc dire « chez les Hurons ».

C'est en 1697 déjà, après que les guerres iroquoises les eurent forcés d'abandonner différents territoires, dont leur Huronie natale, puis la Lorette, où les Français y étaient devenus trop nombreux, que les Hurons s'établirent définitivement à Wendake, qui prit officiellement ce nom en 1986.

Aujourd'hui, le « village », dit aussi la réserve de Loretteville, d'une population d'un peu plus d'un millier d'habitants, loge une douzaine d'entreprises familiales et la qualité de leurs produits a porté la réputation de Wendake dans le monde entier. On y fabrique des raquettes, des mocassins et des canots, dont la production atteint les deux millions de dollars par année. Les Scandinaves, entres autres Européens, sont parmi les acheteurs de ces produits artisanaux typiques alors que les touristes qui envahissent chaque été les petites rues de la bourgade sont grands consommateurs d'autres produits connexes tels les pantoufles, les sacs ou sacoches et les raquettes miniatures.

Fabrication artisanale de raquettes à Wendake.

La nation huronne, l'une des nations amérindiennes les plus notoires parmi les premiers peuples d'Amérique, a toujours été reconnue pour son affabilité et son hospitalité. Au cours de l'histoire, elle a accueilli avec enthousiasme des personnages célèbres, tels le botaniste Pehr Kalm, le peintre Cornelius Krieghoff, l'ethnologue américain Frank Speck, sans compter des têtes couronnées, comme le prince de Galles et le roi George VI, et d'autres dignitaires comme Lord Dufferin, Lord et Lady Elgin ainsi que Lord et Lady Durham. Ce fut chaque fois l'occasion de célébrations festives mémorables.

Un grand chef de la réserve, Max (One-Onti) Gros-Louis, a lui-même été accueilli un peu partout dans le monde et a reçu, en tant qu'ambassadeur de son peuple, différents titres d'honneur. Ainsi, il a été nommé chevalier de l'Ordre national du Mérite de la République française, académicien diplomatique de la paix par l'Organisation mondiale de la presse diplomatique et membre du Temple de la renommée indienne.

Les touristes qui visitent Wendake pénètrent dans la seule agglomération huronne-wendate encore habitée par un peuple d'origine. Ce lieu représente donc, à tous égards, une valeur patrimoniale et historique vraiment exceptionnelle.

Défenseur des droits des autochtones, et ambassadeur de son peuple à travers le monde, le chef Max (One-Onti) Gros-Louis.

L'ÉGLISE NOTRE-DAME-DE-LORETTE

On l'appelle aussi bien l'église Notre-Dame-de-Lorette que la chapelle huronne de Lorette. Elle est de plus considérée comme un musée ou un monument, depuis son classement par la Commission des monuments historiques de la province de Québec le 3 janvier 1957. Enfin, en 1987, la Commission des lieux et monuments historiques du Canada a fait approuver par le ministre fédéral de l'Environnement une résolution déclarant que l'*église Notre-Dame-de Lorette au Village-des-Hurons revêtait une importance nationale tant historique qu'architecturale.* Il y avait donc lieu d'y apposer une plaque affirmant son statut.

Autrement dit, cette église située au cœur de la communauté huronne est officiellement reconnue comme faisant partie du patrimoine historique canadien.

Et, comme si ces titres et cette reconnaissance ne suffisaient pas, cette petite église, rouge et blanche, au clocher vert pâle, située tout près des chutes et de la rivière Saint-Charles, est d'une rare beauté.

En 1697, les Hurons, dont la mission était alors sous la respon-sabilité du jésuite Michel-Germain de Couvert, avaient dû céder aux Français l'église de brique qu'ils avaient érigée sur le site et s'installer sur les bords de la rivière Kabir-Kouba (Saint-Charles). En quittant le lieu connu dès lors sous le nom d'Ancienne-Lorette, ils avaient emporté avec eux tous les objets du culte, les images et autres représentations qui servaient à leur dévotion à la Vierge de Lorette, et le missionnaire jésuite qui les guidait avait pris soin de garder avec lui l'autel, les serrures, les vitres et les gonds...

Avec les cent écus que l'évêque Jean-Baptiste de la Croix de Chevrières de Saint-Vallier donna au père de Couvert, les Hurons construisirent une nouvelle chapelle et furent autorisés à la baptiser Notre-Dame-de-Lorette, du nom, donc, de la Vierge à qui ils vouaient une dévotion toute particulière. Le petit édifice en bois servit au culte jusque vers 1730 alors qu'il fut remplacé par l'église actuelle. Après le départ du père Girault de Villeneuve, le dernier missionnaire jésuite, les Hurons, qui désiraient qu'on leur érige une paroisse, faillirent céder, en échange, la chapelle et tout son contenu. Ils l'auraient, en fait, partagée

L'église indienne de Wendake.

avec les Français de L'Ancienne-Lorette. Heureusement, Mgr Jean-François Hubert, lui-même ancien missionnaire, refusa de considérer la réunion des Indiens et des Blancs dans une même église en concluant qu'il paraissait plus sage de laisser aux Hurons seuls la jouissance de l'église de la Jeune Lorette et de ses ornements. C'est dans cet esprit qu'en 1793 un jeune prêtre, l'abbé Joseph Paquet, reçut de l'évêque la charge des dessertes distinctes des Hurons et des Français.

En 1855, l'église ayant un urgent besoin de réparations, une demande de fonds fut présentée au gouverneur général de l'époque, Sir Edmund Walker Head. On ignore encore aujourd'hui si ce dernier accorda quelque somme puisqu'aucun document ne fut retrouvé à cet effet. Faute de témoignages pouvant servir de preuves que l'église venait d'être rénovée lors de l'incendie de 1862, les historiens en conclurent que la requête fut rejetée ou laissée sans suite.

Le 10 juin de cette même année, le feu qui ravagea une fabrique de papier voisine de l'église endommagea cette dernière sérieusement. Son mobilier et tous les objets servant au culte furent heureusement, et quasi miraculeusement, sauvés par l'abbé Prosper Vincent en vacances dans ce village de son enfance.

Pendant quatre années, les Hurons furent ainsi privés de leur église et fréquentèrent, avec les Français, celle de la paroisse Saint-Ambroise. Le 12 juillet 1862, ils demandèrent au gouverneur, alors le général Charles Stanley, Lord Monck, les fonds nécessaires pour reconstruire leur église et, encore une fois, ne reçurent aucune réponse... L'abbé François Boucher, curé de Saint-Ambroise, unit alors sa voix à celle du député de la circonscription électorale, François Evanturel. Leur insistance parvint à convaincre le gouvernement de contribuer pour la somme de... trois cents dollars à la reconstruction de la chapelle huronne. Le prêtre en appela à ses paroissiens et les cultivateurs firent don du bois de charpente. La restauration fut rapidement exécutée, si bien que, le 12 novembre 1865, il y eut fête au village alors que les Hurons retrouvaient leur sanctuaire de Notre-Dame-de-Lorette.

Le clocher y abrite une seule cloche, célèbre, qui porte le nom de François-Henriette, composé du prénom du député François Evanturel, qui fut un important donateur de la paroisse, et de celui de l'épouse du grand chef huron François-Xavier Picard, Henriette Romain. Depuis cent quarante ans, elle rappelle aux Hurons la mission chrétienne du père Chaumonot, les convie aux offices religieux et célèbre les différents événements qui marquent la vie paroissiale.

Enfin, l'église Notre-Dame-de-Lorette du village huron est un trésor qui en contient un autre. En effet, une collection inestimable d'ornements liturgiques et d'objets du culte qui remontent aux débuts de la Nouvelle-France y est conservée dans la voûte jouxtant la sacristie. Ce sont des broderies, des sculptures, de pièces d'orfèvrerie à valeur d'œuvres d'art qui, exécutées par des artisans aux premiers temps de la colonie, perpétuent à présent le souvenir des valeurs ancestrales.

LA MAISON TSAWENHOHI

Sise à l'endroit des fouilles archéologiques qui ont permis, en 2002, la découverte de plus de 8000 artefacts témoignant de la vie quotidienne des Hurons, la maison Tsawenhohi est le haut lieu de mémoire de l'habileté traditionnelle huronne-wendate. Maison phare d'un pan majeur de la culture amérindienne, elle propose aux visiteurs des tableaux d'interprétation, un atelier de démonstrations artisanales, une exposition d'objets dits de culture matérielle, des artefacts, une boutique-galerie et un jardin à la flore traditionnelle. Ces murs ont conservé le souvenir des trois grands chefs hurons qui y ont successivement habité : Nicolas Vincent Tsawenhohi («l'homme qui voit clair»), François-Xavier Picard Tahourenche («le point du jour») et Pierre-Lambert Picard Tsihiekwen («l'araignée»).

En haut : Lithographie de Nicolas Vincent Tsawenhohi (1769-1844), l'un des derniers chefs héréditaires de la nation huronne-wendate.

Ci-contre : Des Hurons-Wendats de Wendake réunis à Spencerwood, en février 1880, alors qu'ils étaient venus y rencontrer le lieutenant-gouverneur de l'époque, l'honorable Théodore Robitaille.

CHARLESBOURG

Cette photo illustre le lotissement de Charlesbourg qui rayonne en éventail depuis le «trait carré» qui en constitue le centre.

Le toponyme de Charlesbourg tirerait son origine de saint Charles Borromée à qui était dédiée la première chapelle construite à Bourg-Royal. Cet arrondissement de Québec regroupe les territoires de quatre anciennes agglomérations urbaines, les villes d'Orsainville et Notre-Dame-des-Laurentides, la cité de Charlesbourg et la municipalité de Charlesbourg-Est, autrefois Saint-Charles-de-Charlesbourg-Partie-Est. Son aménagement initial a la particularité de se déployer en éventail selon la mode de lotissement du trait carré encouragé par l'intendant Jean Talon au XVIIe siècle. Cette structure originale est classée comme arrondissement historique depuis 1965, ce qui lui assure sa pérennité. Plusieurs rues y portent des noms d'animaux, conséquence de la présence d'un jardin zoologique dont la population locale s'était longtemps enorgueillie...

LE TRAIT-CARRÉ

Les terres partent en pointe d'un petit carré intérieur qui forme le centre et vont aboutir, en s'élargissant toujours, aux quatre coins du grand carré. Elles rayonnent comme les feuilles d'un éventail dont les extrémités seraient coupées à angle droit. C'est en ces termes que le 13 novembre 1666 l'intendant Jean Talon, dans une lettre écrite à Jean-Baptiste Colbert, contrôleur général des finances de Louis XIV, décrit l'aménagement du territoire de Charlesbourg. Et, depuis, le Vieux-Charlesbourg porte le nom de Trait-Carré.

Du haut des airs, on peut nettement distinguer que la rue de Trait-Carré découpe le centre d'où rayonne un lotissement urbain de forme unique.

Ce sont les Jésuites, à qui avait été concédée en 1626 la seigneurie Notre-Dame-des-Anges, l'une des plus anciennes de la Nouvelle-France, qui avaient ainsi développé leur territoire conformément à l'arrêt royal de 1663. Ce dernier ordonnait aux habitants de la colonie de se regrouper pour éviter l'éparpillement des terres loties par rang les exposant par trop aux attaques iroquoises. Les Jésuites avaient donc défriché une superficie carrée de 25 arpents dont ils s'étaient réservé un cinquième pour l'établissement d'une église, de son presbytère et d'un cimetière, et, de chaque côté de ce périmètre balisé par un chemin appelé Trait-Carré, ils conçurent de la répartir en 40 terres, soit 10 de chaque côté du carré, formant un étalement en étoile. Du 22 au 28 février 1665, ils concédèrent une trentaine de ces lots aux colons de Charlesbourg. Puis, en septembre de la même année, Jean Talon leur emprunta cette partie de la seigneurie, malgré leur opposition, pour constituer le village de Charlesbourg.

Aujourd'hui encore, ce plan en étoile demeure une caractéristique propre à l'aménagement de la vieille partie de cet arrondissement.

Village de Charlesbourg, vers 1890.

L'église Saint-Charles-Borromée de Charlesbourg.

L'ÉGLISE SAINT-CHARLES-BORROMÉE

En 1826, l'architecte de l'église Saint-Charles-Borromée a fait simple, c'était dans l'air. En effet, Thomas Baillairgé se réclamait de l'école néoclassique de l'abbé Jérôme Demers qui, enseignant au Séminaire de Québec, prônait le classicisme de l'architecture et l'homogénéité des éléments composant toute construction. Aussi, on peut l'admirer en un instant, et ce n'est pas parce qu'elle ne mérite pas davantage notre regard, mais parce qu'on peut embrasser sa beauté d'un seul coup d'œil. De plus, ses murs presque blancs (crème) épousent les tons du jour qui avance comme celui des saisons qui passent et ces couleurs changeantes lui donnent en tout temps un caractère à ravir.

Elle fut consacrée le 25 mai 1830 par Mgr Joseph Signay et, le 29 juin suivant, la première messe y était célébrée. Par contre, la voûte et d'autres travaux de finition n'étant pas terminés, elle ne fut pas utilisée aux fins du culte de façon régulière avant 1836, alors que l'on démolit l'ancienne église qu'elle remplaçait.

L'intérieur du temple fut aussi conçu par le célèbre architecte et exécuté par ses disciples, dont André Paquet. De remarquables sculptures de Noël Levasseur, une de saint Pierre et une de saint Paul, ornent le retable sous un magistral tableau de saint Charles Borromée, œuvre qu'on attribue à un peintre français de la fin du XVIIe siècle. L'autel est une réplique des autels latéraux de la cathédrale de Québec avant l'incendie de 1922 et est flanqué de deux toiles de Joseph Légaré, un saint Antoine et un saint Jérôme, léguées par un collectionneur privé. Quant aux boiseries de la sacristie, leur exécution fut confiée à David Ouellet, dont des travaux similaires dans d'autres églises du Québec, notamment celle de Cacouna, avaient suscité l'admiration.

un caractère à ravir

En 1886, l'espace intérieur de l'église fut agrandi selon une méthode usuelle à l'époque, c'est-à-dire en abaissant la galerie (jubé) pour en ériger une seconde au-dessus.

Beaucoup d'autres améliorations et rénovations y furent apportées depuis presque deux siècles (180 ans), travaux exécutés chaque fois sous le signe du bon goût. Sa simplicité continue de faire preuve que les ambitions de ses concepteurs n'étaient pas dictées par la vanité et que le beau incite au culte.

LES MOULINS

La succession de centres commerciaux, de cliniques médicales, de bureaux d'affaires et de restaurants qui longent le boulevard Henri-Bourassa dans le centre de Charlesbourg fait place à une étonnante oasis historique au coin du boulevard Louis XIV. Le plus vieux bâtiment du Trait-Carré, le moulin des Jésuites, qui s'y dresse sur deux planchers, avec combles et deux cheminées, rappelle l'époque où les moulins étaient en ce pays une nécessité, car, sans eux, pas de farine, et pas de farine, pas de pain...

Mais ce bâtiment, devenu un centre d'interprétation historique, pivot des activités touristiques de l'arrondissement, pourrait raconter bien plus que des histoires de meuniers.

À l'origine moulin à vent, il fonctionna aussi à l'eau lorsqu'on construisit un barrage sur la rivière des Commissions et qu'on le relia au réservoir ainsi formé par un canal fait de main d'homme. En 1858, une résolution du Conseil obligea Étienne Lefebvre, le propriétaire, qui l'avait acquis des Jésuites, *à élargir la route du Bourg-Royal vis-à-vis la rivière qui ne laisse que 12 pieds à 15 pieds de largeur à ladite route* (...). Lefebvre refusa d'obtempérer et porta l'affaire devant la Cour de circuit. Mais le tribunal rendit jugement en faveur du Conseil en réaffirmant que ce dernier avait plein pouvoir pour traiter ce genre de situation. Un mois plus tard, une nouvelle plainte fut déposée à propos du mauvais état de la route à hauteur du moulin et le Conseil réitéra que le meunier devait réparer tous les dommages causés par l'apport d'eau du canal artificiel. Et, en 1929, une assemblée de marguilliers décida, à l'unanimité, que Philippe Lefebvre, le descendant d'Étienne, devait élargir la chaussée à ses frais et être

En haut : À l'intérieur du moulin des Jésuites.

Ci-contre : Cet ancien moulin est devenu un centre d'interprétation historique du Trait-Carré de Charlesbourg.

La maison
Éphraïm-Bédard.

responsable pour tous les ennuis et inconvénients que cela pourrait causer aux voisins. De plus, on lui enjoignait non seulement de bien entretenir les clôtures et les barrières délimitant l'espace du moulin, mais de permettre à la fabrique de puiser l'eau à même son réservoir pour les besoins des fermes avoisinantes et du bétail, ainsi que pour lutter contre les incendies.

Lorsqu'en 1982 la famille Lefebvre a vendu le moulin à la municipalité de Charlesbourg, il n'y avait qu'un canal asséché et plus du tout de réservoir...

LES MAISONS ÉPHRAÏM-BÉDARD ET PIERRE-LEFEBVRE

Toutes deux sises dans le Trait-Carré, respectivement au 7655, chemin Champlain et au 7985, Trait-Carré, la première abrite les locaux de la Société historique de Charlesbourg et la deuxième, la Galerie d'art du Trait-Carré.

Joseph-Éphraïm Bédard, né à Charlesbourg en 1887 et décédé en 1940, fut député libéral provincial de 1924 à 1934 et sa résidence porte l'empreinte des belles propriétés à l'architecture d'inspiration française du XIXᵉ siècle. Au cœur du Trait-Carré, elle accueille des rassemblements d'associations de familles et permet à ces visiteurs d'accéder à une foule d'informations sur le patrimoine familial québécois.

La maison
Pierre-Lefebvre.

Pierre Lefebvre, né en Normandie en 1639 et décédé en 1727, acheta le moulin à vent que les Jésuites avaient fait construire sur son lot et il détourna la rivière des Commissions du Bourg-Royal au moyen d'un canal qu'il creusa pour y amener l'eau. Cette dérivation provoqua différents problèmes, entre autres le rétrécissement de la route qui passait tout près du moulin, et le meunier, ainsi que son fils après lui, eut plus d'une fois maille à partir avec les autorités à cause de ce canal artificiel. Il n'a jamais habité la maison qui porte aujourd'hui son nom et qui ne fut construite qu'en 1848, mais ses descendants en demeurèrent propriétaires jusqu'à ce qu'ils la cèdent à la ville de Charlesbourg en 1979. Aujourd'hui, la résidence abrite la Galerie du Trait-Carré et elle demeure l'un des beaux spécimens des maisons rurales du XVIIᵉ siècle alors qu'on les adaptait de mieux en mieux aux conditions climatiques québécoises avec, entre autres, des toits à pente adoucie et de profonds larmiers. La Société artistique de Charlesbourg, qui anime le lieu, a fait en sorte de conserver tel quel et nu une partie d'un mur intérieur qui révèle les techniques de construction de l'époque.

PERSONNALITÉS QUI ONT VÉCU DANS LA RÉGION NORD DE QUÉBEC OU QUI EN ONT MARQUÉ L'HISTOIRE

Louis-Nazaire Bégin (1840-1924) est relié à l'histoire de la construction de la nouvelle église de L'Ancienne-Lorette. Il est originaire de Lévis. Après avoir été évêque du diocèse de Chicoutimi, il est nommé archevêque du diocèse de Québec en 1898. Il figure parmi les fondateurs du journal *L'Action catholique* en 1907. Sept ans plus tard, il est créé cardinal. En 1921, il sert d'intermédiaire entre les évêques et le gouvernement libéral de Louis-Alexandre Taschereau à la suite de l'adoption de la loi établissant l'assistance publique.

Nicolas Vincent (1769-1844) a été l'un des plus importants grands chefs hurons. En 1824, en compagnie des chefs André Romain, Stanislas Koska et Michel Tsiewei, il se rend en Angleterre présenter au roi George IV les revendications des Hurons concernant la possession de l'ancienne seigneurie de Sillery. «Nicolas Vincent, écrit l'historien Georges Sioui, fut le dernier chef huron à porter le nom de Tsaouenhohoui et l'un des derniers chefs héréditaires. »

L'illustre architecte Thomas Baillairgé.

Thomas Baillairgé (1791-1859) a été l'architecte de plusieurs églises, en plus de celle de Charlesbourg. Selon l'historien de l'art Luc Noppen, il a construit trois types d'églises : de petites églises paroissiales, des églises avec façade à double clocher et des églises dont «la nef était découpée en trois vaisseaux par des piliers qui supportaient des galeries latérales». L'église Saint-Charles-Borromée est du deuxième type.

Autre vue de Charlesbourg, vers 1890.

5. BEAUPORT

Boul. Louis XIV

Parc Chevalier

369

Rue Seigneuriale

Boul. Raymond

Boul. Louis XIV

Club de golf Montmorency

2 *Chute-Montmorency*

Parc de la Chute-Montmorency

360

40

138

368

Av. Royale

Boul. des Chutes

Étang de la Côte

Parc des Vents

40

Rue Labelle

Autoroute Dufferin-Montmorency

Av. du Bourg-Royal

Club de golf Beauport

Promenades Beauport

Av. Royale

3

4

Boul. Sainte-Anne

440

Av. D'Estimauville

40

360

138

Fleuve Saint-Laurent

Autoroute Félix-Leclerc

Centre hospitalier Robert-Giffard

H

1

Chemin Royal

440

368

| 0 | 0,5 | 1 | 1,5 | 2 km |

Page 94:
Vue aérienne
de la chute
Montmorency
et de ses
alentours.

Page 95:
La chutes
Montmorency,
un drapé de
glace qui perce
le paysage
en hiver.

1 Le Centre hospitalier
   Robert-Giffard

2 La chute et le parc Montmorency

3 La fresque historique

4 La maison Girardin

'est au premier seigneur colonisateur de la Nouvelle-France, Robert Giffard de Moncel, maître chirurgien, apothicaire puis premier médecin de l'Hôtel-Dieu de Québec, que Beauport doit son appellation. Le 15 janvier 1634, la Compagnie de la Nouvelle-France lui avait concédé l'une des premières seigneuries de la colonie *à l'endroit où la Rivière appelée Notre Dame de Beauport entre dans ledit Fleuve icelle rivière comprise*, et il était par là devenu sieur de Beauport. Il considéra aussitôt cette concession comme une entreprise de colonisation et la même année, à Mortagne, en France, il embaucha, par contrat notarié, Jean Guyon et Zacharie Cloutier, pour qu'ils viennent dans la colonie avec leur famille et se mettent aussitôt à défricher la lieue (distance entre la rivière Notre-Dame-de-Beauport et celle de Montmorency) de terre dont il était maintenant maître.

Cinquante ans plus tard, soit en 1684, la paroisse de Notre-Dame-de-Miséricorde-de-Beauport était canoniquement érigée et, en 1722, ses limites fixées.

La ville de Beauport, elle, créée seulement en 1976, fut constituée de l'amalgame des entités municipales suivantes : Giffard, Courville, Beauport, Villeneuve, Montmorency, Sainte-Thérèse-de-Lisieux et Saint-Michel-Archange, ce qui lui valut aussitôt l'étiquette de Grand-Beauport.

Vue de la rue principale du village de Beauport avant son pavage.

GIFFARD

En dépit de ce qui aurait été l'évidence même, aucune partie du territoire qui allait constituer Giffard ne provient de la seigneurie du sieur de Beauport, Robert Giffard. Elle se trouvait plutôt dans la seigneurie voisine, celle de Notre-Dame-des-Anges, concédée, dès 1626, aux Jésuites qui y exploitèrent une grande ferme jusqu'en 1800 alors que le gouvernement britannique s'en saisit et en revendit, aux enchères, une partie au Séminaire de Québec. L'autre partie demeure inexploitée, quasi à l'abandon, jusqu'à ce qu'en 1912 s'y établisse l'asile de Saint-Michel-Archange. En peu de temps, une agglomération se développa tout autour pour devenir un village. Il fut question de le nommer Salaberry, puis on se ravisa et on le baptisa plutôt Giffard. Devenu cité en 1954, elle fusionnait avec d'autres municipalités, dont Beauport.

LE BOURG DE FARGY

Au cœur de l'arrondissement historique de Beauport, à l'endroit où se dresse l'église de la Nativité-de-Notre-Dame, construite en 1916 sur les fondations de la première église paroissiale de 1676, aux XVIIe et XVIIIe siècles, se trouvait le noyau d'habitations de la seigneurie de Robert Giffard. Première initiative du genre en Nouvelle-France, ce village avait pris le nom de bourg de Fargy. Le terme *bourg* désignait usuellement un lieu fortifié, mais il semble qu'ici l'agglomération ait été tout au plus flanquée d'un fortin et qu'aucune palissade ne la

protégeait. Quant à l'appellation Fargy, c'était tout simplement le nom de Giffard inversé, le *i* terminal étant remplacé par un *y*.

Même si le bourg n'occupait que 0,21 % de la superficie totale du territoire de la seigneurie de Beauport, son importance alors et depuis est majeure, car à cette époque les espaces seigneuriaux de la vallée du Saint-Laurent se caractérisaient par une occupation plutôt linéaire. L'aménagement de ce village, selon l'attribution de terres faite par Robert Giffard, c'est-à-dire un arpent de front sur dix de profondeur, à onze censitaires, prit fin en 1736. Il n'empêche qu'il continua à se développer de manière ordonnée et que la soixantaine de maisons, en pierre surtout, qui s'y regroupaient en 1815 avaient noble apparence et étaient d'une propreté remarquable.

Aujourd'hui, l'espace du bourg de Fargy se fond dans le vieux Beauport et il est malaisé d'en reconnaître exactement les lieux. Cependant, sa mémoire se perpétue et, chaque année, tout un week-end en septembre, on célèbre les Fêtes du Bourg au cours desquelles on familiarise les participants – qui revêtent avec plaisir des costumes d'époque – avec les métiers de la Nouvelle-France et on offre aux enfants différentes animations leur permettant de se transporter au temps des ancêtres.

L'église de Giffard, vers 1845.

Le chemin
de Beauport,
photo de
Jules-Ernest
Livernois.

L'ARRONDISSEMENT HISTORIQUE DE BEAUPORT

C'est afin de protéger et de mettre en valeur le patrimoine immobilier et les vestiges historiques des rives de la rivière Beauport et le cœur du bourg de Fargy qu'en 1964 fut créé l'arrondissement historique de Beauport.

Puis, conséquemment aux conclusions d'études effectuées par le ministère des Affaires culturelles en 1977 qui révélaient que *l'avenue Royale à Beauport, sur la quasi-totalité de son parcours, constituait un ensemble ethnohistorique et géographique exceptionnel,* cet arrondissement fut étendu. Ainsi, le chemin Royal et le chemin du Roy, autrefois chemin de Beauport et aujourd'hui l'avenue Royale, en constituent la colonne vertébrale. L'année suivante, ledit ministère y a exercé un contrôle serré sur l'émission des permis de restauration afin de pré-

server les aires historiques ainsi protégées dans l'axe de l'avenue Royale entre les rivières Beauport et Montmorency.

Enfin, en 1985, l'arrondissement, dont on a retranché une partie sud de l'ancien bourg de Fargy et la partie sud de l'ancienne municipalité de Courville, a été dûment proclamé par décret et un poste d'architecte résident a été créé pour s'assurer d'une gestion compétente des valeurs patrimoniales de ce périmètre historique.

LA MAISON GIRARDIN

Comme on dit des souvenirs d'outre-tombe, on pourrait qualifier la maison Girardin de témoin d'outre-temps. Plus de trois siècles ont passé depuis que Nicolas Bellanger, originaire de Normandie, érigea son habitation sur le terrain que lui concéda le 24 janvier 1673 le sieur de Beauport, Robert Giffard lui-même. L'intérieur se réduisait alors à une cuisine, avec un grand âtre cependant, et à une petite chambre, le tout pauvrement éclairé par une ouverture dans les portes d'entrée et une fenêtre percée dans chaque façade, et évoquait les origines européennes de son propriétaire.

Quelques années plus tard, il y ajouta une grange puis une écurie. En 1717, alors que la propriété appartenait à un nommé Jean Marcou, un corps en maçonnerie fut greffé au carré original (la partie est du bâtiment actuel) et beaucoup plus tard, en 1884, Ignace Girardin en remplaça les fenêtres, ajouta des lucarnes, refit la toiture et déplaça les entrées.

En 1915, ce Girardin céda la maison à son neveu, Jacques-Cléophas, qui fut le dernier propriétaire à l'habiter. En effet, quand dix ans plus tard elle passa entre les mains des sœurs de la congrégation de Notre-Dame de Montréal, elle fut laissée à l'abandon. Pendant cinquante ans, elle fut ainsi victime de l'ingratitude de l'histoire.

C'est un géographe et urbaniste, Michel Dufresne, qui la tira de l'oubli et s'en porta acquéreur dans le but avoué qu'elle soit classée monument historique, objectif qu'avaient en vain tenté de réaliser un architecte de Beauport, Adrien Dufresne (sans parenté avec le géographe), puis la Société Saint-Jean-Baptiste dans les années 1960.

La maison Girardin, aujourd'hui centre d'art et d'histoire.

Plus chanceux ou plus opiniâtre, le nouveau propriétaire obtint, le 15 septembre 1977, le classement souhaité. Il fit ensuite d'ambitieux projets de rénovation, mais ne put les concrétiser faute de moyens financiers. C'est alors qu'en 1982, à l'approche des fêtes de son 350e anniversaire, la ville de Beauport en fit l'acquisition. Avec le soutien du ministère des Affaires culturelles, elle entreprit aussitôt de restaurer la maison tricentenaire et confia la réalisation du concept aux architectes Beaudet et Nolet. Les travaux furent exécutés par Construction Roger Turgeon.

La fresque Desjardins de Beauport, inaugurée en 1995.

La maison Girardin, du nom du premier et du dernier propriétaire l'ayant habitée, abrite maintenant un centre d'art et d'histoire. Aussi utilisée à des fins communautaires, elle illustre un passé rural dans un cadre urbain et c'est l'un des éléments historiques qui témoignent le plus exactement de ce que devaient être les habitations bornant le chemin du Roy sous le Régime français.

LA FRESQUE HISTORIQUE

Au 580, avenue Royale, parmi les nombreuses maisons ancestrales qui se succèdent dans l'arrondissement historique de Beauport, celle ayant appartenu au maçon Pierre Rainville offre aux amateurs d'histoire comme aux simples touristes ou passants une fresque historique, ayant pour thème *Beauport, histoire et culture*. C'est à l'occasion du 370e anniversaire de la fondation de Beauport que, le 30 septembre 2005, la grande peinture en trompe-l'œil réalisée par les Maîtres muralistes canadiens, un regroupement d'artistes des régions de Québec et Lévis, fut dévoilée.

Page d'histoire plus grande que nature, elle contient une série de tableaux qui forment une galerie marquant l'histoire de Beauport. De plus, elle célèbre les personnages éminents dont le nom a laissé une trace indélébile dans les mémoires. Ainsi, on y voit, entre autres, le peintre Jean Paul Lemieux et le 12e premier ministre de la province (3 octobre 1900 au 21 mars 1905), Simon-Napoléon Parent.

L'œuvre n'a rien à envier à d'autres fresques ornant certains murs du Vieux-Québec et s'ajoute harmonieusement aux attraits historiques de l'avenue Royale.

LE CENTRE HOSPITALIER ROBERT-GIFFARD

Les beaux jeudis de 1850 voyaient de nombreuses calèches qui quittaient la ville de Québec pour emprunter un chemin qui franchissait la limite des paroisses Saint-Roch et Beauport pour gagner le Quebec Lunatic Asylum où il y avait bal. Tous les malades de cette institution, ainsi que le personnel, assistaient à la soirée dansante en présence d'invités de marque. C'était plus d'un siècle avant l'adoption de la Loi sur la protection du malade mental (1972) et la création de la Commission des affaires sociales, une première manière de réinsertion sociale des patients.

L'histoire du Centre hospitalier Robert-Giffard n'est pas banale : de 1845 à 1976, elle rebondit comme une épopée à grand déploiement.

C'est à partir de 1810, déjà, que les pressions se firent pressantes pour que l'hébergement des aliénés dans des loges de l'Hôpital général de Québec, solution que l'on savait temporaire et qui ne permettait d'accueillir qu'une partie de la population malade, cesse. Il fallut quand même 35 ans pour en convaincre les autorités, et le premier asile d'aliénés du Québec fut fondé en 1845 sous le nom d'Asile provisoire de Beauport. Ses fondateurs, James Douglas, Joseph Morrin et Charles-Jacques Frémont, emménagèrent dans le manoir de Beauport, l'ancienne propriété de Robert Giffard, premier médecin résident de la colonie, et louèrent du colonel Conrad Barthélémy Gugy un domaine où ils accueillirent leurs vingt premiers internés.

En 1848, le gouvernement renouvela pour sept autres années l'entente d'affermage, c'est-à-dire le contrat selon lequel la garde et

L'Asile provisoire de Beauport en 1845.

les soins des aliénés étaient confiés à une entreprise rétribuée pour chaque malade admis. Les fondateurs achetèrent alors la vaste résidence du juge Amable de Bonne (située à l'endroit même qu'allait occuper l'institution jusqu'en 1939) et, en 1865, lors d'un autre renouvellement de l'entente gouvernementale, l'établissement, qui appartenait alors à Jean-Étienne Landry et François-Elzéar Roy, changea de nom pour l'Asile des aliénés de Québec.

Lorsque vint, en 1883, le temps de reconduire une fois de plus le contenu d'affermage, il s'éleva une tempête politique – qui allait durer dix ans – à propos du rôle de l'État dans le soin des malades et les coûts impliqués. Cet enjeu provoqua des affrontements acerbes qui furent une des causes de la chute du premier ministre Honoré Mercier, puis la défaite successive de trois gouvernements. L'intervention des évêques, une loi votée en 1875, mais qui demeura inopérante jusqu'en 1893 lorsque fut enfin renouvelé le contrat renforçant le contrôle médical gouvernemental, et une commission royale d'enquête pour faire la lumière sur tout le contexte des asiles au Québec n'aboutirent qu'à un nouveau débat, tout aussi acrimonieux. Il s'éleva autour des négociations entamées avec les Sœurs de la Charité de Québec concernant le sort de l'institution qu'on voulait remettre entre leurs mains. C'est dans la nuit du 7 au 8 avril 1893 que prit fin la crise politique par la signature d'un nouveau contrat avec les religieuses. Cette entente, beaucoup plus complète que les précédentes, faisait état de responsabilités précises à propos *du traitement moral des aliénés,* et une liste exhaustive des conditions d'hébergement à respecter y était annexée. Ainsi, en ce qui concerne la nourriture, les rations des hommes devaient être différentes de celles des femmes et celles des aliénés qui travaillaient à l'extérieur, différentes encore. D'autres dispositions avaient trait à l'habillement selon les sexes et les saisons et on précisait même les différents éléments de la literie...

Aussitôt qu'on leur eut remis les clefs, les Sœurs de la Charité entreprirent la rénovation des dortoirs, chambres et cellules de l'institution, remédièrent à la piètre qualité de l'eau en achetant une source située à proximité et utilisèrent ce pouvoir hydraulique pour remplacer l'éclairage au gaz par celui à l'électricité. Et, à leur demande, le 28 avril 1896, l'archevêque de Québec, Mgr Louis-Nazaire Bégin, érigeait l'asile et ses dépendances en paroisse canonique distincte *sous l'invocation de Saint-Michel-Archange*, puis le 9 janvier 1897 une loi provinciale en faisait une municipalité dont la supérieure de la communauté devint la première mairesse.

Au cours des années qui suivirent, il fut procédé à plusieurs agrandissements et, le 16 décembre 1912, l'Asile des aliénés de Québec devint l'Asile Saint-Michel-Archange.

Hélas, le 16 février 1939, un incendie vint dévaster tous les efforts et réalisations des dernières décennies. L'évacuation des patients donna lieu à des actes de bravoure et de courage peu communs, alors que tout le personnel de l'hôpital, des policiers, des militaires et des citoyens se liguèrent pour réaliser l'héroïque sauvetage des 1914 malades, fournissant automobiles, camions, taxis et même autobus pour les transporter.

C'est au cours de l'année du cinquantième anniversaire de la prise en charge par les Sœurs de la Charité que, le 29 septembre 1943, eut lieu l'inauguration du nouvel édifice dont la construction dura quatre années.

À partir de 1970, on assista, à la suite des conclusions du rapport Castonguay-Neveu, à la disparition des hôpitaux psychiatriques qui devinrent plutôt des centres hospitaliers régis par une nouvelle loi sur les services de santé et services sociaux. La préoccupation majeure devint la réintégration sociale des patients de ces institutions.

Depuis 1976, l'Asile Saint-Michel-Archange, qu'on appelait l'Hôpital Saint-Michel-Archange depuis 1914, est devenu le Centre hospitalier Robert-Giffard.

Le Centre hospitalier Robert-Giffard.

MONTMORENCY

Et quand vous serez au bout de l'isle, vous verrez une grosse rivière qui tombe d'une roche en bas, quinze ou vingt brasses, et fait un grand bruit.

C'est ainsi que Jean Alfonse, dit Fonteneau, capitaine-pilote du roi François Ier, qui conduisit l'expédition de Roberval en 1542, décrit *le plus remarquable accident géographique des Amériques.*

Un peu plus tard, dans son livre publié en 1603, Samuel de Champlain parle d'*un torrent d'eau qui débordait de dessus une grande montaigne,* et qu'il baptisera, en 1608, du nom de *sault de Montmorency,* en l'honneur de Charles de Montmorency, un amiral français né d'une famille illustre.

À 13 kilomètres du centre-ville de Québec dont il est un des arrondissements, Montmorency porte donc le nom de la célèbre chute (que les résidents appellent encore le Sault) située sur la rive nord du fleuve Saint-Laurent, à l'embouchure de la rivière éponyme, presque à la sortie du pont qui relie l'île d'Orléans à la terre ferme. D'une hauteur de 85 mètres, la célèbre cascade est une fois et demie plus élevée que les chutes du Niagara et on peut l'apercevoir bien au-delà de l'île, sur la rive sud du fleuve depuis le versant des Appalaches. On comprend donc aisément que son empreinte ait marqué le lieu où ses eaux se précipitent et que longtemps, jusqu'en 2003, elle ait également désigné une municipalité.

L'ATTRAIT TOURISTIQUE

En 1749, dans le mouvement d'exploration internationale des savants suédois au XVIIIe siècle, le naturaliste Pehr Kalm, qui effectuait un voyage en Amérique, prit des notes si exhaustives au sujet de la chute Montmorency que force est d'en déduire que cette dernière constituait déjà un attrait majeur pour les visiteurs. *À l'endroit où l'eau se jette, le rebord de la falaise est tout à fait vertical et il est terrible de voir la façon dont l'eau tombe.* Ce n'est là qu'une de ses phrases percutantes qui portèrent la réputation du Sault de Montmorency dans les pays européens. Depuis, les lieux n'ont cessé d'attirer des milliers de touristes et même le fameux guide Michelin fait chaque année une mention plus qu'élogieuse de ce site renommé. En décembre 1994, l'endroit a été classé site historique et le toponyme parc de la Chute-Montmorency a été officialisé le 23 mars 1997.

LE PAIN DE SUCRE

Si la chute Montmorency est spectaculaire pendant les saisons douces, elle ne perd rien de son panache en hiver. Elle offre alors un autre spectacle à la beauté tout aussi déchirante. En effet, les vapeurs d'eau tissent des dentelles de frimas qui s'accrochent aux rochers et, surtout, prennent en glace aux pieds de la cascade pour former un cône qui peut atteindre jusqu'à une trentaine de mètres de hauteur. Les différents tons de la lumière du jour y jouent une symphonie de

Le cône de glace de la chute Montmorency (v. 1840), huile de Robert Clow Todd.

Le spectaculaire cône de glace qui attire encore les amateurs de glisse.

couleurs sans cesse changeante et on rapporte que, dans les années 1885, certains hivers on en vidait l'intérieur pour obtenir un antre féerique aménagé comme ces hôtels de glace que l'on construit aujourd'hui. En 1822, alors que la saison froide était déjà considérée à Québec comme une saison généreuse en possibilités de divertissements, une promenade en carriole jusqu'au *pain de sucre*, ainsi que déjà on appelait l'immense galactique glacé, était des plus prisées. On en profitait *pour faire glisser les enfants et les dames* ainsi : *on emporte sur son épaule un léger traîneau, une simple planche de bouleau relevée à son extrémité, épaisse à peine de quelques lignes : arrivé en haut du cône on se jette dans ce traîneau et l'on descend la pente avec une rapidité vertigineuse.*

En plus de constituer une attraction majeure, le *pain de sucre* fut source d'inspiration pour les peintres, parmi lesquels Robert Clow Todd (1809-1866), célèbre paysagiste qui, en 1845, en fit une toile exposée au Musée national des Beaux-Arts du Canada et dont la reproduction ne cesse de se multiplier depuis plus d'un siècle dans les ouvrages d'art autant que dans ceux illustrant les scènes pittoresques du Québec.

Ce phénomène hivernal tout à fait inusité n'a pas fini de fasciner et, les beaux jours de février, quand l'hiver ramollit, les visiteurs affluent encore pour l'admirer.

La rivière Montmorency, en amont de la chute.

LES DIFFÉRENTS PONTS ET L'ACCIDENT

Jusqu'en 1833, pour traverser la rivière Montmorency, il fallait soit remonter de cinq kilomètres en amont pour trouver un gué, soit attendre la marée basse et passer par la batture. Pour les résidents du village situé sur la falaise, l'un ou l'autre des deux moyens était d'un grand inconvénient. Aussi, l'année suivante, grâce à l'initiative conjuguée de cinq cultivateurs, l'on inaugura le premier pont, un pont à péage, qui enjamba le cours d'eau.

En 1855, la vétusté de l'ouvrage dicta qu'on en construise un autre, plus moderne et plus solide. On tendit donc sur la rivière, en aval, un tablier retenu par des câbles de fer reliés à deux paires de pylônes ancrés dans le sol au moyen de plusieurs tiges de fonte.

Étant l'un des premiers ponts de ce type en Amérique, il faisait l'orgueil de ses constructeurs. Pourtant, les résidents de la Côte-de-Beaupré, eux, ne s'y fiaient guère et préféraient continuer d'utiliser l'ancienne structure de bois ou traverser à gué, à l'embouchure de la rivière et du fleuve, avec la marée basse.

Un peu plus de trois mois après son inauguration, en route pour Québec, le cultivateur Ignace Côté, de L'Ange-Gardien, qui allait s'engager sur l'ancien pont, le trouva fermé. C'est qu'on en réparait les abords. Il prit donc le pont suspendu. Accompagné de son épouse, Angélique, il avait fait monter également dans sa voiture Louis Vézina, un jeune homme de 16 ans. Pendant que son cheval trottait sur la chaussée, celle-ci se tordit soudain puis vola en éclats et l'équipage fut précipité dans l'abîme avec ses passagers. Une commission d'enquête

Le troisième pont construit en amont de la chute, supporté par des pièces en triangle et un poinçon au centre duquel s'appuyait le tablier.

conclut à la négligence criminelle de l'ingénieur chargé des travaux : la qualité de la maçonnerie des ancrages n'étant pas apte à résister au travail du gel, il n'avait fallu qu'un seul hiver pour les miner.

On construisit un troisième pont, supporté celui-là par des pièces en triangle et un poinçon au centre duquel s'appuyait le tablier. Quoiqu'on l'eût estimé fragile, il tint jusqu'en 1926, soit près de soixante-dix ans, alors qu'on le remplaça par le pont actuel d'où l'on peut encore apercevoir les piliers centenaires qui rappellent la tragédie du 30 avril 1856.

LA LÉGENDE DE LA DAME BLANCHE

Ils s'aimaient d'amour tendre... C'était le début de l'été de 1759 et Mathilde Robin, de Beauport, rêvait avec son amoureux, Louis Tessier, de leur mariage prochain. Souvent, ils se rendaient devant la chute Montmorency où le magnétisme des lieux les transportait et ils imaginaient les plus beaux des lendemains. Puis, à la fin de juin, devant la menace des navires anglais qui s'approchaient en grand nombre de Québec, le gouverneur général, le marquis de Vaudreuil, ordonna que les femmes et les enfants de la Côte-de-Beaupré se réfugient dans les bois avec bétail et provisions, les hommes demeurant sur place pour défendre la colonie.

Le 31 juillet au matin, les Anglais débarquèrent juste en aval de la chute et alors s'engagea la bataille de Montmorency. Elle devait durer une bonne partie de la journée. Le bruit des combats fit frémir d'angoisse la belle Mathilde et le lourd silence qui suivit pendant des jours, sans qu'on ne sache qu'elle en avait été le sort, la mortifia davantage : qu'était-il advenu de son fier Louis ?

La terrasse en bois qui surplombait la chute avant les aménagements modernes.

N'en pouvant plus d'attendre, elle s'aventura sur la côte dans les débris de l'affrontement et, après des heures d'une marche affligeante au bord de la rivière, devant la cascade où ensemble ils avaient si souvent médité sur leur bel avenir, elle trouva le corps ensanglanté de son amoureux, sans vie.

Alors, profondément accablée et triste, revenant sur ses pas pour prendre dans son trousseau, et s'en vêtir, sa robe de mariée, elle s'avança tout en haut de la chute puis, les bras ouverts, elle se jeta dans le vide, disparaissant dans la brume des eaux mugissantes.

Depuis, au temps des récoltes, les résidents de la Côte-de-Beaupré aperçoivent parfois la silhouette évanescente d'une jeune femme vêtue de blanc qui erre au pied de la chute : c'est la Dame blanche qui a donné son nom à une petite chute située non loin de la chute Montmorency.

La bataille de Montmorency, qui fut livrée le 31 juillet 1759, telle que l'a illustrée Hervey Smyth.

LA RÉSIDENCE D'ÉTÉ DU GOUVERNEUR HALDIMAND ET DU DUC DE KENT

LE GOUVERNEUR HALDIMAND

Le 9 mai 1780, le terrain qui bordait le Grand Sault de Montmorency et appartenait au territoire de la seigneurie de Beauport fut vendu au juge François Baby.

C'était un prête-nom, celui de Sir Frederick Haldimand, troisième gouverneur en chef de la province de Québec. Officier britannique, il avait participé au siège de Montréal en 1760 et occupé la fonction de gouverneur militaire de Trois-Rivières en 1763 et 1764. Comme beaucoup de ses compatriotes en terre canadienne, ce sexagénaire célibataire d'origine suisse vouait une affection toute particulière à *la nature vierge et les scènes grandioses.*

Il s'était réfugié derrière un nom d'emprunt parce qu'il éprouvait quelques doutes sur la loyauté des Canadiens envers la couronne d'Angleterre dans le conflit qui opposait cette dernière à ses anciennes colonies américaines, mais il mit peu de temps à révéler qu'il était le nouveau propriétaire *d'un des paysages les plus saisissants et les plus agréables que le pays puisse offrir,* ainsi que devait décrire ce site le lieutenant-capitaine George Bulteel Fisher, en 1796.

Sa principale préoccupation était de protéger les frontières de la colonie contre les Américains, ce qui ne l'empêcha pas, entre autres, de mettre sur pied, en 1779, la première bibliothèque du pays, laquelle comptait 1800 volumes, dont 1000 en français.

Vue panoramique depuis la chute Montmorency jusqu'à l'île d'Orléans.

Peu de temps après son acquisition, il se fit construire une résidence d'été *à deux pas du gouffre,* ainsi qu'allait le dénoncer Lady Dorchester, l'épouse de son successeur, qui, pour cette raison, refusa d'y séjourner avec ses enfants... C'était une belle résidence bourgeoise, qu'il appela *Montmorency House,* et qu'il habita souvent seul. Il fit ériger également un petit pavillon sur huit poutres tendues au-dessus de la chute qui fit office de belvédère et où, si la vue y était remarquable, le bruit de l'eau était si assourdissant qu'aucun visiteur n'y tenait plus que quelques instants.

Lorsque, en novembre 1784, il quitta la colonie, son héritier et neveu, Anthony Francis Haldimand, mit en vente *l'élégante maison de campagne située près de la chute Montmorency.*

Le duc de Kent séjourna à *Haldimand House* durant les étés de 1791 et 1793, et l'endroit fut pour un temps rebaptisé *Kent Lodge* en son honneur, puis *Kent House* jusqu'en 1955.

LE DUC DE KENT

On dit que son père le détestait et, en conséquence, il l'avait tenu éloigné d'Angleterre dès sa prime jeunesse. C'est ainsi qu'en 1790 Edward Augustus commandait un régiment à Gibraltar où il parvint à se faire tout autant abhorrer des militaires sous ses ordres et que, à l'âge de 24 ans, il se retrouva à la tête du 7e régiment anglais envoyé en garnison à Québec.

S'y considérant comme un écolier en vacances, le fils du roi George III d'Angleterre, qui allait devenir duc de Kent et père de la reine Victoria, reçut à Québec un accueil si chaleureux que cela transforma son caractère et qu'il se lia d'amitié avec plusieurs familles canadiennes éminentes.

En 1791, il loua la résidence d'été d'Haldimand à Montmorency (qu'il rebaptisa *Kent Lodge* pour la distinguer de sa résidence principale, *Kent House*, sise rue Saint-Louis près de l'actuel château Frontenac) du neveu de ce dernier et, pendant les trois étés de son séjour au Canada, il y donna de joyeuses réceptions et se mêla à la population locale. Avec sa maîtresse, Thérèse-Bernardine Mongenet, une Française dite Madame de Saint-Laurent, il tissa une relation très étroite avec Ignace-Michel-Louis-Antoine d'Irumberry de Salaberry, seigneur de Beauport. Le duc paya les études du cadet, Édouard-Aphonse de Salaberry, dont il avait fait son filleul.

Il quitta Québec à l'automne de 1793 pour aller se battre contre les Français en Martinique, mais les gens de la Côte-de-Beaupré n'allaient pas oublier de sitôt ce noble anglais qui prenait souvent plaisir à danser avec une dame centenaire de l'île d'Orléans qui avait pour seul titre la fierté d'être la veuve d'un respectable cultivateur.

le fils du roi George

LE DOMAINE MONTMORENCY

Peter Patterson and Company acquit la propriété du Sault Montmorency en 1811 et, le long des berges de la Côte-de-Beaupré à l'embouchure de la rivière, établit la plus considérable industrie de bois de construction de l'Empire britannique. Rien de moins.

Ayant deviné l'énorme potentiel énergétique de la chute et évalué les facilités d'approvisionnement et d'expédition qu'offrait sa proximité avec le fleuve, voie navigable par excellence, cette compagnie acheta de plus la scierie qu'y avaient établie deux marchands de bois de Québec. L'entreprise s'agrandit aussitôt et, d'une année à l'autre, elle construisit d'autres scieries graduellement équipées de

phérique, qui relie la zone non inondable située près du boulevard Sainte-Anne à la terrasse tout en haut, offre un point de vue plus spectaculaire encore. On a jeté un pont suspendu qui permet une traversée juste au-dessus de la chute et donne des ivresses de vertige entre la tranquillité des eaux en amont et leur fracas en aval.

L'été, il s'y déroule un concours international de feux d'artifice, Les grands feux Loto-Québec, et l'hiver, le pain de sucre, lorsqu'il se forme, attire toujours autant de visiteurs. Le parc Montmorency, ouvert toute l'année, fait donc constamment partie des attractions de la région de Québec.

L'INDUSTRIE DU TEXTILE

La Dominion Textile Company a laissé une empreinte indélébile dans l'histoire sociale de Montmorency. Première industrie locale, réputée la plus variée dans son domaine au Canada, en 1952 elle employait encore 1887 ouvriers, dont plus de 1200 étaient des résidents. Dans sa monographie de la ville de Montmorency, Roland Gingras affirme sans réserve : *Il n'est donc pas faux d'avancer que, sans cette industrie, Montmorency n'aurait pas connu un progrès et un développement qui fait de notre coin natal la plus belle ville de la côte de Beaupré.*

Les matières premières étaient importées d'Amérique du Sud et du Mexique puis transformées en toile et en drap pour les marchés d'Extrême-Orient ou en d'autres produits finis tels de la laine filée, des torchons et des fils retors, glacés et naturels, ainsi que des couvertures de laine ou en flanelle, des essuie-mains et des toiles pour la fabrication de sacs, le tout destiné au marché canadien. Pas moins de 850 machines, alimentées par l'énergie électrique fournie à la fois par la Quebec Power Company, une génératrice appartenant au moulin et une turbine à l'eau, effectuaient les 22 différentes opérations nécessaires à la transformation. La production hebdomadaire atteignait plus de 200 000 kilos de produits finis par semaine.

Avec l'avènement du Syndicat Catholique du Textile, les salaires y suivirent une progression constante et l'ensemble des conditions de travail ne cessa de s'améliorer. Ainsi, pour aider à supporter la chaleur humide qui y régnait à cause de quatre immenses bouilloires que l'on chauffait au moyen de 22 tonnes de charbon chaque jour, on distribuait des rafraîchissements toutes les heures, et pour faire en sorte d'éviter les accidents de travail, une équipe de 170 ouvriers effectuait une inspection complète des équipements une fois par mois. On encourageait

Le moulin et
la manufacture
de textile
de la Dominion
Textile Company.

les jeunes de Montmorency à choisir les métiers du textile en accordant annuellement 13 bourses d'études de 50 $ (alors que le salaire horaire n'était que de 1,11 $) et des cours étaient donnés gratuitement aux employés désireux de bien connaître les produits qu'ils devaient utiliser dans l'exercice de leur travail. Tous les employés bénéficiaient d'un régime d'assurance-hospitalisation et d'un régime de retraite.

Le développement de l'industrie du textile en Chine et au Japon se traduisit par une perte marquée de débouchés pour les produits de la Dominion Textile Montmorency, qui dut se rabattre sur le marché canadien. Mais cela ne suffit pas à sa rentabilité et elle dut fermer ses portes en 1985.

UN HÔTEL, UN ZOO ET UN PREMIER THÉÂTRE D'ÉTÉ

En grande pompe, tout au long de l'année 1901, les journaux de la ville de Québec firent écho du projet ambitieux de la Quebec Railway, Light and Power de transformer le domaine de Montmorency en un parc de divertissement et l'ancienne résidence du gouverneur Haldimand et du duc de Kent, en un hôtel de prestige.

On inaugura l'hôtel, baptisé *Hotel Kent House*, le 17 décembre 1901. On avait conservé l'architecture originale de l'opulente résidence en ajoutant cependant une large galerie sur les trois côtés de l'étage et en remplaçant le revêtement extérieur. À l'intérieur, on avait divisé le rez-de-chaussée en deux parties, un café pour les hommes et une salle à manger pour les femmes. Le parc, pour sa part, offrit une panoplie de divertissements, y compris un terrain de golf de dix-huit trous et un jardin zoologique, appartenant aux marchands de fourrures Holt et Renfrew, lequel logeait, entre autres, des wapitis, des orignaux et même des oiseaux aquatiques, des castors et des phoques s'ébattant dans trois vastes étangs. En 1907 s'ajouta un théâtre qui présentait des pièces de vaudeville, des spectacles de danseurs et d'acrobates ainsi que *les dernières gravures mouvantes du Kinétographe* (le cinéma).

Les visiteurs et les clients de l'hôtel arrivaient par le train qui longeait le boulevard des Chutes ou par celui qui reliait Québec à Sainte-Anne-de-Beaupré et qui les déposait au pied de la chute où ils s'embarquaient dans un funiculaire jusqu'aux portes du *Kent House.*

L'aventure hôtelière se termina en 1947... Le zoo avait fermé déjà en 1932 et ses pensionnaires furent donnés au jardin zoologique de Charlesbourg. L'ouverture du boulevard Sainte-Anne, de même que la construction de plusieurs motels plus modernes que le *Kent House* avaient finalement détourné les touristes.

En 1992, lorsqu'on entreprit des fouilles sur le site, on trouva aisément les ruines du théâtre près du chemin qui mène à la propriété et les vestiges du zoo, un peu plus au sud, tout près de l'aire actuelle de stationnement.

Le jardin zoologique du domaine Montmorency.

PERSONNALITÉS QUI ONT VÉCU À BEAUPORT
OU QUI EN ONT MARQUÉ L'HISTOIRE

Robert Giffard de Moncel (1589-1668) est originaire d'Autheuil, dans l'Orne. Il se marie à Mortagne, dans le Perche, en février 1628, avec Marie Regnouard. Ce maître chirurgien est considéré comme le premier seigneur colonisateur de la Nouvelle-France. À la mi-février 1634, la Compagnie de la Nouvelle-France lui concède la seigneurie de Beauport que Giffard s'était engagé à peupler. Il est à l'origine de l'immigration percheronne en Canada. Louis XIV lui accorde des lettres de noblesse et il ajoute alors à son nom non seulement le «de Moncel», mais aussi le «de Fargy», qui est composé des deux syllabes de son patronyme inversées.

James Douglas (1800-1886) est l'un des fondateurs de l'Asile de Beauport. D'origine écossaise, après des séjours en diverses villes, il s'installe à Québec en mars 1826. Onze ans plus tard, il prend la direction de l'hôpital de la Marine et des Émigrés. Puis, en 1845, les autorités du Bas-Canada lui demandent de «prendre en charge les aliénés de la province». En association avec deux autres médecins, il met sur pied l'Asile de Beauport dans l'ancien manoir de Robert Giffard. À partir du début des années 1850, il effectue plusieurs voyages à l'étranger, avant de se fixer aux États-Unis. Il a été inhumé au cimetière Mount Hermon, à Sillery.

Charles Cadieux, dit Courville (1629-1715) se trouve déjà en Nouvelle-France en 1641, alors qu'il est parrain d'un Indien à Sillery. Il retourne en France pendant quelques années avant de s'établir sur la Côte-de-Beaupré. Après avoir fait la traite des fourrures pendant une vingtaine d'années, il deviendra propriétaire d'un domaine où est situé aujourd'hui le quartier de Courville.

Edward Augustus, duc de Kent et Strathearn (1767-1820) est le père de la reine Victoria. Il séjourne à Québec de 1791 à 1793. L'année suivante, il commande les forces armées anglaises à Halifax. Cinq ans plus tard, il est nommé à la tête des forces anglaises pour toute l'Amérique du Nord. Durant la période où il demeure dans la région de Québec, il s'installe dans la résidence du gouverneur Haldimand à la chute Montmorency. Celle-ci prendra par la suite le nom de *Kent House*.

Scène de
Montmorency,
vers 1845.

6. LA CÔTE-DE-BEAUPRÉ

Station
Mont-Sainte-Anne

[360]

[5]

Saint-Ferréol-les-Neiges

[138]

*Réserve nationale
de faune du cap Tourmente*

Saint-Joachim

[2] [3]

[4]

Sainte-Anne-de-Beaupré

[138]

*Fleuve
Saint-Laurent*

Av. Royale

Boul. Sainte-Anne

[368]

[360]

Château-
Richer

[1]

Chemin Royal

L'Ange-
Gardien

Boischatel

N

0   5   10   15   20 km

Histoire vivante du Québec

Page 126 :
Ce n'est qu'en
1962 que les
flèches de la
basilique de
Sainte-Anne-
de-Beaupré,
inaugurée en
1936, furent
finalement
érigées.

Page 127 :
La basilique
Sainte-Anne-
de-Beaupré peut
s'enorgueillir
d'avoir accueilli,
en 1967, le
général de Gaulle
à l'occasion
d'une messe
officiée par
le cardinal
Maurice Roy.

[1] Le moulin du Petit Pré

[2] L'église de Saint-Joachim

[3] La ferme de Champlain

[4] La basilique
Sainte-Anne-de-Beaupré

[5] Les Sept-Chutes

En haut :
L'église actuelle de Château-Richer.

En bas :
L'église de Château-Richer d'après un dessin de l'artiste Raine Herbert exécuté en 1917.

toutes ces années, les résidents continuèrent de désigner l'endroit comme étant Château-Richer, et c'est la dénomination qui lui fut officiellement donnée lors de l'obtention de son statut de ville en 1968.

Moins fantaisiste que les deux autres, une troisième croyance veut que l'origine du toponyme s'explique par l'affection particulière que Mgr de Laval avait maintes fois manifestée dans ses correspondances pour le prieuré de Château-Richer, en France. Mais la vérité historique stipule que le nom de Chasteau Riché fut mentionné dès 1641 par Jean Bourdon sur une carte de la région, appellation qui désignait alors exclusivement le cap surmonté aujourd'hui de l'église paroissiale.

L'ÉGLISE DE LA-VISITATION-DE-NOTRE-DAME

En 1635, au pied du cap où se dresse l'église actuelle, il y eut d'abord la chapelle de Notre-Dame-de-Bonne-Nouvelle, construite en bois pièce sur pièce. Puis, en 1658, on put voir les premières fondations d'une église en pierre, inaugurée trois ans plus tard par Mgr de Laval pour ce qu'il était convenu d'appeler la mission de la Visitation de Notre-Dame, laquelle devint en 1678 la première paroisse rurale d'Amérique du Nord.

Dès le 26 juillet 1749, Mgr Henri-Marie Dubreil de Pontbriand convint que l'église était devenue trop petite pour la communauté qu'elle desservait ; mais plutôt que de se lancer dans des travaux d'agrandissement, la fabrique choisit d'apporter quelques améliora-

L'intérieur de l'église de Château-Richer, la plus ancienne paroisse rurale légalement constituée en Amérique du Nord.

tions au vieux bâtiment. Une vingtaine d'années plus tard, Mgr Jean-Olivier Briand déplora à son tour que le lieu du culte soit trop exigu. Le contrat de rallonge (de 30 pieds) fut finalement accordé en 1772 aux *Sieurs Clément et Louis Gosselin, entrepreneurs des Batices de Sainte-Anne de la Cotte du Sud*.

En ce qui a trait aux ornementations, le sculpteur Pierre-Florent Baillairgé exécuta pour la chaire, en 1804, une croix processionnelle, et, pour les chapelles latérales, des chandeliers et deux tabernacles. Quatre ans plus tard, la nouvelle église s'agrandit d'une sacristie de sept mètres de large sur huit mètres de profondeur. La sculpture des retables se trouve maintenant au Musée national des beaux-arts du Québec.

Pour quelque raison, on négligea ensuite l'entretien du bâtiment au point où, en juillet 1864, il fallut entreprendre la... reconstruction et de l'église et de la sacristie. Ces travaux furent terminés le 21 juin 1866.

Il est intéressant de noter que ce sont des sœurs du Bon-Pasteur qui ont réalisé les peintures de la voûte ainsi que de la nef centrale. Collées et clouées, leurs œuvres furent ensuite bordées de moulures dorées en bois. Celles du chœur furent également exécutées par une religieuse du Bon-Pasteur, originaire de Château-Richer, sœur Marie de Sainte-Virginie (née Marie-Elmina Rhéaume). Toujours propriétés de la fabrique, elles sont cependant aujourd'hui inaccessibles au public. Enfin, les stations du chemin de croix sont d'un artiste célèbre, le peintre Antonio Masselotte.

L'intérieur de l'église bénéficia d'améliorations presque constantes entre 1927 et 1950, embellissements dont les coûts furent payés, pour la plupart, par une généreuse famille des lieux, les Lemoine des Pins.

L'église de la plus vieille paroisse rurale légalement structurée en Amérique du Nord est donc en soi un formidable témoignage historique. Dans son sous-sol reposent d'ailleurs plusieurs personnages ayant marqué les débuts de notre histoire, tel Olivier Le Tardif, bras droit de Champlain, et des paroissiens illustres comme les dix membres de la famille bienfaitrice Lemoine des Pins, et d'autres encore. Ils sont inhumés dans des cryptes ou tout simplement recouverts de chaux et de terre dans un passage jouxtant le cimetière.

On comprendra donc que cette église constitue une curiosité touristique des plus fréquentées.

LE MOULIN DU PETIT PRÉ

En 1695, c'est le seigneur de Beaupré – nul autre que Mgr de Laval – qui fit construire à Château-Richer le moulin du Petit Pré, premier moulin dit *industriel* de la Nouvelle-France, lequel demeura en activité jusqu'en 1955.

Situé sur la terre du père de Louis Jolliet, le découvreur du Mississippi mort en 1651, il eut pour premier meunier un certain Jean Richard.

Son histoire est marquée par trois incendies, dont celui survenu pendant le siège de Québec en 1759. Avant de le reconstruire, le Séminaire de Québec, qui en assumait la gérance, attendit la signature du traité de Paris (concédant en 1763 la Nouvelle-France à l'Angleterre) et ce n'est qu'en 1810 qu'il accorda au nouveau meunier Charles Bélanger la permission d'en faire également un moulin à

Le premier moulin industriel de la Nouvelle-France, le moulin du Petit Pré, avant sa restauration. Il demeura en activité jusqu'en 1955.

scie. Plus tard, il acquiesça à ce qu'on installe tout près un autre moulin, à carde celui-là (pour peigner et démêler la laine).

Mais un nouvel incendie, le troisième, devait ravager l'établissement en 1877.

Richard Tremblay, qui en était alors propriétaire, le reconstruisit aussitôt. Les années qui suivirent le virent changer encore maintes fois de propriétaires et, en 1944, c'est la Coopérative de Château-Richer qui l'acheta pour le revendre, onze ans plus tard, à Pierre Jobidon, qui, le 5 avril 1966, le céda à son tour au ministère des Affaires culturelles.

Le ministère le restaura de fond en comble et établit un bureau d'enregistrement des droits fonciers au rez-de-chaussée, les bureaux de la MRC de Montmorency au premier étage, et un centre d'interprétation au deuxième (dans les combles).

Ce centre intègre l'art à l'architecture grâce à des œuvres exécutées expressément par Pierre Bourgault, de Saint-Jean-Port-Joli. Cherchant à mettre en valeur l'esthétisme de l'environnement, le sculpteur s'est approprié des pièces du mécanisme de l'ancien moulin, vestiges correspondant à différentes époques de son évolution, et les a mariées à des éléments de ses sculptures. Dans le même mouvement, il a aménagé un sentier qui longe le mur est du moulin et où l'on trouve différents artefacts disposés de telle manière qu'on les croit tout juste découverts.

La mission du centre est d'informer dûment à propos de la géographie, de l'histoire, de l'économie, de la société, de l'implantation et du développement de la Côte-de-Beaupré, cette étroite bande de terre qui va de la rivière Montmorency au cap Tourmente.

Le moulin du Petit Pré, devenu propriété du ministère des Affaires culturelles en 1966, fut restauré à l'état de 1763. En 2006, on y ouvrit une boulangerie artisanale et un café. La Corporation pour la mise en valeur du moulin du Petit Pré a pour mission de transmettre les valeurs patrimoniales et culturelles de ce site exceptionnel.

SAINTE-ANNE-DE-BEAUPRÉ

Le toponyme de Sainte-Anne-de-Beaupré est le titre d'une histoire qui raconte le naufrage de trois marins rescapés par la mère de la Vierge à qui ils avaient remis leur vie lors d'une tempête menaçant de les engloutir. Dans un cauchemar de paquets d'eau et de vent déchaîné, ils nourrissaient, en fait, que peu d'espoir de survie. Aussi, quand les vagues les rejetèrent sur la grève du hameau de Petit-Cap, les marins ne crurent pas tant à leur chance qu'à un miracle et n'eurent d'autre envie que de se diriger aussitôt vers la petite chapelle de l'endroit, où ils remercièrent avec ferveur et gratitude la *bonne* sainte Anne.

On était en 1662. La chapelle ayant été construite quatre ans plus tôt, la paroisse fut canoniquement érigée en 1684 sous le nom de Sainte-Anne, tout simplement, puis de Sainte-Anne-du-Petit-Cap. On trouve une première mention de Sainte-Anne-de-Beaupré en 1742, mais ce n'est qu'en 1845 que la paroisse adopta officiellement cette appellation.

L'élément *Beaupré,* qui désignait déjà toute la côte sud (Côte-de-Beaupré) entre la chute Montmorency et le cap Tourmente, n'est pas le mot pour désigner le mât placé en avant des voiliers, mais vient plutôt de *pré,* qui désigne communément des champs d'herbe et qu'on appliquait ici à la grève généreuse en foin pour le bétail, auquel on a marié l'adjectif *beau*.

Sainte-Anne-de-Beaupré est aujourd'hui un sanctuaire mondialement reconnu où affluent chaque année, autour du 26 juillet, fête de la sainte patronne, des milliers de pèlerins.

Le village de Sainte-Anne-de-Beaupré, à une autre époque.

LES ORIGINES DU LIEU DE PÈLERINAGE

Ce sont les archives du Séminaire de Québec qui conservent le premier témoignage de miracles à survenir, en 1662, à Sainte-Anne-de-Beaupré. Il s'agit de celui de l'abbé Thomas Morel, curé du village, qui rapporte qu'un de ses paroissiens fut *soudainement guéri d'une grande douleur de reins en mettant par dévotions trois pierres aux fondements de l'église* et que Marie-Esther Ramage et son époux, Élie Godin, furent guéris à leur tour, ainsi qu'un nommé Nicolas Drouin, de Château-Richer. C'est aussi cette même année que la barque de trois voyageurs, MM. de la Martinière, Léguille et Pierre le Gascon, qui remontaient le fleuve en direction de Québec, chavira sous les assauts du fleuve en tempête à la hauteur du cap Tourmente. Luttant pendant 24 heures contre la fureur des éléments, les hommes en détresse s'accrochèrent à leur embarcation renversée et remirent leur sort entre les mains de sainte Anne. Miraculeusement rescapés par un mouvement de la marée qui les abandonna, enfin, sur la terre ferme de Petit-Cap, ils racontèrent au curé Morel comment ils devaient la vie à la protection miraculeuse de la sainte.

L'événement, colporté tout le long de la côte puis dans la ville de Québec, créa un exceptionnel mouvement de dévotion et, bientôt, les autorités autant civiles que religieuses décidèrent de faire du Petit-Cap un lieu de pèlerinage.

Procession à Sainte-Anne-de-Beaupré, lieu d'un important pèlerinage.

Ex-voto dit « des trois naufragés de Lévis » (1754, huile sur bois d'un artiste inconnu, musée de sainte Anne, Sainte-Anne-de-Beaupré), dont le sauvetage fut attribué à sainte Anne.

Dès 1663, les livres de comptes de la paroisse font état du résultat d'une quête à l'occasion du premier pèlerinage organisé, celui des résidents de Château-Richer. Aussi, le 30 septembre 1665, Marie-de-l'Incarnation, la fondatrice des Ursulines de Québec, écrivait à son fils : *À sept lieues d'ici il y a un bourg appelé le petit Cap, où il y a une église de sainte Anne dans laquelle Notre-Seigneur fait de grandes merveilles en faveur à cette sainte Mère de la très Sainte Vierge. On y voit marcher les paralytiques, les aveugles recevoir la vue, et les malades de quelque maladie que ce soit recevoir la santé.*

Les grands de l'époque, les Courcelles, gouverneur ; Talon, intendant ; Aubert de La Chesnaye, riche négociant ; et même des Hurons (de la côte Saint-Michel), se rendirent à tour de rôle en pèlerinage à la petite chapelle dédiée à sainte Anne.

Depuis, c'est-à-dire depuis plus de trois siècles, Sainte-Anne-de-Beaupré n'a cessé d'accueillir des pèlerins venus du monde entier pour en faire le plus important sanctuaire de l'Amérique du Nord.

LES DIFFÉRENTES ÉGLISES

À Petit-Cap, sur les bords du fleuve, c'est en 1658 qu'on érigera une première église (une chapelle, en fait) dédiée à sainte Anne et desservie par les Jésuites qui favorisaient, depuis leur arrivée en Nouvelle-France, la dévotion à cette sainte.

Mais lorsque survint une de ces grandes marées printanières, qui se manifeste habituellement tous les sept ans, l'emplacement de la chapelle se révéla impropre : en la voyant cernée et assaillie dangereusement par les flots, on se rendit compte que cette dernière avait été construite trop près du rivage.

Il fallait donc se résoudre à la déplacer ou à en construire une nouvelle, ailleurs. Un paroissien fit alors don d'un lopin de terre, situé derrière celui de la chapelle et surélevé de près de quatre mètres au-dessus du niveau des hautes eaux. Le nouvel édifice accueillit les paroissiens en 1661 et c'est en 1664, seulement, qu'il fut tout à fait terminé, à l'exception de la balustrade qui attendra 1669.

Les mots de Mgr de Laval à propos de *la dévotion* (envers sainte Anne) *qui va toujours en augmentant* étaient prophétiques : en 1676, l'église était beaucoup trop petite pour accueillir le nombre croissant des pèlerins. Il fallut agrandir, et plus encore : on dut envisager l'établissement d'un sanctuaire qui réponde aux besoins d'une fréquentation aussi importante. La paroisse ne disposait pas des fonds nécessaires à la réalisation d'une semblable entreprise, mais le premier évêque de Québec n'était pas que bonne parole pour sainte Anne.

Une des premières églises de Sainte-Anne-de-Beaupré.

Le culte qu'il lui vouait était véritable et il désirait le promouvoir de toutes les manières, ce qui lui dicta une rare générosité qui permit la construction d'une nouvelle église.

Restaurée en 1686, agrandie en 1694, elle fut reconstruite presque entièrement en 1787-1788. En 1878, année de l'arrivée des premiers rédemptoristes, religieux de la congrégation du Très-Saint-Rédempteur à qui avaient été confiées la paroisse et l'œuvre du sanctuaire, elle fut démolie et on a élevé une chapelle commémorative sur ses fondations.

Entre-temps, le 17 octobre 1876, une nouvelle église avait été inaugurée, laquelle il fallut agrandir à deux reprises, soit en 1882 et 1886, alors que Mgr Elzéar-Alexandre Taschereau, premier cardinal canadien, avait obtenu de Pie IX, en mai 1876, que sainte Anne soit proclamée *patronne de la province ecclésiastique et civile de Québec*. Et, le 5 mai 1887, le pape Léon XIII cette fois, toujours à la requête du cardinal Taschereau, accordait au sanctuaire le titre de basilique mineure.

Il faut signaler qu'un bateau à vapeur et une ligne de chemin de fer reliaient alors quotidiennement Sainte-Anne-de-Beaupré à Québec en saison, provoquant ainsi une augmentation marquée de l'achalandage des pèlerins.

L'INCENDIE DE 1922

Le 29 mars 1922, le sanctuaire fut ravagé par un incendie qui ne ménagea ni l'église, ni le monastère, ni le juvénat attenants. En moins de trois heures, l'œuvre des pères rédemptoristes fut réduite à un tas de cendres. Remarquablement, la statue de bois de sainte Anne, qui trônait au-dessus de la façade, dont les principales tours s'écrasèrent au sol, demeura intacte.

Le chœur de la basilique Sainte-Anne-de-Beaupré, décoré pour la fête de la patronne de la province de Québec, le 26 juillet.

Considérée depuis comme une statue miraculeuse, elle est exposée dans la partie nord du transept de la basilique, couronnée de son diadème de patronne de la province de Québec.

LA NOUVELLE BASILIQUE

Au lendemain de l'incendie ayant ravi le sanctuaire aux nombreux fidèles et pèlerins, aucun doute ne subsistait : il fallait reconstruire. Et, forts de cet événement dramatique, tous se rangeaient à l'idée qu'il était impérieux que le nouvel édifice soit à l'épreuve du feu.

Bien évidemment, les pères rédemptoristes ne disposaient pas des moyens importants qu'il fallait investir dans la réalisation d'un projet aussi coûteux. Aussi, ce sont tous les catholiques du pays, et même des États-Unis, qu'on alerta pour les amener à participer de leurs deniers à l'aventure. Des évêques firent parvenir aux curés de leur diocèse des lettres prescrivant des collectes spéciales pour accumuler des fonds (celui de Sherbrooke suggéra précisément une contribution d'un dollar par famille) et partout on vit différentes initiatives prendre forme pour constituer une ressource financière à la hauteur du projet d'une basilique digne du plus ancien et du plus fréquenté des sanctuaires d'Amérique du Nord.

Aussi tôt que le 17 mars 1923, soit seulement un an après l'incendie, un conseil d'architectes, au sein duquel Louis-Napoléon Audet, qui allait consacrer une partie de sa vie à cette église, fut formé par les pères rédemptoristes autour de Maxime Roisin (1871-1960), de Paris. Ce dernier, qui déjà avait dirigé la reconstruction de la basilique de Québec, présida à la préparation des plans de la nouvelle église, au style prestigieux inspiré de l'architecture romaine, qui serait dotée d'une structure de fer légère et de voûtes, ainsi que de planchers, en ciment, afin de l'ignifuger.

Les travaux d'excavation commencèrent le 6 juillet de la même année et, le 26, le cardinal Louis-Nazaire Bégin bénit la pierre angulaire.

Le chantier prit rapidement des proportions gigantesques pour l'époque. Afin de faciliter et d'accélérer la livraison des matériaux, dont la pierre et le ciment, par chemin de fer, on mit en place une voie d'évitement entre Québec et Sainte-Anne-de-Beaupré. Le fait que le granit, en provenance de Saint-Sébastien dans la Beauce, soit taillé sur place par pas moins d'une soixantaine de tailleurs donne une idée de l'ampleur de cette construction qui, quatre ans plus tard, avait déjà coûté 659 675 $, en salaires seulement. Les travaux allaient durer plus de quarante ans avant que le cardinal Maurice Roy inaugure la nouvelle basilique en 1976. Néanmoins, il demeurait beaucoup à faire. En 1994, la basilique était encore inachevée : plusieurs chapiteaux n'étaient pas encore sculptés et plusieurs des niches étaient vides. En cela, la basilique respecte bien la tradition des bâtisseurs de cathédrale qui, pour *construire du silence* (dixit Antoine de Saint-Exupéry), ignorent les contraintes du temps qui passe.

L'ambition des pères rédemptoristes et des populations qui les ont appuyés depuis maintenant 80 ans était d'édifier une œuvre durable, quasi intemporelle, à l'image de la patronne sainte Anne qu'elle célèbre. Pour ce faire, ces gens n'ont absolument rien négligé, comme le confirme Jean Simard, le spécialiste de l'art religieux au Québec : *Sainte-Anne-de-Beaupré est une œuvre savamment pensée. Les artistes qui y ont travaillé ont suivi à la lettre les programmes qu'on leur avait tracés. (…) Les théologiens rédemptoristes ont voulu faire du décor intérieur de leur basilique une véritable encyclopédie de l'Homme en route vers son salut.*

La basilique des pères rédemptoristes, telle qu'elle est devenue aujourd'hui.

LE MUSÉE

Sur le site du sanctuaire de Sainte-Anne-de-Beaupré, phare de la dévotion à la sainte mère de la Vierge, l'Histoire s'expose.

Et c'est tant mieux : depuis les premiers miracles de 1662, l'existence de ce haut lieu de pèlerinage méritait que tout ce que les pères rédemptoristes ont conservé en objets et en œuvres d'art qui célèbrent la bonne sainte Anne fasse l'objet d'un musée.

Sur le terrain même de la basilique, le Musée de Sainte-Anne-de-Beaupré recèle donc des pièces de belle valeur qui racontent l'histoire de la vieille paroisse de Sainte-Anne, de même qu'une riche

Une des salles
du Musée de
Sainte-Anne-
de-Beaupré.

collection de tableaux qui remontent à la fin des XVIIe et XVIIIe siècles, ainsi que des ex-voto exceptionnels qui rappellent les miracles les plus marquants de la sainte patronne. Il s'y trouve aussi le fonds Émile Brunet, ce sculpteur qui a exécuté la plupart des œuvres qui ornent la basilique, et d'autres réalisations majeures d'artistes québécois de premier rang, tel un retable du sculpteur François Baillairgé. Plus encore, on y expose les collections de négatifs, d'anciennes cartes postales et de photos des Livernois, cette famille de photographes qui, sur trois générations, s'était attachée à immortaliser en images l'église, l'histoire et plusieurs figures marquantes du Québec.

Enfin, le musée, ouvert depuis 1997, offre aux visiteurs la collection complète des personnages de cire qui racontent la vie de sainte Anne.

Conçu par une équipe d'historiens de l'art, dont le spécialiste de l'architecture Paul Trépanier, et une firme de designers d'exposition (DES de Montréal), le musée de la basilique accueille autour de 150 000 visiteurs par année.

LE CYCLORAMA

Le cyclorama de Sainte-Anne-de-Beaupré est une bâtisse construite en forme de rotonde à l'intérieur de laquelle se déploie, sur 360 degrés, un tableau panoramique de 110 mètres de circonférence sur 14 mètres de hauteur. La toile représente tour à tour la ville de Jérusalem, le mont des Oliviers, le chemin de Damas et les abords du Golgotha, le jour de la Crucifixion. Elle aurait été exécutée à New York, en 1888, sur une période de six mois, par Grover et Corwin, des peintres réputés, secondés par les Mège, Austen et Gros, excellents peintres au demeurant, mais de moindre renommée, qui avaient préalablement étudié leur sujet en Terre sainte. Son transport de New York à Montréal, puis de Montréal à Sainte-Anne-de-Beaupré se fit, une fois la rotonde démontée, à bord d'un bateau, *l'œuvre peinte enroulée autour d'un rouleau d'une quarantaine de pieds*.

Pendant plus de 60 ans, son exposition se fit à la lumière du jour exclusivement. En 1957, le cyclorama fut muni d'un éclairage électrique et d'un système audio permettant d'expliquer aux visiteurs les composantes de l'œuvre. Ainsi, un jet de lumière guide maintenant le regard à travers le paysage et la ville de Jérusalem, mettant bien en relief les détails d'importance. Le tout est encore rehaussé par des commentaires appropriés.

Les œuvres picturales panoramiques sont devenues une rareté. Maintes d'entre elles sont aujourd'hui disparues et, depuis le début du XXe siècle, leur production a toujours été restreinte. Le cyclorama de Sainte-Anne-de Beaupré était déjà, lorsqu'on le livra à l'admiration du public, une œuvre que l'on disait plus fine, mieux finie. Il se distingue de ses pareils surtout par son éclairage donnant du caractère aux différents personnages et par le rendu plus naturel des couleurs. Enfin, il marie parfaitement, en trompe-l'œil, l'ombre et la lumière, et donne aux spectateurs l'impression qu'ils se fondent dans la toile.

C'est à la fois un spectacle et une œuvre d'art, une curiosité et un concept étonnants.

Le cyclorama de Jérusalem à Sainte-Anne-de-Beaupré, une rotonde dont les murs intérieurs sont couverts d'un tableau panoramique de 110 mètres de circonférence et de 14 mètres de hauteur.

Ci-contre : Photo d'un champ de la ferme Chevalier, à Saint-Joachim, au temps de la moisson, prise autour de 1900.

SAINT-JOACHIM

Avant 1673, l'endroit était connu sous le nom de Cap-Tourmente, blotti qu'il était au pied du cap du même nom. C'est dans une correspondance de Mgr de Laval, en 1684, qu'apparut la première attestation de l'appellation Saint-Joachim, hameau qui faisait alors partie du territoire de Sainte-Anne-de-Beaupré. Quand il devint paroisse, celui-ci prit officiellement le nom de Saint-Joachim-de-Montmorency.

L'origine du toponyme viendrait de saint Joachim, l'époux de sainte Anne, patronne de Sainte-Anne-de-Beaupré dont cette paroisse fut détachée, ce qui dicta d'emblée ce nom aux autorités religieuses.

Au début de la colonie, Saint-Joachim était réputé pour être le *grenier à blé de la colonie,* et le premier évêque de Québec y avait établi une importante école d'arts et métiers. Aujourd'hui, les terres agricoles y sont toujours généreuses, mais la renommée de l'endroit tient surtout à la réserve faunique du cap Tourmente qui s'y trouve, laquelle, avec l'observation des oies sauvages qu'on peut y exercer, attire de nombreux visiteurs.

SON ÉGLISE

Vue de l'extérieur, à part peut-être son clocher qui tranche sur le style d'ensemble, l'église de Saint-Joachim n'est pas particulièrement remarquable ; mais il importe de pousser la porte pour admirer son décor intérieur.

Il fut conçu en 1816 par le sculpteur François Baillairgé, alors à l'apogée de son art, assisté de son fils Thomas. Ils y dressèrent un retable avec colonnade et au besoin le flanquèrent de sculptures

Vue aérienne de la Côte-de-Beaupré.

Ci-contre :
L'église de
Saint-Joachim
(1779).

En bas :
Son maître-
autel et
son décor
constituant
l'œuvre majeure
des Baillairgé.

des quatre évangélistes pour constituer l'un des plus impressionnants maîtres-autels du Québec. On affirme que l'uniformité des éléments qui s'y imbriquent les uns aux autres compose l'œuvre majeure des Baillairgé dont s'inspirèrent ensuite les sculpteurs d'art sacré.

Une visite à l'église de Saint-Joachim permet de comprendre ce que furent les premiers balbutiements du néoclassicisme québécois en admirant les chefs-d'œuvre de nos plus célèbres sculpteurs.

LA GRANDE FERME DU SÉMINAIRE

À Saint-Joachim, au 800, chemin du Cap-Tourmente, se dresse une maison de pierre toute en longueur (22 mètres) et dont l'élégance victorienne est rehaussée par une galerie à balustrades courant sur toute la façade. Plusieurs lucarnes sont pratiquées dans sa toiture recouverte de bardeaux et percée de quatre cheminées, dont trois fonctionnelles et une purement esthétique. Il se dégage de l'ensemble une impression de noblesse historique, et on ne saurait douter qu'il s'agit là d'une propriété qui témoigne de notre passé. Ce dont elle témoigne précisément, c'est de la Grande Ferme, qui fut autrefois exploitée par la Société des sieurs de Caen, puis par la Compagnie de la Nouvelle-France, dont Mgr de Laval s'était porté acquéreur en 1668 pour qu'elle subvienne aux besoins du Petit Séminaire de Québec. Il se trouvait alors déjà, sur cette vaste terre de 2,5 sur 6,4 kilomètres, une modeste maison et, en 1668, des ouvriers y construisirent une étable pouvant loger pas moins de cinquante bêtes.

Peu de temps après, le premier évêque de Québec fit aménager dans le logis de la Grande Ferme une école pour accueillir des fils de paysans et des enfants handicapés de la ville de Québec, école qu'il a dû agrandir en 1685.

Puis, l'événement de la Conquête de 1759 fut l'occasion d'un drame : les Britanniques mirent le feu à tous les bâtiments, des communs à la résidence, et tuèrent le curé Philippe-René Robinau de Port-Neuf et les sept hommes qui, auprès de lui, défendaient les lieux...

Il fallut attendre onze ans avant que le Séminaire ait les moyens de reconstruire, à Saint-Joachim sur le petit cap, un peu en retrait des bâtisses incendiées, une résidence (le château Bellevue), une chapelle et des dépendances.

Puis, en 1859, le site devint un centre d'intérêt pour des disciples de la mémoire : les abbés Laverdière, Hamel et Beaudet étudièrent *les ruines et les antiquités de la Grande Ferme*. Ils en dressèrent le plan sur lequel on retrouve les emplacements d'une petite maison, entourée d'une laiterie, d'une grange et d'une porcherie.

En 1866, le Séminaire rebâtit tous les bâtiments de la ferme et finança la Société de navigation de Montmorency pour la construction d'un quai où l'on put embarquer les produits de la ferme pour la ville. Jusqu'en 1910, on exploita la Grande Ferme, puis ce fut le déclin, et la terre fut vendue.

Le ministère des Affaires culturelles a restauré la maison de ferme en 1979 pour en faire un centre d'initiation au patrimoine. Les ruines de la première église de Saint-Joachim, qui se trouvaient sur

Ruine de ce qui fut la Grande Ferme du Séminaire de Québec, incendiée en 1759.

les lieux, ont, elles, fait l'objet de fouilles archéologiques et d'une mise en valeur en 1965-1966.

Dans un paysage de fleuve et de battures que blanchissent les oies en saison, le site de la Grande Ferme évoque avec une rare justesse l'histoire première de la seigneurie de Beaupré au temps de Mgr de Laval.

LE CHÂTEAU BELLEVUE

Construit en 1779 puis agrandi en 1870, le château Bellevue, dont les murs de pierre ont près d'un mètre d'épaisseur, est la résidence des prêtres du Séminaire. Impressionnant, l'immense bâtiment est depuis demeuré inchangé et sa prestance capte la curiosité des visiteurs de Saint-Joachim.

Le général de Gaulle et son épouse, accompagnés du premier ministre Daniel Johnson, de l'ex-premier ministre Jean Lesage ainsi que de Mgr Louis-Albert Vachon, entre autres, y séjournèrent le 23 juillet 1967, soit la veille de la célèbre allocution du président français au balcon de l'hôtel de ville de Montréal.

CAP-TOURMENTE

En 1535, Jacques Cartier mouilla à la pointe de l'île d'Orléans devant une bourgade iroquoise appelée *Ajoasté*. Puis, en 1608, Samuel de Champlain baptisait cet endroit Cap-Tourmente dans ces termes : *De l'Isle aux Couldres costoyants le coste fusmes à un cap, que nous avons nommé le cap de tourmente.* Persuadé du potentiel agricole des *prairies* jouxtant le promontoire, il y fit construire en 1626 deux corps de logis et une étable que détruisirent les Anglais (les frères Kirke) deux ans plus tard.

Le château Bellevue, résidence des prêtres du Séminaire.

Tout au cours de la première moitié du XVIIe siècle, le toponyme de Cap-Tourmente désignait toute la partie est de la Côte-de-Beaupré. Aujourd'hui, situé dans la municipalité de Saint-Joachim, le hameau de Cap-Tourmente longe la réserve nationale du même nom.

Cette réserve de 22 kilomètres carrés, qui fut créée en 1969, est de toute première importance pour la population mondiale des grandes oies des neiges qu'on estimait à un demi-million d'individus déjà en 1993. S'y réfugient aussi plus de 250 espèces d'autres oiseaux, parmi lesquelles certaines en voie de disparition tel le faucon pèlerin. Elle est fréquentée par des visiteurs en grand nombre à qui l'on offre de participer à des activités de sensibilisation au milieu naturel de la faune aquatique.

Dans la réserve nationale de faune du cap Tourmente, des oies blanches s'ébattent en toute sécurité.

LA FERME DE CHAMPLAIN

En 2001, on fêtait le 375e anniversaire de la ferme de Champlain, la première exploitation agricole sur la Côte-de-Beaupré et première ferme d'élevage de toute la vallée du Saint-Laurent.

Construite en pierre et en pieux de bois distancés d'un mètre comblé d'argile crue (pisé), les murs en étaient chaulés et le toit, recouvert de chaume. Quoique fortifiée, elle fut incendiée en juillet 1628 par les frères Kirke.

Une plaque commémorative apposée sur la maison de la Petite Ferme, au 570, chemin du Cap-Tourmente, le 30 septembre 2001, en perpétue le souvenir.

Telle que l'a illustrée Francis Back, la ferme du cap Tourmente que Champlain, en 1627, avait fait ériger selon la méthode normande.

SAINT-FERRÉOL-LES-NEIGES

On dirait le titre d'un poème...

Cette belle appellation a deux origines, l'une qui remonte à 1744, rattachée à Jean Lyon de Saint-Ferréol, ancien supérieur du Séminaire de Québec, grand vicaire de l'évêque de Québec, puis curé de cette ville, et qui signait son nom parfois avec un *r* et parfois avec deux... L'autre date de 1969. On ajouta au saint le toponyme «les Neiges» pour mettre en évidence la principale attraction de l'endroit, le fondement de sa prospérité aussi, à la faveur de l'engouement des familiers du mont Sainte-Anne pour la qualité de sa neige.

Ce territoire, à l'est de la rivière Sainte-Anne, fut découvert aussi tôt que 1693 par le chanoine Louis Soumande. Cet homme d'Église, sensible à l'aspect pratique des choses – il avait dirigé l'École des arts et métiers de Saint-Joachim, fondée par Mgr de Laval –, eut tôt fait de prendre toute la mesure des possibilités d'exploitation d'une terre aussi riche et aussi bien irriguée. Mais ce n'est qu'en 1728 que, venues de l'île d'Orléans à l'invitation des prêtres du Séminaire de Québec, propriétaires de ce fief situé à l'intérieur de leur seigneurie de Sainte-Anne-de-Beaupré, les premières familles de colons s'y installèrent.

La paroisse y fut érigée en 1871 sous le nom de Saint-Ferréol, nom qu'un arrêté en conseil du 22 octobre 1965 modifia en celui de Saint-Ferréol-les-Neiges.

LES SEPT-CHUTES

Au début, il y avait la rivière Montmorency avec la chute du même nom et sept autres en amont sur la rivière Sainte-Anne. Puis vint l'ère de l'électrification, et des hommes d'affaires qui s'amenèrent avec le projet de faire des sous : ils domptèrent d'abord le courant de la chute Montmorency pour éclairer les soirs de la ville de Québec et

PERSONNALITÉS QUI ONT VÉCU SUR LA CÔTE-DE-BEAUPRÉ OU QUI EN ONT MARQUÉ L'HISTOIRE

François de Laval (1623-1708) a été vicaire apostolique de la Nouvelle-France de 1658 à 1674, alors qu'il devient le premier évêque de la colonie. Préoccupé par la formation des futurs prêtres, il fonde, en 1668, le Séminaire des missions étrangères, plus connu sous l'appellation «Séminaire de Québec». À quelques reprises, il s'oppose à des décisions des gouverneurs de la Nouvelle-France, en particulier sur la question de la vente de l'eau-de-vie aux autochtones. Il voit au développement de la seigneurie de la Côte-de-Beaupré, ainsi qu'aux autres possessions du Séminaire de Québec.

Louis Soumande (1652-1706) fait son cours classique au Collège des Jésuites et ses études théologiques au Séminaire de Québec. Il est ordonné prêtre par Mgr de Laval en décembre 1677. Six ans plus tard, il dessert les missions de Sainte-Anne-de-Beaupré, de Cap-Tourmente, de la Petite-Rivière et de Baie-Saint-Paul. On le retrouve, en 1685, à Saint-Joachim et à Cap-Tourmente où il veille aussi bien au service religieux qu'à la direction des propriétés du Séminaire de Québec.

Edward Augustus, duc de Kent et Strathearn (1767-1820) est le père de la reine Victoria. Il séjourne à Québec de 1791 à 1793. L'année suivante, il commande les forces armées anglaises à Halifax. Cinq ans plus tard, il est nommé à la tête des forces anglaises pour toute l'Amérique du Nord. Durant la période où il demeure dans la région de Québec, il s'installe dans la résidence du gouverneur Haldimand à la chute Montmorency. Celle-ci prendra par la suite le nom de *Kent House*.

Thomas Morel (1636-1687) arrive à Québec en 1661 et, immédiatement, comme prêtre du Séminaire de Québec, il commence à desservir la Côte-de-Beaupré. Par la suite, on le retrouve à la tête de plusieurs paroisses. «Il nous a laissé, écrit l'historien Honorius Provost, le récit manuscrit des premiers miracles opérés au sanctuaire de Sainte-Anne.»

François de Laval (1623-1708), vicaire apostolique (1658-1674), puis premier évêque de la Nouvelle-France (1674-1688).

7. L'ÎLE D'ORLÉANS

Sainte-Anne-de-Beaupré

Beaupré

Saint-François

368

Sainte-Famille

Route du Mitan

Fleuve Saint-Laurent

L'Ange-Gardien

Saint-Jean

3

Av. Royale

Boul. Sainte-Anne

Chemin Royal

Chemin Royal

Saint-Pierre

Rue des Prêtres

Pont de l'Île d'Orléans

Ch. du Bout-de-l'Île

Route Prévost

1

Saint-Laurent

4

5

Sainte-Pétronille

| 0 | 5 | 10 | 15 | 20 km |

20

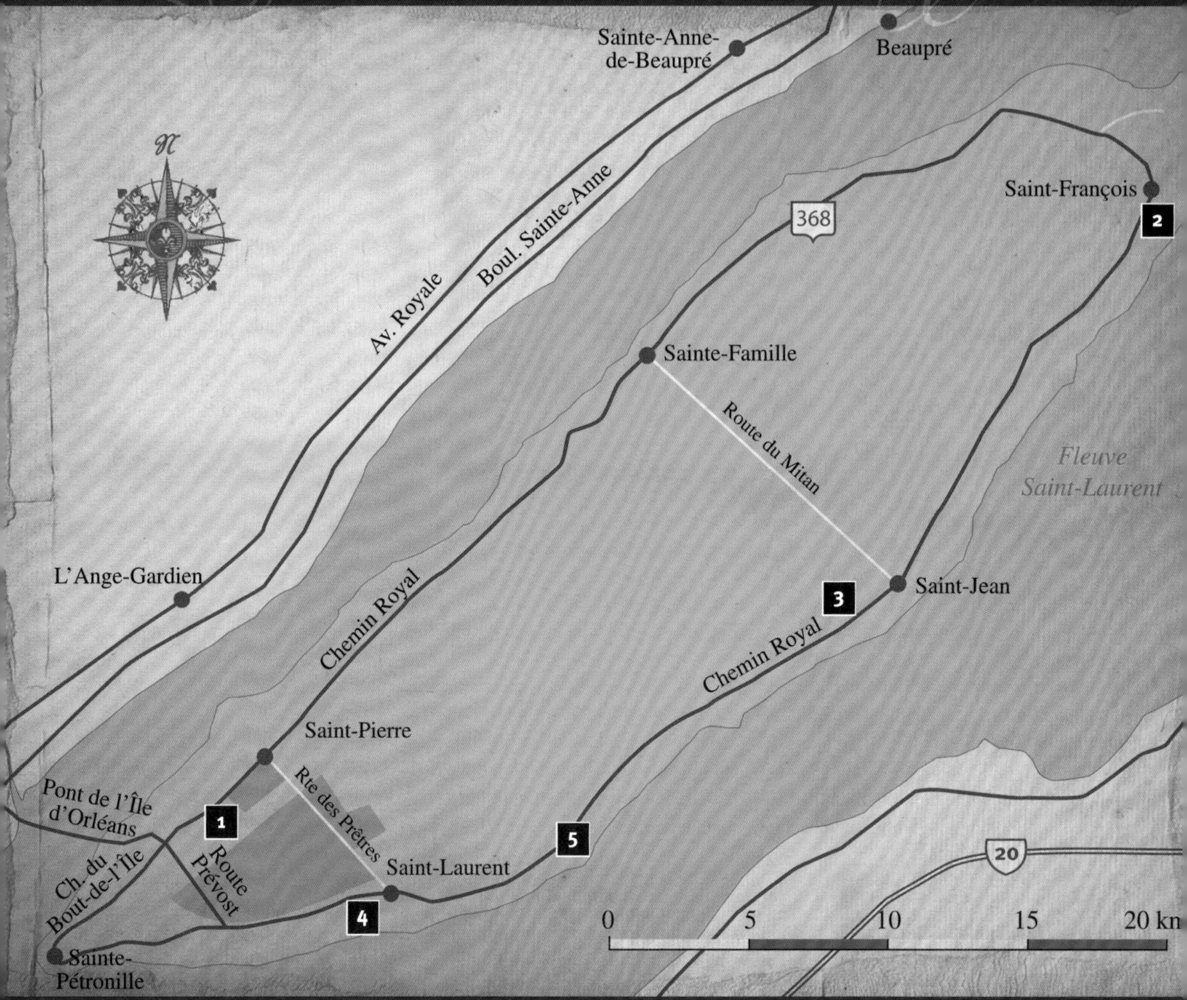

Page 160 :
Le temps des foins, jadis, sur l'île d'Orléans.

Page 161 :
Aujourd'hui comme autrefois, le vent fait valser la moisson avant qu'on ne la coupe et qu'on ne l'entrepose dans des silos modernes.

1 L'Espace Félix-Leclerc

2 La vieille école de Saint-François

3 Le manoir Mauvide-Genest

4 La Chalouperie Godbout

5 Le trou Saint-Patrice

L e toponyme de l'île d'Orléans ne fut pas une appellation spontanée, loin de là. Ici, l'histoire a beaucoup vécu, si l'on peut dire, et les origines de ce nom en témoignent.

L'île s'appela tour à tour Minigo, Isle de Bacchus, Orléans, île Sainte-Marie, l'île des Sorciers, île et comté de Saint-Laurent et, de nouveau, île d'Orléans.

Déformation du mot algonquin *ouindigo*, que certains traduisent par «ensorcelé» et d'autres, tout simplement, par «île», Minigo fut le premier nom connu de l'île.

Puis, à son deuxième voyage, en 1535, Jacques Cartier la baptisa Isle de Bacchus parce qu'il y avait trouvé force vignes, mais aussi – peut-être surtout – parce que les indigènes qui y vivaient prirent le marin breton et son équipage pour des êtres surnaturels et les accueillirent avec des agapes aux allures d'orgie à la Bacchus.

Mais le printemps suivant, Cartier, encore lui, l'appela l'Isle d'Orléans en l'honneur du duc d'Orléans, fils du roi François Ier, futur Henri II.

Pour se mettre à l'abri des attaques iroquoises, en 1651, les Hurons s'installèrent dans l'île et lui donnèrent le nom de leur huronnerie de la baie Georgienne, Sainte-Marie.

Quand les premiers colons s'y installèrent, elle devint l'île des Sorciers, nom que lui donnèrent les résidents de la Côte-du-Sud qui, la nuit tombée, pouvaient apercevoir des points lumineux qui tremblotaient sur les rives de l'île: c'étaient les insulaires qui relevaient leurs pêches à l'anguille...

En avril 1675, l'île appartenait à François Berthelot, conseiller du roi. Elle sera érigée en comté par Louis XIV.

Enfin, en 1770, elle redevint l'île d'Orléans, nom du comté qui aussi la désigne.

HENRICVS D'ORLEANS DVX DE LONGEVILLE, et

En haut:
Duc d'Orléans, fils du roi François Ier, futur Henri II.

Ci-contre: Vue aérienne de l'île d'Orléans au milieu du fleuve, entre la Côte-de-Beaupré et la Côte-du-Sud.

Malgré la proximité de la ville, l'agriculture est toujours la principale activité de l'île d'Orléans aux vastes terres fertiles.

LA DESCRIPTION PHYSIQUE

Le chemin du Roy qui en fait le tour et qui, tout au long de la rive qu'elle côtoie, offre des panoramas exceptionnels parcourt une distance de 67 kilomètres. L'île elle-même est longue de 34 kilomètres et large de 8 kilomètres dans son amplitude, pour une superficie de 192 kilomètres carrés. Au milieu du fleuve, un peu en aval de Québec, de forme irrégulière et aux rives où se succèdent dans le désordre anses et pointes de terre, elle est la plus densément peuplée des îles du Saint-Laurent, après celles de Montréal et de Laval. Son relief est composé de faibles monts et vaux d'une hauteur maximale de 143 mètres entre les villages Sainte-Pétronille et Saint-Laurent. Étant le plus important des arrondissements historiques au Québec, pas moins de 600 bâtiments historiques y composent un trésor patrimonial incomparable et où qu'on y soit, le site est pittoresque, ses points de vue impressionnants. On comprendra que la rumeur touristique affirme qu'elle est l'une des plus belles îles du monde.

LE SURVOL DE SON HISTOIRE

En termes historiques, on peut décréter que c'est Jacques Cartier qui découvrit l'île d'Orléans en 1535, puis la baptisa ainsi en 1536.

Cent ans plus tard, elle fut concédée à la Compagnie de Beaupré, déjà propriétaire de la seigneurie de Beaupré, dont les huit sociétaires résidaient à Paris et étaient représentés en Nouvelle-France par leur procureur, Olivier Letardif.

Les premiers défricheurs y mirent le pied en 1648, certains à la pointe ouest, face à Québec, d'autres à l'entrée de la rivière Maheu, à l'est, et d'autres encore sur les rives de la rivière du Moulin (aujourd'hui la municipalité de Saint-François) sur le côté sud de l'île. En 1652, Charles de Lauson de Charny, fils du gouverneur Jean Lauzon, se fit le colonisateur du versant septentrional de l'île et y amena 14 colons.

Entre 1662 et 1668, la Compagnie de Beaupré céda son titre de propriété à Mgr de Laval. À son tour, ce dernier l'échangea en 1675 pour celui de l'île Jésus avec François Berthelot, qui versa un reliquat subsidiaire de 25 000 livres. À la tête d'une fortune importante et jouissant d'une forte influence à la cour de Versailles, le seigneur obtint que sa seigneurie et l'île soient érigées en comté sous le nom de comté de Saint-Laurent, statut qui prévaudra jusqu'au milieu du XVIIIe siècle. En 1712, le procureur de Berthelot, Guillaume Gaillard, se porta lui-même acquéreur du comté et se révéla un seigneur des plus industrieux, favorisant l'installation de nouveaux colons et une exploitation rentable des produits agricoles, notamment par l'ajout, en 1716, de deux moulins, celui de Saint-Laurent et celui de Sainte-Famille. Hélas, à son décès, ses deux fils ne manifestèrent pas le même intérêt et l'île connut des années maigres. Au moment de la Conquête, en 1759, l'île étant sans défenses, les Britanniques ravagèrent maisons et bâtiments de ferme et en incendièrent un bon nombre ; mais ensuite, sous leur régime, l'économie de l'île prit une nouvelle orientation : parce que les navires au long cours utilisaient le bras sud du Saint-Laurent comme chenal pour la grande navigation, maints marins, pilotes, puis constructeurs de goélettes s'établirent à Saint-Jean et à Saint-Laurent. Cette activité économique demeura effervescente pendant plus d'un siècle jusqu'à ce que le commerce du bois recule et que la concurrence des chantiers maritimes de Lévis devienne invincible.

Alors, les habitants de l'île se tournèrent à nouveau vers la terre, qu'à Saint-François et Sainte-Famille on avait cessé de cultiver, et optèrent pour une spécialisation des produits maraîchers destinés aux marchés de Québec au détriment des grandes cultures de blé et d'avoine.

En 1535, Jacques Cartier baptisa l'endroit Isle de Bacchus, avant de lui donner son nom actuel, île d'Orléans, l'année suivante.

Le roi heureux
de l'île d'Orléans,
le chansonnier
Félix Leclerc.

Ils bénéficièrent d'un lien régulier avec la ville de Québec quand, à partir de 1930, le traversier *La Traverse* établit une navette avec le quai de Sainte-Pétronille plusieurs fois par jour. Cinq ans plus tard, soit le 6 juillet 1935, on inaugurait le pont qui relie Saint-Pierre à la Côte-de-Beaupré.

Depuis, même si la population s'y est accrue sensiblement, l'île demeure un vaste jardin où la promotion immobilière est interdite et où la campagne résiste aux tentations urbaines.

C'est une île dont le roi heureux s'appelait Félix Leclerc, qui l'a chantée avec mille mots, dont ceux du *Tour de l'île* : *Pour supporter le difficile/et l'inutile/y a l'tour de l'île (...) c'est haut et propre/avec des nefs/avec des arcs, des corridors/et des falaises (...) maisons de bois/maisons de pierres/clochers pointus/et dans les fonds/de pâturages de silence/des enfants blonds (...)/Sous un nuage près d'un cours d'eau/c'est un berceau/et un grand-père au regard bleu/qui monte la garde.*

À Saint-Pierre, en prenant à gauche lorsque la route qui grimpe sur l'île depuis le pont vient croiser le chemin Royal, on arrive devant l'Espace Félix-Leclerc, un centre culturel élevé à la mémoire du chansonnier, poète, écrivain et dramaturge de réputation internationale. On y présente des spectacles en saison et, l'année durant, plusieurs activités, parmi lesquelles des visites guidées et des ateliers destinés à des groupes scolaires, y sont offertes.

LA PROTECTION LÉGALE DE L'ÎLE

Le pont reliant la Côte-de-Beaupré à l'île d'Orléans fit craindre aux insulaires que leur territoire ne change de physionomie à cause du nombre accru de visiteurs qui allaient l'envahir, visiteurs parmi lesquels il allait certainement s'en trouver désirant s'y établir. Cette inquiétude dicta à Athanase David, alors secrétaire de la province, une lettre destinée au premier ministre Louis-Alexandre Taschereau dans laquelle il proposa *de mettre l'île d'Orléans dans une classe à part et de la considérer tout entière comme un monument historique (...)*.

En réponse à cette appréhension légitime, le 2 mai 1935, soit deux mois avant l'inauguration du pont, le Parlement adoptait la *Loi concernant l'île d'Orléans*, qui statuait qu'elle devenait *un endroit où la pose d'affiches est prohibée et où hostellerie, restaurants et postes de distribution d'essence de la gazoline* sont circonscrits. Le mandat de veiller à l'application de cette législation échut au Conseil provincial du tourisme.

Cependant, 25 ans plus tard, il devint évident que cette loi n'était pas parvenue à freiner l'étalement urbain sur l'île, non plus qu'une détérioration progressive du décor champêtre.

En conséquence, dès 1965, la chambre de commerce de l'île porte le problème de la protection du site devant la Commission des monuments historiques. La solution envisagée était de déclarer tout le territoire arrondissement historique ; mais la chambre se buta à un

Le pont de l'île d'Orléans, inauguré en 1935, ne fit pas que des heureux : bien des insulaires craignaient d'être envahis par les investisseurs et les curieux.

problème légal. En effet, puisqu'il s'y trouvait six municipalités, c'est autant d'arrondissements qu'il aurait fallu créer alors qu'on ne disposait pas des structures administratives nécessaires à leur gestion.

Le 23 septembre 1969, la Commission des monuments historiques recommanda elle-même, à nouveau, que l'île devienne un arrondissement historique afin de permettre un contrôle efficace sur la construction résidentielle. Pour éviter l'écueil légal, on suggéra que les six municipalités soient incluses dans un arrondissement unique. L'arrêté en conseil regroupant les six paroisses, les six villages, les terres en culture et même les résidences secondaires fut signé le 11 mars 1970.

Depuis, en 1982, les six municipalités ont fusionné et la Commission, en collaboration avec le ministère de la Culture et des Communications, veille à la préservation du cachet historique et champêtre de l'île et de tous les éléments qui composent son identité. C'est un processus sans cesse en évolution, mené en concertation avec d'autres ministères et organismes qui peuvent fournir des ressources à ces fins.

LA PRÉSENCE AMÉRINDIENNE

Des fouilles archéologiques ont révélé que, pendant le Sylvicole moyen, soit des années 500 à 1000 avant notre ère, des Amérindiens fréquentaient déjà l'île d'Orléans. Au tout début de la colonie, ils venaient encore y pêcher et chasser.

Plus tard, fuyant les Iroquois qui, en 1648 et 1649, les avaient quasi exterminés, des Hurons s'embarquèrent, le 10 juin 1650, à l'île Saint-Joseph (aujourd'hui l'île aux Chrétiens) en direction de Québec où ils abordèrent le 28 juillet. Si les sœurs hospitalières, les Ursulines, les Jésuites et quelques familles charitables en accueillirent plusieurs, en revanche certains d'entre eux durent se débrouiller comme ils purent. Et, en 1651, 300 de ces Hurons s'établirent sur l'île d'Orléans. Puis, en 1654, un nouveau groupe venu se joindre à eux doubla leurs effectifs.

Cette colonie huronne connut son apogée en 1654-1655.

Habiles défricheurs et bons cultivateurs, les Hurons manifestèrent un profond respect pour la religion catholique à laquelle ils adhérèrent d'emblée. Mais ils ne purent se soustraire à la vindicte des Iroquois qui s'acharnaient sur eux. Ces derniers parvinrent à leurs fins en 1661 alors que, le 22 juin, Jean de Lauson, fils aîné du gouverneur et grand-sénéchal de la Nouvelle-France, trouva la mort en tombant dans une embuscade iroquoise ; en conséquence, les Hurons abandonnèrent définitivement l'île d'Orléans, mettant ainsi fin à la tentative d'implantation amérindienne.

Une preuve tangible de la présence amérindienne sur l'île d'Orléans à l'époque du Sylvicole, cet outil en pierre de forme triangulaire.

L'ÎLE ET SES LÉGENDES

Avant qu'elle ne soit reliée à la Côte-de-Beaupré par le pont construit en 1935, l'île d'Orléans était un pays de légendes.

Nulle part ailleurs en Nouvelle-France n'y a-t-il eu autant de revenants, d'esprits errants, de fantômes, de lutins, de feux follets, de loups-garous, et quoi encore. Certains ne l'avaient-ils pas appelée l'île aux Sorciers? On tenta bien d'expliquer cette appellation en racontant qu'elle était une déformation de l'île aux Sourciers, imputable à la présence d'insulaires particulièrement habiles à dénicher les sources d'eau potable. Il n'empêche que la rumeur exprimait ainsi la perception des gens de l'époque.

L'origine de ces légendes découle invariablement d'événements vécus par des personnages ayant réellement existé, mais que de talentueux conteurs ont transformés, amplifiés et réinventés selon l'abondance de leur imagination. D'abord, un premier témoin racontait un fait vécu dont il abordait le propos par un *Je l'ai vu de mes yeux*. Par la suite, lui-même ou certains de ses interlocuteurs en rajoutaient, gonflant l'anecdote jusqu'au merveilleux. Souvent, c'était de vieux récits européens adaptés au pays où ils apportaient exotisme et fantaisie, mais aussi inquiétude et épouvante.

Enfin, des itinérants, des *quêteux*, des marchands ou des colporteurs, que l'on taxait d'être des jeteurs de sort, ajoutaient leur contribution dans la diffusion de ces histoires. Ainsi, la réputation du Bonhomme Messie n'était plus à faire: on lui reprochait *d'empêcher les chevaux d'avancer, d'interrompre le flux du sang des cochons lors de*

Ce tableau mettant en scène un conteur et son auditoire conquis nous rappelle que l'île d'Orléans regorge de légendes.

Le tablier du pont, à l'époque où il s'appelait le pont Taschereau.

l'abattage et de rendre les veaux malades. Pour détourner les mauvais sorts de ces prophètes de malheur, on plaçait un fer à cheval au-dessus de la porte des fermes et des communs.

Aujourd'hui, on ne croit plus ni aux maléfices ni aux sorciers, mais force est de constater qu'ils font partie intégrante de l'histoire de l'île d'Orléans. En somme, ils constituent le fonds d'un riche patrimoine culturel que l'on est parvenu à préserver en enregistrant sur bandes magnétiques la majorité des légendes telles qu'elles ont été perpétuées par des conteurs talentueux.

LE PONT DE L'ÎLE

Quand on se rend sur l'île d'Orléans, le passage obligé par le pont est déjà un événement et l'occasion d'un dépaysement. Son tablier, une passerelle en arc, étroite, suspendue au-dessus du fleuve Saint-Laurent et qui relie une autoroute large et moderne au dernier coin de pays demeuré tout à fait français, permet une transition sans heurt d'aujourd'hui à hier.

Maîtrisant à la fois l'acier et le caprice des saisons, des hommes de métier mirent deux ans à construire cette structure. Ils travaillèrent 10 heures par jour, payés 35 cents de l'heure. La travée centrale fut montée en hiver et on utilisa le pont de glace pour acheminer les matériaux amenés par des attelages de chevaux, dont deux, ceux d'un ouvrier de Saint-Grégoire, se noyèrent près des rives de l'île où la batture gelée défonça sous les sabots.

Le projet initial voulait que le pont touche l'île à Sainte-Pétronille ; mais à la suite de la forte opposition des bourgeois de ce village, on opta pour Saint-Pierre qui était alors l'une des paroisses les moins peuplées de l'île.

Inauguré en 1935, le pont était doté d'un passage payant. S'il en coûtait 10 cents pour les bicyclettes et 50 pour les autos, c'était gratuit pour les voitures à cheval.

Avant qu'il ne soit achevé, les insulaires en pensaient le plus grand mal, prophétisant *l'invasion des champs, des prés et des bosquets, six mois par an, par des gens qui sèmeront un peu partout débris de repas, papiers gras, pelures de fruits, boîtes vides de conserve, tessons de bouteille, et le reste...*

Différentes réglementations et la sincère volonté de la population, autant insulaire que touristique, de conserver le caractère typique de l'île, ont toutefois permis d'éviter un tel gâchis. Plus encore, les fermiers et autres apiculteurs sont fiers de pouvoir vendre leur production sur place aux visiteurs qui viennent admirer leur exploitation.

Il n'empêche qu'à l'île on continue de faire diligence à l'encontre de tout ce qui pourrait entacher son cachet campagnard et propre à quelques kilomètres de la jungle urbaine.

Deux belles maisons de ferme typiques de l'île d'Orléans.

LE STYLE DES MAISONS DE L'ÎLE

Les maisons de l'île d'Orléans racontent l'histoire des quatre mouvements architecturaux de la vallée du Saint-Laurent.

Entre l'implantation des premiers colons sur les terres qui leur furent concédées et dont ils avaient entrepris l'exploitation déjà autour de 1720 et la rupture avec la couronne de France en 1760, les maisons, de style français, furent adaptées à notre climat. Inspirées des habitations que les nouveaux arrivants avaient connues sur leur terre d'origine, ces premières demeures faillirent être presque toutes détruites par les troupes anglaises qui en brûlèrent un grand nombre en 1759. Elles furent cependant reconstruites sur les périmètres mêmes où elles s'élevaient avant la guerre de la Conquête et en conservèrent le style. On en trouve encore plusieurs sur le tour de l'île et on les identifie comme étant des *maisons coloniales françaises* ou *maison d'esprit français*.

Puis, influencée cette fois par le style des cottages anglais, est née la *maison québécoise* que l'on dit être d'un modèle unique au monde et qui s'apparente aux constructions du mouvement stylistique néoclassique, alors très en vogue en Occident. Le genre, qui connaîtra son apogée au siècle d'Honoré Mercier, se révéla parfaitement adapté à nos quatre saisons. Les villages de Saint-Laurent et Saint-Jean alignèrent les plus beaux spécimens, que l'on peut admirer encore aujourd'hui. On cessa de construire ce genre d'habitations autour de 1880.

Chevauchant la période du style néoclassique pendant 40 ans avant de s'imposer tout à fait, entre la Belle Époque (1840) et la

Histoire vivante du Québec

Grande Guerre, c'est la maison victorienne, empruntant au passé et combinant différents styles, qui s'imposa ensuite. L'historien Michel Lessard en qualifie l'architecture éclectique d'*historicisante*... C'est pendant cette phase qu'apparurent les toits en mansarde, ceux à quatre versants ainsi que les galeries courant sur la façade et tout autour de la maison.

Enfin, avec l'envahissement des estivants qui construisirent des chalets sur le versant sud de l'île, émergea l'architecture moderne. Les maisons devinrent essentiellement fonctionnelles et de style minimaliste, la simplification ne permettant aucun élan esthétique particulier. Souvent carrée, sur deux planchers, leur localisation posait problème, car elle empêchait résidents et visiteurs d'avoir accès au fleuve en plus d'entacher sérieusement l'uniformité identitaire de l'île.

Heureusement, le décret de 1970, qui fit de l'île un environnement historique, imposa un contrôle architectural et favorisa la construction de maisons de style traditionnel qui se sont multipliées depuis.

L'ARMÉE DE JAMES WOLFE SUR L'ÎLE

Lorsqu'en début de mai 1759 le gouverneur général de la Nouvelle-France, le marquis François-Pierre de Rigaud de Vaudreuil, fut informé que les navires de la flotte anglaise étaient regroupés dans *le bas du fleuve*, il ordonna à la population qui vivait à l'est de Québec d'abandonner fermes et habitations pour se cacher dans les bois avec, quand c'était possible, leur cheptel. Les habitants de l'île d'Orléans furent au nombre de ceux ainsi forcés d'abandonner leur terre, mais leur situation d'insulaires les empêcha d'amener leurs bestiaux. Ils traversèrent le fleuve pour se réfugier à Charlesbourg, le regard tourné vers les villages et les fermes qu'ils abandonnaient ainsi au pillage de l'ennemi.

C'est à Saint-Laurent que le général James Wolfe débarqua en 1759.

Le 27 juin, le général James Wolfe débarqua, avec son armée, près du village de Saint-Laurent et conduisit ses troupes à l'extrémité ouest afin d'être en position d'observer Québec. Après la cuisante défaite qu'il subit le 31 juillet lors de la bataille du Sault de Montmorency, Wolfe ordonna la dévastation des campagnes afin d'inciter les miliciens à quitter l'armée de Montcalm pour aller défendre leurs biens et ainsi clairsemer les rangs de l'armée ennemie.

C'est ainsi que, depuis la Côte-de-Beaupré, les habitants de l'île virent flamber plusieurs de leurs maisons. Et ce n'était qu'un début, car, tel que le rapporte un mémoire de sieur Jean-Baptiste-Nicolas-Roch de Ramezay, alors

Sous un ciel lourd, une ferme prospère de l'île d'Orléans.

commandant de la ville de Québec, *le premier septembre, les Anglais mirent le feu à toutes les habitations (...) sur l'île d'Orléans, et brûlèrent en même temps leur camp, qu'ils évacuèrent...* Et l'historien François-Xavier Garneau d'en conclure : *Elle* (l'île d'Orléans) *fut ravagée d'un bout à l'autre.*

L'exil des habitants dura trois mois. Revenant sur l'île à l'approche de l'hiver et n'y trouvant que désolation, plusieurs d'entre eux durent ériger en vitesse une simple cabane sur l'emplacement de leur maison incendiée pour se loger pendant la saison froide. Les trois quarts des animaux de ferme, dont plusieurs étaient du bétail d'embouche, avaient été tués, et les récoltes, dévastées.

Les familles étaient complètement ruinées. Elles mirent plusieurs années de rudes efforts et de courage héroïque avant de renouer avec les conditions qui avaient été les leurs préalablement à la Conquête.

L'ANCIENNE MUNICIPALITÉ DE SAINT-PIERRE

L'appellation Saint-Pierre désigna d'abord la paroisse de Saint-Pierre-et-Saint-Paul, fondée en 1679, et incluait Sainte-Pétronille. C'est fort probablement en l'honneur de l'apôtre Pierre qu'elle fut canoniquement érigée en 1714 et, civiquement, en 1722. Puis, en 1845, elle devint Saint-Pierre-Isle-d'Orléans, ce qu'elle demeura jusqu'en 1847. Elle fut alors abolie, pour être rétablie ensuite, sous le nom de Saint-Pierre-et-Saint-Paul, nom qui prévaut toujours ; mais l'usage demeure encore qu'on la désigne sous le simple vocable de Saint-Pierre.

UN BREF HISTORIQUE DE L'ENDROIT

Le premier village de Saint-Pierre, qu'on appelle aujourd'hui le *village des entre côtes* et qui se dressait en contrebas des fermes actuelles près de la batture, est aujourd'hui complètement abandonné. Les premiers fermiers s'y étaient installés à cause du foin de grève qu'on récoltait sur la batture pour nourrir les animaux. À cette époque, ils pratiquaient abondamment la pêche à fascines et se déplaçaient surtout en canot. Peu à peu, ils ont élargi les parties cultivables de leurs terres et ont décidé de s'installer plus haut. Tous ont finalement déménagé près du chemin Royal, en haut de la côte, dès la première moitié du XIXe siècle.

Le village de Saint-Pierre-de-l'Île-d'Orléans, en 1947.

C'est aujourd'hui le village où aboutit la route qui escalade le plateau de l'île à la sortie du pont. Au début, les petites boutiques et industries artisanales, forge, meunerie, cordonnerie, moulins et ateliers de tissage, s'y multiplièrent. Puis, les familles Aubin, Ferland, Gagnon, Plante et Roberge fondèrent des fromageries devenues fameuses par la qualité de leur production et aussi, hélas, à cause des odeurs fortes qu'elles dégageaient et qui valurent aux résidents de Saint-Pierre le surnom de *chaussons...* La dernière fromagerie a fermé ses portes en 1970 puis a rouvert tout récemment.

Dignes descendants de leurs ancêtres, dans le but de promouvoir la vente de leurs produits, les Saint-Pierrais fondèrent la Société agricole de Saint-Pierre qui s'étendit bientôt à l'ensemble de l'île.

À l'ouverture du pont, le village a fortement tenté les citadins désireux d'en faire une banlieue de Québec. Et, sans le décret d'arrondissement historique de 1970, ils y seraient probablement parvenus. En effet, l'agglomération, qui d'abord s'étirait le long du chemin Royal, se transformait en village dit *en tas,* et il fallut redonner une bonne part à la végétation, réaménager la place de l'église, restaurer plusieurs bâtiments revêtus de matériaux inappropriés, éliminer plusieurs éléments par trop modernes – tels les poteaux électriques – pour retourner aux sources et redonner au village une image qui ne trahisse pas le cachet d'ensemble de l'île.

Félix Leclerc y vécut de 1958 à sa mort, en 1988.

À Saint-Pierre-de-l'Île-d'Orléans, la vieille église, construite en 1720, à côté de la nouvelle, érigée en 1954.

LES ÉGLISES PAROISSIALES

Trop ordinairement au Québec on a oublié que le temps qui passe, c'est l'Histoire qui se construit. Aussi, quand une église se révélait trop petite, on la jetait à terre pour en construire une autre. À Saint-Pierre (et Saint-Paul)-de-l'Île-d'Orléans, dès 1958, on préserva la pérennité de la petite église de 1720 en la classant monument historique. En 1954, lorsqu'un agrandissement se révéla nécessaire parce que le temple, faute d'espace, ne pouvait plus accueillir tous les paroissiens, le gouvernement du Québec s'en porta acquéreur et autorisa la construction d'une nouvelle église à proximité.

C'est ainsi qu'aujourd'hui la vieille église de Saint-Pierre est la plus ancienne de l'île et, selon certains, du Québec.

Avec son clocher au faîte de la façade, les versants de son pignon qui dessinent un triangle parfait et la simplicité de son architecture d'esprit médiéval d'allure simple, elle perpétue le modèle des églises de son époque. De calcaire cru, ses murs sont crépis à l'exception du contour des ouvertures en pierre de taille.

L'armée anglaise en ayant saccagé l'intérieur lors de la guerre de la Conquête, il fallut y effectuer des travaux majeurs : la réfection de l'espace sacré, des planchers et du retable du maître-autel mit huit ans (de 1761 à 1769). Puis, en 1775, le chœur fut rallongé. Six ans plus tard, on procéda au rajeunissement du décor pour en rehausser l'éclat. Le sculpteur Pierre Émond renouvela les autels du chœur et des chapelles, réalisations qui constituent des œuvres maîtresses de cet artiste, lesquelles sont toujours conservées. Puis, de 1806 à 1848, on poursuivit sporadiquement des travaux de rénovation et on construisit une nouvelle sacristie, le tout dans le ton néoclassique de Thomas Baillairgé, aux termes des plans qu'il a dessinés en 1832 pour donner à l'ensemble un caractère uniforme. Et l'ancien temple se dresse toujours face à l'église moderne construite en 1955 et dessinée par les architectes Charles-A. Jean et Roland Dupéré.

L'ANCIENNE PAROISSE DE SAINTE-FAMILLE

Parce qu'elle était la seule implantée dans l'île dès 1661, elle s'appela d'abord Paroisse de l'Île, alors que, sur les cartes de Gédéon de Catalogne (1709) et de Bellin (1744), on la dénommait La Sainte-Famille, tout simplement, appellation sous laquelle elle fut érigée canoniquement en 1684. En 1845, devenue paroisse, elle reprit le nom de La Sainte-Famille, Isle d'Orléans, puis celui de La Sainte-Famille dix ans plus tard. Mais on ne sait quand et comment l'article initial en fut retranché.

Partie de la seigneurie qui appartenait à Mgr de Laval, c'est la grande dévotion de ce dernier à l'endroit de la Sainte Famille qui serait à l'origine de son nom.

UN BREF HISTORIQUE DE L'ENDROIT

Occupant aujourd'hui le versant nord-ouest de l'île, au début, le territoire de l'ancienne paroisse de Sainte-Famille couvrait toute l'île. C'est lors de la fondation des paroisses de Saint-François, de Saint-Pierre, de Saint-Jean et de Saint-Paul (aujourd'hui Saint-Laurent) qu'elle fut restreinte à ses limites actuelles. De toute son histoire, sa vocation fut essentiellement agricole.

Le village de Sainte-Famille perpétue la dévotion pour le premier propriétaire de l'île, Mgr de Laval.

L'église de Sainte-Famille, classée monument historique en 1980.

L'été, les eaux du Saint-Laurent reflètent le toit rouge de la belle église de Saint-Jean, typique de l'architecture religieuse de la fin du Régime français.

Salle à manger du
manoir Mauvide-
Genest, vers 1930.

Saint-Jean. Le corollaire fut, en revanche, que cette paroisse a été la plus marquée par les tragédies maritimes : entre 1832 et 1844, pas moins de 48 de ses résidents périrent en mer.

Lorsque les pilotes prirent l'habitude de monter à bord des navires dans les ports plutôt que de les rejoindre ancrés dans le fleuve, la population des marins de l'île émigra en conséquence.

On se tourna alors vers l'agriculture qui, déjà, jouait un rôle important dans l'économie de Saint-Jean. Actuellement, l'industrie laitière y est toujours florissante, de même que la culture de la fraise et de la pomme de terre.

La terre, la mer... Ce double contexte a forgé la devise de ce village : *La terre et la mer l'ont façonné.*

On peut regretter que la pollution ait gaspillé les dimanches d'été où les baigneurs envahissaient les belles plages d'où l'on admirait le dessin tout en douceur de la côte de Bellechasse.

Il n'empêche qu'à longueur d'année de nombreux visiteurs viennent admirer un des plus beaux villages de l'île, qui compte fièrement parmi ses résidents l'historien de cette dernière, Louis-Philippe Turcotte.

LA CONSTRUCTION NAVALE

Pour éviter un isolement qui aurait condamné les insulaires à vivre très chichement et à être privés de ressources essentielles, dès le début de sa colonisation, il fallut relier l'île à la Côte-de-Beaupré. On le fit au moyen d'une flottille d'embarcations de toutes sortes construites sur place et c'est à Saint-Jean surtout que se formèrent les premiers talentueux constructeurs de bateaux. Avec le temps, les uns imitant les autres, une véritable industrie se développa dans le petit village en bordure du fleuve, au point où l'on eût dit qu'il s'agissait là d'une vocation toute naturelle des natifs de l'endroit, tel que l'affirme Mgr David Gosselin dans son ouvrage *Figures d'hier et d'aujourd'hui* : *Cette science (…) est le patrimoine commun de presque tous les jeunes gens (…) et même des enfants. Ils l'acquièrent, pour ainsi dire, en s'amusant.*

Au départ, on construisait presque exclusivement des chaloupes, et les artisans qui les confectionnaient étaient appelés chaloupiers, nom qui demeura attaché aux résidents de Saint-Jean pendant de longues années.

Puis, vers 1870, l'usage des goélettes et des barques à voiles allant grandissant, la demande pour les chaloupes déclina. Les chaloupiers se convertirent alors à la construction des nouveaux bateaux et se firent embaucher dans les chantiers maritimes de Saint-Laurent, la paroisse voisine.

LE MANOIR MAUVIDE-GENEST

Le sens général du mot manoir est une *demeure,* une *habitation.* Tout simplement. En Nouvelle-France, cette définition s'appliqua assez exactement puisqu'on appela «manoir» de modestes maisons rurales pour peu qu'elles soient habitées par les seigneurs. Ces résidences étaient souvent à peine plus élégantes que celles des colons.

Mais il y eut des exceptions, et le mot manoir prit dans ces cas toute sa dimension de vaste demeure pouvant symboliser la puissance et la richesse du seigneur. C'est le cas du manoir Mauvide-Genest, de Saint-Jean-de-l'Île-d'Orléans, qui demeure le plus important vestige des maisons de ce type du Régime français.

Devenu un lieu national d'interprétation du régime seigneurial de la Nouvelle-France, le manoir Mauvide-Genest, de Saint-Jean-de-l'Île-d'Orléans, a la noblesse d'une riche demeure seigneuriale.

Son nom rappelle deux familles ayant marqué l'histoire de l'île : les Mauvide et les Genest.

Jean Mauvide était né à Tours, en France, le 6 juillet 1701. Arrivé à Saint-Jean en 1721, il s'y installa à demeure deux ans plus tard et épousa, en 1733, Marie-Anne Genest, la fille d'un cultivateur prospère. Mauvide pratiqua la chirurgie dès le jeune âge : il n'avait que 25 ans. Il avait toutefois d'autres champs d'intérêt et, après s'être s'enrichi dans le commerce avec les Antilles, il devint seigneur lorsqu'en 1753 il acquit du chanoine Joseph-Ambroise Gaillard la moitié de la seigneurie de l'île d'Orléans.

D'abord, sur un terrain que lui avait cédé son beau-père, il se construisit une humble maison, d'un seul niveau. Bientôt, il y ajouta un étage puis, dix ans plus tard, il l'agrandit pour lui donner les dimensions et l'allure des propriétés bourgeoises de la haute-ville de Québec.

Un revers de fortune l'obligea à vendre la seigneurie à son gendre en 1779. Il conserva toutefois le manoir, qui revint à son décès à la famille de sa femme, née Genest, laquelle s'en départit plus tard en faveur de François-Marc Turcotte, cultivateur de son état, mais aussi menuisier. Après être passée entre les mains du fils de ce dernier qui l'a remise quelque peu en état, la grande maison devint, en 1926, propriété du juge Joseph-Camille Pouliot, un descendant de la famille Genest, aussi écrivain et historien.

Le juge ajouta au bâtiment une cuisine d'été et une chapelle et, surtout, il y constitua un musée de la vie traditionnelle sur l'île. Son intention était de redonner à toutes les pièces du manoir leur carac-

tère ancien. Peu à peu, il monta une collection de meubles et d'articles divers, d'outils et d'équipement, d'instruments, d'objets du culte et de divertissement, qui rendait bien compte de l'histoire des habitants de l'île d'Orléans.

Depuis, le manoir a été acheté par une corporation à but non lucratif et il accueille chaque année des milliers de visiteurs.

L'ANCIENNE PAROISSE
DE SAINT-LAURENT

C'était le lieudit de l'Arbre sec, dénomination due à la présence d'un arbre desséché qui s'y tenait quand même debout.

Son peuplement a débuté vers 1660 et l'endroit devint paroisse dès 1679, sous le nom de Saint-Paul. C'est à la demande de François Berthelot, comte et conseiller du roi, que ce nom fut modifié. Ce dernier, qui craignait la confusion avec Saint-Pierre, vu le jumelage que l'on faisait couramment de ces deux saints, souhaitait conserver dans l'île le nom du comté la désignant et marquer la symbiose de cette portion insulaire avec le fleuve.

Érigée canoniquement en 1714, puis civilement en 1722, elle prit le nom de la municipalité de Saint-Laurent de l'Isle d'Orléans en 1845. Il est intéressant de noter qu'elle est jumelée à Tourouvre, village du Perche, en France, depuis 1982.

La première chapelle du village, à l'ombre de l'église actuelle.

UN BREF HISTORIQUE DE L'ENDROIT

L'histoire de Saint-Laurent est très intimement liée à celle de la Conquête, puisque c'est dans ce village que le général Wolfe installa ses quartiers généraux à l'été de 1759. Son église fut d'ailleurs sauvée de la destruction grâce à l'intervention hardie du curé qui osa faire des représentations en ce sens auprès de l'officier anglais.

Mais Saint-Laurent, c'est aussi le lieu principal de la chronique maritime de l'île d'Orléans. C'est là que s'établirent les principaux chantiers de l'île au cours des ans, conséquence évidente d'un passé qui multiplia les *chalouperies*, ces petits chantiers familiaux où l'on construisait autour de 400 barques par année. Ces dernières permettaient de rallier Québec en une heure et d'en revenir sans effort avec le baissant. Avant le pont, elles constituaient le seul moyen de contact avec la terre ferme.

Au XXe siècle, ces entreprises familiales firent place à de réels chantiers navals, dont ceux des familles Lachance, Coulombe et Filion. Le chantier F.X. Lachance fabriquait divers modèles de chaloupes, mais le principal de sa production consistait plutôt en yachts à moteur et en voiliers. Pendant l'hiver, il entreposait dans ses cours une vingtaine de bateaux. Durant les années ayant précédé la Deuxième Guerre mondiale, il obtint d'importants contrats du gouvernement fédéral pour la construction de baleinières et adopta une méthode de fabrication à la chaîne. L'entreprise revint ensuite à la construction de yachts en bois dont la demande, cependant, se tarit bientôt.

À Saint-Laurent-de-l'Île-d'Orléans, on a longtemps maîtrisé des connaissances agricoles et maritimes. Les familles Filion, Coulombe, Lachance et Godbout ont exploité d'importants chantiers navals et marqué l'histoire de ce village.

Sous le ciel pur de l'île, des ouvriers au savoir-faire ancestral s'affairent à l'ossature d'un bateau.

Chez la famille Coulombe, on fabriqua des bateaux de 1920 à 1960. Depuis les goélettes en passant par les navires à vapeur, jusqu'au dernier bâtiment, l'*Orléans*, qui nécessita deux ans de travail, le capitaine Hector Coulombe et ses trois fils, Ernest, Charles et Roger, les pilotèrent. Le dernier à sortir de leur chantier, l'*Orléans* donc, servit au cabotage entre la Côte-Nord et Montréal de 1946 à 1956, avant que l'on estime qu'il n'était plus apte à cette tâche. Il fut coulé dans le port de Québec en 1981.

Enfin, c'est aussitôt qu'en 1908 qu'Ovide Filion fonda le Bassin de radoub de Saint-Laurent. Fils de chaloupier, ce petit entrepreneur connut des débuts modestes. Mais, grâce au soutien financier du gouvernement qui *désirait faire renaître (…) la grande industrie des navires qui (…) a été pendant longtemps une grande source de prospérité et de richesse pour Québec (…)*, il put produire des bâtiments à la fine pointe des nécessités de la marine pendant la Seconde Guerre mondiale. Le chantier maritime du Saint-Laurent, tel qu'on le nommait, construisit également des goélettes à moteur jusqu'en 1960, alors que le développement des réseaux routiers mit définitivement fin au cabotage sur le fleuve.

Seuls une marina et des quais abandonnés rappellent le passé maritime glorieux de l'île d'Orléans.

LA CHALOUPERIE GODBOUT
À la sortie est du village de Saint-Laurent, entre l'avenue Royale et le fleuve, se dresse un bâtiment insolite, une sorte de hangar ou d'entrepôt, pourrait-on dire, de fière allure sur ses pilastres de pierre et son lambris en bardeaux de cèdre.

Il s'agit de la Chalouperie Godbout.

Chez la famille Godbout, dont la maison paternelle, avec ses dépendances, se trouve toujours de l'autre côté de la route, face à

Devenue un centre d'interprétation et un musée, la Chalouperie de Saint-Laurent témoigne de l'époque où le savoir-faire des chaloupiers de l'île se transmettait de génération en génération.

l'ancienne fabrique de chaloupes, on était chaloupier de père en fils. Le bâtiment qui attire l'attention des passants fut construit autour de 1838 par François Godbout pour qu'on y fabrique des chaloupes, sa localisation en bordure du fleuve, qu'il touche presque, l'agencement de ses ouvertures et l'équipement fixe en témoignant d'évidence. Qui plus est, certains détails, comme l'outillage et les instruments qui s'y trouvent encore, révèlent que cette activité se poursuivit sur plusieurs générations.

Le site est aujourd'hui un centre d'interprétation du travail des chaloupiers et un écomusée. Le public peut, de la mi-juin à septembre, s'y initier à la méthode traditionnelle de construction des embarcations qui servirent aux insulaires pour relier Québec avant la construction du pont.

L'inventaire comprend trois établis sur lesquels les artisans préparaient le bois pour la fabrication des chaloupes depuis leur ossature jusqu'à leur calfeutrage, divers outils tels vilebrequins, scies et gouges, entre autres, ainsi qu'une chaufferie, dans laquelle on assouplissait les pièces pour qu'elles épousent la courbe des embarcations.

LE TROU SAINT-PATRICE

C'est une crique, située un peu à l'ouest de l'église de Saint-Laurent, *où les vaisseaux qui montaient ou descendaient le fleuve venaient chercher un abri commode dans les tempêtes.* Si l'on considère que l'expression date du Moyen Âge et qu'elle désignait *un orifice qui permettait aux gens d'aller aux enfers,* on ne comprend pas pourquoi elle désigne cette baie qui permettait aux navires d'éviter les affres des tempêtes...

Une dame Cookson y tint auberge pendant quelque temps et un grand chantier naval y connut ses heures de gloire.

Aujourd'hui, l'endroit est redevenu une anse paisible qui vaut d'être vue et plusieurs visiteurs font le détour pour l'admirer.

LA ROUTE DES PRÊTRES

Elle relie Saint-Pierre à Saint-Laurent en franchissant toute la largeur de l'île. Son nom vient d'un événement qui a fait les belles pages des historiens. Il tient au changement du nom du village de Saint-Paul en Saint-Laurent et celui de Saint-Pierre en Saint-Pierre et Saint-Paul.

Ainsi, on raconte que, lorsque fut baptisé le village de Saint-Paul, Mgr de Saint-Vallier fit cadeau à ses résidents d'une relique du saint éponyme consistant en un petit morceau d'os d'un bras de l'apôtre. À la demande du seigneur François Berthelot, le nom fut ensuite modifié pour Saint-Laurent. Et il fut convenu avec le curé de Saint-Pierre que la sainte relique serait échangée contre une autre de ce village.

La manœuvre souleva l'ire des résidents de Saint-Laurent et certains d'entre eux allèrent, de nuit, reprendre les restes précieux, ce qui sema la zizanie entre les deux paroisses.

L'évêque prit la situation de haut et ordonna de remettre les choses en état. Un peu contre leur gré, mais respectueux de l'autorité morale de l'ecclésiastique, les habitants desdites paroisses obtempérèrent: dans une sorte de procession, ils se rencontrèrent sur la route qui les joignait pour se remettre mutuellement les reliques, objets du litige.

C'est depuis qu'on appela cette route la *route des Prêtres*.

Perpétuant, en la raffinant, la tradition des colons français, les insulaires ont dressé ce calvaire en pierre à Saint-Laurent.

L'ANCIENNE MUNICIPALITÉ DE SAINTE-PÉTRONILLE

C'est un paradoxe: la paroisse religieuse de Sainte-Pétronille est l'une des plus jeunes de l'île (1870) alors que son histoire est l'une des plus anciennes, des Hurons s'y étant établis dès 1651.

Son territoire ayant été détaché du village de Saint-Pierre, on l'a dit fille de ce dernier et c'est bien: sainte Pétronille, morte martyre à Rome, aurait été la fille, sinon véritable, du moins spirituelle de l'apôtre Pierre.

Surnommée le Bout de l'île à cause de sa localisation, on l'appelait aussi Beaulieu un peu à cause de la beauté des lieux, mais surtout en mémoire de Jacques Gourdeau de Beaulieu, époux de la seigneuresse du fief Beaulieu, Éléonore de Grandmaison, veuve de François de Chavigny. Et en 1870 donc, elle fut érigée canoniquement et prit officiellement le nom de Sainte-Pétronille de Beaulieu.

Photo d'époque
de Sainte-
Pétronille, à
la pointe sud-
ouest de l'île,
lieu pittoresque
et privilégié qui
regarde Québec.

DE BEAULIEU À SAINTE-PÉTRONILLE, LIEU DE VILLÉGIATURE

Les superbes demeures qui ravissent les visiteurs de Sainte-Pétronille, lorsqu'ils s'engagent dans ses rues bellement tortueuses et ombragées, attestent de la prospérité que connut le village depuis ses débuts. La nature, complice, a donné à ce lieu une topographie accidentée composée d'élans rocheux et de pentes qui rendent l'agriculture impossible, le livrant à l'exclusive convoitise des avides de la vue de Québec, du Cap-aux-Diamants et du fleuve surtout, qui s'offre depuis cette pointe ouest de l'île.

un lieu privilégié

Les premiers à y passer l'été furent des bourgeois anglophones de la capitale. C'était au milieu du XIXe siècle, au début des engouements pour la villégiature et des liaisons par bateaux à vapeur entre Québec et l'île d'Orléans. Le village de Bellevue, tel qu'on appelait alors l'ancienne paroisse, offrait aux bien nantis une profusion de fruits et légumes frais sur un fond d'air pur, un climat exceptionnellement doux, en plus d'une main-d'œuvre nombreuse et bon marché.

En 1855, un notaire, Noël Hill Bowen, acquit plusieurs lots, construisit un quai et offrit en vente aux vacanciers des terrains sur lesquels ils pourraient se construire. Il trouva maints preneurs et bientôt on vit s'élever, à même les rochers et sur les berges, de belles villas rivalisant à la fois de cachet distinctif et de style prestigieux. Puis, en 1868, un golf de trois trous, le premier de la sorte en Amérique du Nord, y fut aménagé, ainsi qu'un jeu de criquet et un jardin zoologique. Il faut aussi mentionner l'ouverture de différentes pensions et hôtels parmi lesquels le château Bel Air, bâti en 1895, qui devint la Goéliche.

Tant de pittoresque émut bien des artistes, des peintres surtout, et l'un d'eux, le paysagiste Horatio Walker, Ontarien d'origine, s'y établit dès 1888. Il produisit des centaines de toiles illustrant le caractère bucolique de l'île ainsi que sa vie traditionnelle. Bien conservés, sa maison et son atelier se dressent toujours à l'entrée du village, dans cette partie boisée de chênes rouges dont on affirme qu'ils composent la chênaie boréale la plus nordique du continent.

Sainte-Pétronille demeure aujourd'hui un lieu privilégié. Son atmosphère paisible et harmonieuse est si prenante que l'on ne peut manquer de tomber sous son charme. L'agencement des belles propriétés de couleurs claires avec les jardins fleuris en été donne un décor qui n'a rien à envier au panorama pourtant somptueux vers lequel il est tourné.

Pèlerinage "Au berceau de la Nouvelle-France"

Visite des lieux historiques de l'Ile d'Orléans : Ste-Pétronille, St-Pierre, Ste-Famille, St-François, St-Jean, St-Laurent (où Wolfe est débarqué en 1759).

Panorama incomparable : Vue du majestueux St-Laurent, la Côte de Beaupré : la Chûte Montmorency, Ste-Anne de Beaupré, le Cap Tourmente.

Scènes pittoresques : Le trou de St-Patrice, la caverne de Bon Temps, le manoir seigneurial, la terre Sanschagrin convoitée par les Allemands (en 1914), (St-François) le premier moulin à vent, (Ste-Famille), "Le pied de St-Roch", "L'Anse du Fort", (Ste-Pétronille), etc.

Service d'autobus à l'arrivée du bateau au "Bout de l'île" : Autobus à la disposition des touristes désirant faire le tour de l'Ile, (Distance 42 milles, très bons chemins) avec arrêt aux différentes paroisses, pour visite des plus anciennes églises du Canada et autres sites d'intérêt historique.

VAPEUR "L'ILE D'ORLEANS"

Service régulier entre Québec et "Le Bout de l'Ile" (Ste-Pétronille).

Six voyages par jour (aller et retour) : 3 l'avant-midi, 3 l'après-midi.

Voyages supplémentaires : Les mardi, jeudi, vendredi, samedi et dimanche.

Le Vapeur "l'Ile d'Orléans" peut accommoder à la fois une cinquantaine d'automobiles.

Trajet entre Québec et l'Ile d'Orléans : 30 minutes.

Consultez Horaires pour les heures de départ et d'arrivé.

Bureau : 59, SOUS LE FORT

Pour renseignements : S'adresser à :

"La Traverse de l'Ile d'Orléans Ltée". -- Téléphone: 2-3782

Au XIXe siècle, alors que les bourgeois de la ville venaient en villégiature à Sainte-Pétronille, le bateau à vapeur faisait la navette entre l'île et Québec, tout comme il transportait les pèlerins à Saint-Anne-de-Beaupré.

PERSONNALITÉS QUI ONT VÉCU À L'ÎLE D'ORLÉANS OU QUI EN ONT MARQUÉ L'HISTOIRE

Éléonore de Grandmaison peut être considérée comme la seigneuresse la plus importante de l'île d'Orléans. En 1649, elle reçoit, conjointement avec son mari, François de Chavigny de Berchereau, une seigneurie située à la pointe ouest de l'île. L'endroit sera connu, plus tard, sous l'appellation de « fief Beaulieu ». Devenue veuve, elle convola en troisièmes noces avec Jacques Gourdeau de Beaulieu, d'où le toponyme du fief. Veuve à nouveau, elle se marie, pour une quatrième fois. Jacques de Cailhault de La Tesserie sera son époux. Excellente femme d'affaires, elle contribua à l'essor de l'île. Elle décéda en 1692.

Pour plusieurs, le nom de **Félix Leclerc** est intimement lié à celui de l'île. Pourtant, les villes de La Tuque et de Vaudreuil s'honorent de l'avoir eu comme citoyen, la première où il est né et la seconde où son souvenir est toujours présent. Mais le fait qu'il se soit établi à Saint-Pierre en l'île, en 1958, et qu'il y ait vécu ses derniers jours explique l'identification qui s'est établie entre l'île et lui. Il y décède en 1988. Alors que le souvenir que l'on garde de lui est celui d'un compositeur-interprète, Leclerc aurait sans doute préféré que l'on se souvienne de lui comme écrivain. Les concepteurs de l'exposition *Mémoires*, au Musée de la civilisation de Québec, lui avaient demandé de céder une de ses guitares au musée, mais Félix avait préféré donner sa machine à écrire !

Dans le village de Saint-Pierre-de-l'Île-d'Orléans, où le premier grand chansonnier québécois à rayonner en France a fini ses jours, l'Espace Félix-Leclerc est à la fois un musée, un café-bistro et un centre d'interprétation qui perpétue la mémoire du poète.

Sur un flanc de coteau, près du village de Saint-Pierre, un attelage de bœufs paisible comme le paysage témoigne d'un passé agricole alors que les bêtes avaient tant d'importance.

8. LA VILLE DE QUÉBEC

L'esprit romanti-
que de la porte
Saint-Louis est
ici rehaussé par
un éclairage
étudié des
pierres qui la
façonnent.

L es différents documents de l'époque, lettres de particuliers et d'officiels, décrets royaux, ministériels et autres, donnent à la capitale successivement les noms de *Québecq* (1601), *Québec* (1603), *Kébec* (1609), puis *Cadecke, Kabecke,* etc., mais c'est Québec qu'il faut retenir pour trouver l'origine du toponyme.

En langue algonquine, *Kébec* signifie «là où c'est bouché»; mais il désigne aussi le rétrécissement d'un cours d'eau. Considérant le détroit que forme le fleuve Saint-Laurent devant la ville, on comprendra que Québec est donc l'adaptation, en linguistique française, de *Kébec*.

QUÉBEC, VILLE DU PATRIMOINE MONDIAL

L'enclave, à l'intérieur des murs de la capitale, et qu'on appelle communément «le Vieux», est classée au patrimoine mondial depuis 1985.

Depuis la Déclaration de Québec en 1991, alors que s'y tint, du 30 juin au 4 juillet, le colloque des villes du patrimoine mondial, en plus d'être sous l'égide du Conseil international des monuments et sites (ICOMOS), il est placé sous la protection de l'Unesco, dont il bénéficie de l'expertise internationale en matière de préservation.

Le Vieux s'est ainsi qualifié parce que cet *arrondissement historique de Québec, avec la citadelle, la Haute-Ville défendue par une enceinte bastionnée, la Basse-Ville, son port et ses quartiers anciens, offre un exemple éminent – de loin le plus complet en Amérique du Nord – de ville coloniale fortifiée. Ancienne capitale de la Nouvelle-France, Québec illustre l'une des grandes composantes du peuplement et du développement des Amériques à l'époque moderne et contemporaine.*

Ces commentaires donnent raison aux amoureux de la vieille capitale qui n'en finissent pas de s'enchanter en découvrant encore et encore, d'une rue à l'autre, ses monuments, ses magnifiques maisons d'époque, ses places aux pavés d'antan et, surtout, son ambiance si évocatrice d'un passé regretté.

Page 200 :
Avec sa tourelle dominant la basse-ville, le château Frontenac semblait déjà un château fort veillant sur celle-ci.

Page 201 :
Figure intournable de Québec, c'est l'hôtel le plus photographié au monde.

La Citadelle coiffe le Cap-aux-Diamants.

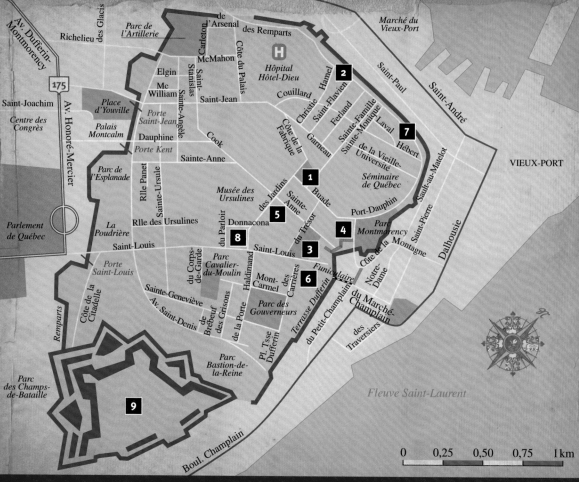

Québec intra-muros

Av. Dufferin-Montmorency

Richelieu
des Glacis
Parc de l'Artillerie
de d'Arsenal
des Remparts
Marché du Vieux-Port

Carleton
McMahon
Côte du Palais
Hôpital Hôtel-Dieu

H

Elgin
Mc William
Saint-Stanislas
Saint-Angèle
Saint-Jean
Couillard
Christie
Hamel
Saint-Flavien
Ferland
Sainte-Famille
Sainte-Monique
Laval
Saint-Paul

Saint-André

2

7

Saint-Joachim
Centre des Congrès
Av. Honoré-Mercier
175
Place d'Youville
Porte Saint-Jean
Palais Montcalm
Dauphine
Porte Kent
Cook
Côte de la Fabrique
Garneau
de la Vieille-Université
Hébert
Sault-au-Matelot

VIEUX-PORT

Sainte-Anne
Séminaire de Québec
Saint-Pierre

Parc de l'Esplanade
Rlle Panet
Sainte-Ursule
Buade
Port-Dauphin

1

Parlement de Québec
La Poudrière
Musée des Ursulines
des Jardins
Sainte-Anne
du Trésor
Parc Montmorency
Côte de la Montagne
Dalhousie

5

4

Saint-Louis
du Parloir
Donnacona
Saint-Louis
Notre-Dame

8

3

Porte Saint-Louis
Côte de la Citadelle
du Corps-de-Garde
Parc Cavalier-du-Moulin
Haldimand
Mont-Carmel
des Carrières
Funiculaire
Terrasse Dufferin

6

Remparts
Sainte-Geneviève
Av. Saint-Denis
de Brébeuf
des Grisons
de la Porte
Parc des Gouverneurs
du Petit-Champlain
du Marché-Champlain
des Traversiers

Fleuve Saint-Laurent

Parc des Champs-de-Bataille
Parc Bastion-de-la-Reine
Pl. Tsse Dufferin

9

Boul. Champlain

0   0,25   0,50   0,75   1 km

1 La basilique Notre-Dame de Québec

2 La maison Montcalm

3 La place d'Armes

4 Le monument de Mgr de Laval et l'Édifice Louis-Saint-Laurent

5 La cathédrale anglicane Holy Trinity

6 Le château Frontenac

7 La rue des Remparts et ses canons

8 La maison Jacquet

9 La Citadelle

QUÉBEC *INTRA-MUROS*

LE PARC DE L'ARTILLERIE
ET LA MAQUETTE DUBERGER

En belle saison, se promener pour le plaisir, en famille, dans l'enceinte du 2, rue d'Auteuil, qui pendant plus de 250 ans fut pourtant un site militaire, est devenu chose possible depuis que Parcs Canada s'en est porté acquéreur et qu'il en a terminé la restauration en 1978.

La vocation première de ce lieu historique national suffirait à justifier l'attraction qu'il exerce sur les quelque 50 000 visiteurs qui s'y rendent annuellement. Mais il se trouve que le centre qu'on y a aménagé déborde nettement de son ancienne vocation industrielle et militaire. Il perpétue dans la mémoire la vie quotidienne des temps passés, ce qui ajoute encore à son intérêt.

Au grand plaisir des enfants – surtout des écoliers –, les visiteurs y sont accueillis par des personnages en costumes d'époque. On les voit tressaillir ensuite aux tirs au fusil à poudre noire, démonstration qui rappelle bruyamment qu'on se trouve à l'intérieur de remparts. La plupart des autres animations qu'on y offre sont de nature beaucoup moins guerrières. Que ce soit la dégustation du pain de ménage, cuit à l'ancienne dans le four de l'enceinte, et celle d'une soupe aux légumes du pays, d'une simulation de fouille archéologique ou de la manipulation d'artefacts, le plaisir de la découverte est comblé. Et aux derniers jours de juillet, une activité de *frissons et mystère* captive tous les publics. Enfin, enchantés par le décor même de la redoute Dauphine, les adultes y goûtent particulièrement la cérémonie du thé, rite gracieux que nous ont laissé les Britanniques.

Le parc de l'Artillerie avant son acquisition et sa rénovation par Parcs Canada en 1978.

Édifice du parc de l'Artillerie ayant servi de lieu d'entreposage et de restauration.

En lien direct avec la tradition des lieux, on peut admirer la maquette Duberger, œuvre conjointe de Jean-Baptiste Duberger, maître dans ce genre de travaux, et de John By, un ingénieur militaire ayant dirigé le projet du canal Rideau à Ottawa. Terminé en 1808, ce plan-relief, reproduisant à l'échelle les fortifications telles qu'elles étaient à l'époque de leur usage, mesurait 8,4 mètres en longueur sur 6,15 mètres en largeur. Bien emballée dans 18 caisses sous la supervision de John By, en 1810, la maquette fut expédiée à Londres pour y être exposée au musée de pièces d'artillerie de Woolwich. Après de nombreuses années, ce musée estima qu'elle l'encombrait. Aussi, il la retourna au pays, mais, hélas! amputée de toute la partie représentant les plaines d'Abraham, partie qui avait été expressément commandée en 1807 par John Craig, alors gouverneur général. Il fallut donc la restaurer afin que cette mutilation ne gâche pas l'ensemble. La tâche fut confiée à Peter O'Leary du Séminaire de Québec. En 1925, la maquette, dont la partie retranchée fit place à une murale peinte de belle facture, fut enfin exposée dans la nouvelle aile de l'ancien immeuble des Archives à Ottawa et, en 1967, elle fut repêchée par le Musée canadien de la guerre.

Au terme de ses pérégrinations, le 22 avril 1981, l'œuvre, qui avait été prêtée depuis par le Musée national de l'homme à Parcs Canada, reprit le chemin de Québec. Et l'histoire s'est refusée à débattre la polémique soulevée du vivant de Duberger, à savoir que By aurait profité de son séjour en Angleterre pour s'arroger tous les mérites de l'œuvre au détriment de son associé.

Au-delà des séances d'animation et des attractions exposées, il est bon de se rappeler que l'édifice de brique rouge qui accueille les visiteurs est en fait l'ancienne fonderie de l'Arsenal qui, en 1903, après être devenue l'Arsenal du Dominion, a remplacé la poudrière construite par les Britanniques près d'un siècle auparavant et la vieille fonderie de fer des nouvelles casernes. La première avait été désertée en 1864 pour un emplacement moins risqué quand l'explosion de son laboratoire avait entraîné la mort de 11 personnes. Pendant un certain temps, on y avait produit les cartouches permettant l'usage des fusils que nous avait légués l'armée britannique, puisque son nouvel équipement nécessitait un nouveau type de cartouches. Après son départ pour l'Angleterre, nous avions donc des armes, mais pas de munitions. C'est pour pallier cette pénurie que la cartoucherie s'est alors lancée dans ce que l'on pourrait convenir d'appeler *l'industrie militaire*.

Embauchant 37 ouvriers, dont 15 femmes, elle se mit même à la fabrication d'obus. Durant les deux grandes guerres, l'entreprise roula très bien : les employés, payés à la pièce, se disaient satisfaits de leurs conditions de travail et le personnel féminin était fort apprécié. Au cours du deuxième conflit mondial, la cartoucherie se spécialisa dans la fabrication de capsules d'obus en cuivre et en laiton. Afin de s'assurer que l'agrandissement physique des lieux, nécessité par l'augmentation constante de la production, ne sacrifie pas le bel éclairage naturel des grandes fenêtres, en 1941 on y aménagea une mezzanine.

À la fin de la dernière guerre, l'édifice se transforma en garage puis en manège militaire. Avec le temps, les activités de l'Arsenal, devenu les Arsenaux canadiens Ltée, se sont graduellement déplacées vers deux nouveaux ateliers, ceux de Valcartier et de Saint-Malo à la basse-ville. Aussi, en 1964, les installations du parc de l'Artillerie ont-elles définitivement été fermées.

Il faudra attendre les années 1970 pour que l'endroit, ouvert au public, revive, autrement, pour la postérité.

Le plan-relief de Québec, souvent appelé « maquette Duberger », réalisé en 1808 par Jean-Baptiste Duberger, arpenteur et dessinateur, et John By, ingénieur militaire, est aujourd'hui exposé dans le centre d'interprétation du parc de l'Artillerie.

LA REDOUTE DAUPHINE
ET LE LOGIS DES OFFICIERS

Puisque la redoute Dauphine du parc de l'Artillerie a traversé les deux grandes guerres, périodes marquantes de notre histoire, elle est l'ouvrage militaire le plus ancien de la ville de Québec après la redoute du Cap-aux-Diamants à la Citadelle. Des quatre bâtiments qui la composent, elle est le joyau (les autres étant le logis des officiers, l'entrepôt d'affût des canons et l'arsenal).

Cet ouvrage de fortification a été mis en chantier en 1712 par l'ingénieur Josué Dubois Berthelot de Beaucours, mais les travaux en furent interrompus à la suite de la signature du traité d'Utrecht l'année suivante. Les lieux demeurèrent en friche jusqu'en 1745, alors qu'on érigea un mur d'enceinte devant le bâtiment en construction. Lorsque huit compagnies de soldats y aménagèrent en 1748, Chaussegros de Léry fut mandaté pour dresser les plans des grands travaux : nivellement de la toiture, élargissement des étages supérieurs du côté ouest et cloisonnement aux trois premiers niveaux au moyen de voûtes.

Sous le Régime français, la redoute Dauphine fut essentiellement une caserne destinée aux soldats de la Compagnie franche de la Marine et à ceux des troupes de terre, l'armée régulière en Nouvelle-France. Pour la retrancher de la ville, on construisit un mur de garde en 1753.

Après la Conquête, elle fut d'abord investie par les compagnies d'infanterie britannique, puis par celles du Royal Artillery Regiment. Cette initiative étonne, car les Anglais avaient pour habitude d'établir leur logis au petit bonheur, dans une auberge, un relais d'étape ou une ferme. Mais la hausse sensible du prix des logements incita les autorités à caserner les soldats, qui installèrent bientôt leurs quartiers à la redoute en modifiant sensiblement les lieux. En plus de réaliser des travaux de réfection, les nouveaux occupants décidèrent d'aménager des lucarnes au quatrième étage et d'ajouter deux cheminées. Ils construisirent de plus cinq contreforts pour contrer les effets de glissement de terrain.

Jusqu'en 1871, marquant le départ définitif des troupes britanniques en sol canadien, on ajouta à la redoute diverses installations, tels de vastes potagers et des espaces de loisirs. Et, puisque les militaires qui y logeaient faisaient partie de l'élite (seules les recrues les mieux constituées physiquement y étaient admises) et que leur rôle était plus complexe que celui des fantassins, sous l'impulsion de leurs officiers, l'endroit prit beaucoup de chic. Une visite du luxueux mess

des officiers, aménagé en 1818, en témoigne par la belle cuisine du logis, la salle à manger et son antichambre. Il est même possible de louer différentes salles, dont la salle à manger, pour revivre cette somptueuse époque.

Désertée par le départ des Anglais, la redoute Dauphine fut occupée par la Young Women's Christian Association avant de servir de résidence à la famille du premier grand patron de la manufacture d'armes qu'elle est alors devenue, le surintendant Oscar Prévost (1880-1895). Il s'était réservé le troisième et le quatrième étage, privilège que s'octroieront les cinq surintendants qui lui succédèrent jusqu'à ce que François Hallé, lui, loge sa famille au deuxième pendant plus de quarante ans, soit jusqu'en 1942.

En 1950, huit ans avant la fin de l'occupation des surintendants, le dernier d'entre eux, Antonin Thériault, fit construire à l'endroit de la salle de billard du mess, qu'on avait fait démolir à la fin du XIXe siècle, une véranda de deux étages. Ce fut le dernier grand aménagement avant que la redoute Dauphine devienne un lieu essentiellement consacré à la mémoire.

LES NOUVELLES CASERNES

Après la chute de Louisbourg, en 1745, l'édification d'un rempart à l'ouest de la ville, dans le but de se prémunir d'éventuelles attaques, a donné aux autorités françaises l'idée de résoudre les multiples problèmes causés par le logement de leurs soldats chez les habitants. L'ingénieur Chaussegros de Léry entreprit donc en 1749 la construc-

La redoute Dauphine où logeaient les soldats de la Compagnie franche de la Marine et ceux des troupes de terre qui constituaient l'armée régulière de la Nouvelle-France.

L'édifice des Nouvelles Casernes se dresse dans la côte du Palais, face à l'Hôtel-Dieu.

tion des Nouvelles Casernes. Ses travaux, qui durèrent trois bonnes années, inclurent l'achèvement de la redoute Dauphine, la réalisation d'un champ de parade et la construction d'un mur de garde autour de l'emplacement. Le résultat fut spectaculaire : avec leurs 160 mètres d'étendue, les Nouvelles Casernes figurent parmi les bâtiments les plus longs du Régime français. L'édifice a rempli une triple fonction : logement pour les troupes franches de la Marine, magasin d'armes et de munitions, et enfin attribution d'un local pour le corps de garde de la porte du Palais.

Quand les Britanniques envahirent Québec, ils perpétuèrent la tradition militaire établie par les vaincus et ajoutèrent à l'ensemble des services d'artillerie et d'ingénierie. Quand survint la guerre d'indépendance américaine, les Casernes furent destinées exclusivement aux soldats du Royal Artillery. Puis, au début du XIXe siècle, un édifice à part fut construit pour le corps de garde.

L'architecture générale des Nouvelles Casernes est d'inspiration classique française : les fenêtres verticales alignées en duo en témoignent, de même que les divisions aux démarcations visibles de l'extérieur. Avec la disparition des bandeaux de pierre marquant les étages, l'ajout de lucarnes et de maçonnerie en façade a modifié l'unité architecturale d'origine.

Après le départ définitif des Britanniques en 1871, les installations servirent plutôt à des fins industrielles. Les besoins d'espace de la cartoucherie, puis de l'Arsenal et de la fabrique d'obus entraînèrent des modifications majeures.

Tous ces travaux échelonnés sur une longue période représentent aujourd'hui une mine d'or pour qui cherche à étudier l'évolution des diverses techniques de construction au fil du temps.

L'ÉGLISE UNIE CHALMERS-WESLEY

Si les églises se doivent d'être des phares pour les âmes, certaines servent plus prosaïquement de repère visuel quand la flèche de leur clocher fend le ciel bien au-dessus de la mêlée. C'est le cas de l'église Chalmers-Wesley, érigée en 1851-1853, rue Sainte-Ursule, non loin de l'église St. Andrew. Comme cette dernière, au XIXᵉ siècle, elle était principalement fréquentée par la communauté écossaise, fort présente à Québec. S'adonnant à toutes sortes de commerces, dont celui, lucratif, du bois, à la construction de navires marchands et aux importations diverses, cette classe sociale des plus prospères avait les moyens d'entretenir deux temples. La plaque de marbre à l'entrée de cette église nous rappelle à cet effet l'un de ses grands donateurs, James Gibb.

Elle tient partiellement son nom de Thomas Chalmers, théologien et chef spirituel de l'Église libre d'Écosse, puis de l'union entre les méthodistes de Wesley et les presbytériens. Depuis 1987, l'assemblée unilingue française de l'Église unie Saint-Pierre est venue s'ajouter à la communauté des réformés qui la fréquentent.

Peu après son ouverture, en 1853, l'église fut le théâtre d'une célèbre échauffourée causée par la tenue de la conférence antipapale d'un ancien moine catholique ayant apostasié. Faisant cause commune, les francophones et les Irlandais investirent la nef, puis le chœur, pour museler le diabolique italien, un nommé Gavazzi, dont on rapporte qu'il fut bien près d'y laisser sa peau.

L'église Chalmers-Wesley, temple protestant dont l'histoire fut riche en rebondissements.

La petite chronique de l'église compte quelques minutes de gloire au grand écran. En effet, ses orgues remarquables, bien à la vue des fidèles, et qui ne comptent pas moins de 1944 tuyaux, ont été immortalisées par le film *Bach et Bottine* du cinéaste André Melançon. Sorties en 1890 des ateliers de la compagnie ontarienne Warren, elles furent restaurées par les frères Casavant en 1912, puis par la maison Guilbault-Thérien en 1982. On a récemment procédé à des travaux additionnels pour que leur son ait une facture plus classique que romantique. Le résultat de ces travaux n'est pas que l'apanage d'un petit groupe réservé. Il est largement partagé, car, en plus des grands événements qui se tiennent dans sa nef, en été des concerts sont donnés tous les dimanches soir à 18 h. De plus, dans cette église, le chant choral est devenu une tradition à laquelle se dévouent avec ferveur de nombreux bénévoles.

Bien vivante, après avoir vécu une période difficile durant les années 1980, elle a été restaurée en 1999 et l'intérieur de ses murs de pierre calcaire qu'on a fait venir de Pointe-aux-Trembles recèle plusieurs pièces intéressantes. D'abord sa lanterne de fer tordu à l'entrée, ses magnifiques vitraux Fisher, qui font l'essentiel de l'ornementation (ils sont des ateliers Léonard), ses riches boiseries, ses tableaux au petit point et son horloge léguée par les constructeurs de navires de Gloucester qui, à l'instar des vitraux, font partie du patrimoine apporté par la communauté de Wesley.

Comme l'Église unie du Canada est aujourd'hui la plus importante au Canada, les efforts pour la sauvegarde de la triade Chalmers-Wesley et Saint-Pierre prennent tout leur sens.

Vue plongeante des parties anciennes et modernes de l'Hôtel-Dieu.

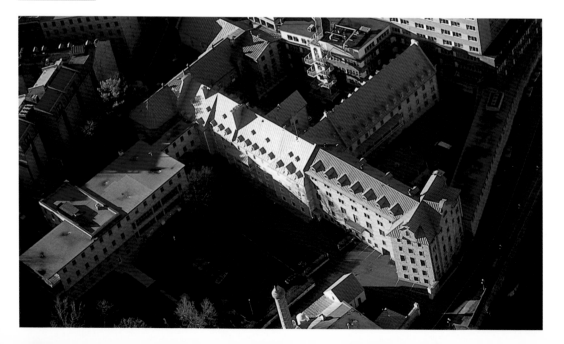

L'HÔTEL-DIEU

La tour de 14 étages, terminée en 1960 et qui surplombe la côte du Palais et la rue des Remparts, permet au profil de l'Hôtel-Dieu d'être aperçu à des kilomètres à la ronde, depuis les battures de Beauport jusqu'à l'île d'Orléans, et de la Pointe-Lévis jusqu'à Beaumont.

D'une certaine manière, il en a toujours été ainsi de l'institution fondée en 1637 par la duchesse d'Aiguillon, nièce du cardinal Richelieu : elle a profondément marqué l'architecture, le paysage et l'histoire de la ville.

Ce sont les hospitalières de Dieppe, débarquées le 1er août 1639 en Nouvelle-France au nombre de trois seulement (Marie Guenet de Saint-Ignace, Anne Lecointre de Saint-Bernard et Marie Forestier de Saint-Bonaventure), qui furent les premières à soigner les malades dans la colonie. Elles s'établirent d'abord près de la Maison des Jésuites à Sillery, mais l'endroit, trop éloigné du cœur de la ville, était mal choisi. Aussi déménagèrent-elles à Québec. Le 16 mars 1646, le père Barthélemy Vimont bénissait officiellement le premier édifice à loger l'Hôtel-Dieu-du-Précieux-Sang. Huit ans plus tard, on y ajoutait un corps de logis ainsi qu'une chapelle, puis en 1665, l'intendant Jean Talon (1665-1668), en plus de le pourvoir d'un système d'aqueduc, l'agrandissait d'un nouveau pavillon et d'une salle double pour les malades.

Toutes ces réalisations disparurent cependant en 1755 lors d'un incendie criminel imputable à deux marins. Une religieuse y laissa la vie, mais tous les malades furent sauvés. On mit seulement deux ans à reconstruire l'hôpital, de sorte que, lors des grandes tourmentes de la fin du Régime français, en 1759 et 1760, les hospitalières furent en mesure d'accueillir les blessés, français ou anglais, des batailles des hauteurs d'Abraham, puis de Sainte-Foy. Après la Conquête, l'édifice fut réquisitionné par les vainqueurs et ne fut rendu à sa vocation première que onze ans plus tard, non sans avoir subi de lourds dommages. Ensuite, en 1800, 1816, 1892, 1925, 1930 et 1960, l'hôpital fut agrandi et modernisé.

Il est intéressant de noter que son premier médecin attitré fut Robert Giffard, gendre de Louis Hébert, et que la première opération chirurgicale à y être pratiquée le fut, en 1700, sur sœur Marie Barbier, atteinte d'un cancer du sein. L'intervention fut un succès. Une première médicale eut lieu en janvier 1848, alors qu'on utilisa le chloroforme, et ce, moins de deux ans après qu'on eut introduit l'usage de cet anesthésiant à Boston.

L'œuvre des sœurs hospitalières de Québec ne se limita cependant pas au soin des malades. Parmi tant de leurs vocations au bénéfice de la population de Québec, on doit compter leur souci de recueillir les enfants abandonnés. À cette fin, elles avaient installé une porte à tambour permettant aux mères incapables de subvenir aux premières nécessités de leur nouveau-né de le déposer à l'institution en tout anonymat. Mille trois cents enfants furent ainsi confiés aux religieuses.

Transféré à des intérêts laïques depuis 1961, l'Hôtel-Dieu, le premier hôpital à être fondé en Amérique du Nord, est aujourd'hui un centre hospitalier réputé en radiothérapie (pour le traitement du cancer) de même qu'en greffe et dialyse rénale.

SA CHAPELLE ET SON MUSÉE

Ayant été rasée par l'incendie de 1755, la chapelle de l'Hôtel-Dieu, telle qu'elle a été reconstruite de 1800 à 1803, recèle, malgré ses allures de petite église paroissiale du début de la Nouvelle-France, des pièces considérées comme des trésors de l'histoire. Son intérieur, conçu par Thomas Baillairgé, est le seul de tous ceux qu'il réalisa à Québec qu'on peut voir encore. Dès le portail néoclassique du bâtiment faisant face à l'actuelle rue Charlevoix, on reconnaît son style, et la voûte et les retables dont il dirigea l'exécution entre 1829 et 1834 sont particulièrement empreints de son talent. Il n'y a en ces lieux rien de banal : une *Descente de Croix*, tableau du peintre Antoine Plamondon, domine le maître-autel, une lampe de sanctuaire qui porte les armes du gouverneur de Courcelles est posée sur un autel latéral et, enfin, une statue en chêne de Notre-Dame-de-Toutes-Grâces témoigne de la reconnaissance de 30 marins sauvés d'un péril en mer en 1738.

Mais il y a plus. Au-dessus de ce petit autel est accrochée une *Vision de sainte Thérèse d'Avila,* laquelle, jusqu'à la Révolution française, ornait le Carmel de Saint-Denis, près de Paris. Ces lieux offrent comme objet de vénération un crucifix qui avait été outragé en 1742 lors d'une séance de sorcellerie à Montréal.

Enfin, les Augustines y conservent beaucoup de souvenirs du collège des Jésuites, lequel occupait l'espace de l'hôtel de ville jusqu'au départ

Intérieur de la chapelle des Augustines, à l'Hôtel-Dieu.

de ces derniers après la Conquête ; parmi ces souvenirs, un buste en argent du père Jean de Brébeuf dans le socle duquel se trouve le crâne du saint martyr qui fut remis à la communauté par sa famille.

Devant la nouvelle aile de la chapelle, qui date de 1991 et qui est occupée par le chœur des religieuses, se dresse le monument de Catherine de Saint-Augustin, béatifiée par Jean-Paul II en 1989. Au 32 de la rue Charlevoix, un pavillon conduit au Centre Catherine-de-Saint-Augustin où est conservée la châsse de la bienheureuse.

Par la même voie, on accède au Musée des Augustines, ouvert depuis 1958. Les lieux sont d'un intérêt indéniable tant pour les simples visiteurs que pour les amateurs et les professionnels d'histoire. En plus d'œuvres d'art, de broderies, d'une belle collection d'enfants jésus en cire et d'objets de la vie quotidienne de la communauté, on y trouve le coffre qui contenait les effets des Augustines lorsqu'elles débarquèrent en Nouvelle-France et le seul portrait authentique de l'intendant Jean Talon. Une pièce, où est étalée toute une panoplie d'anciens instruments médicaux, constitue un vrai « cabinet de curiosités ». On y trouve également de très beaux spécimens de vaisselle en faïence bleue de Rouen.

SA FRESQUE

À l'angle de la côte du Palais et de la rue Charlevoix, couvrant les murs du pavillon de l'Enseignement, *La Fresque de l'Hôtel-Dieu de Québec* est véritablement un livre ouvert.

Composée de 48 illustrations, ou tableaux, et réalisée par la société Murale Création, elle raconte depuis 1639 l'histoire de la pratique médicale du plus vieil hôpital d'Amérique du Nord. Les six chapitres de cette fresque sont les suivants : *Paris, faubourg Saint-Germain-des-Prés ; Un hôpital des corps et des âmes ; Un hôpital en gestation ; La naissance de l'hôpital moderne ; L'hôpital se spécialise ; L'hôpital d'aujourd'hui.*

L'œuvre murale couvre une superficie de 420 mètres carrés et, par un juste retour de l'histoire, le bâtiment enjolive l'espace d'un jardin où, aux XVIIe et XVIIIe siècles, les domestiques des Augustines cultivaient des plantes médicinales et des légumes pour nourrir leurs malades. Quand l'Hôtel-Dieu y établit son pavillon de l'Enseignement en 1984, l'édifice y abritait le Théâtre Victoria, de même qu'un bar, le Cercle électrique.

Détail de *La Fresque de l'Hôtel-Dieu* peinte sur un mur du pavillon de l'Enseignement, à l'angle de la rue Charlevoix et de la côte du Palais.

La réalisation de la murale a nécessité un travail colossal de remise en état des surfaces à peindre, et il a fallu masquer les fenêtres. Le choix des thèmes à illustrer, des personnages à portraiturer et des événements marquants à raconter a requis la mise en commun de compétences diverses, depuis celles des historiens et des scientifiques jusqu'à celles des artistes. Le résultat de cette concertation est une succession, d'un réalisme saisissant, de tableaux qui nous transportent dans le temps raconté et nous enseignent de la plus efficace des façons le développement de la médecine chez nous.

LE MONASTÈRE DES URSULINES

Alors que la haute-ville n'était que forêt touffue qu'il fallait défricher par parcelles pour se donner de l'espace à construire, les Ursulines érigèrent, dès 1641, le premier bâtiment (dit l'aile Saint-Augustin) à l'origine de leur monastère de la rue du Parloir. Deux ans auparavant, les religieuses étaient arrivées en Nouvelle-France pour se vouer, sous la direction de Marie de l'Incarnation, à l'éducation des jeunes Françaises et Amérindiennes. La petite communauté bénéficiait du soutien de Madame de la Peltrie, leur généreuse bienfaitrice.

Au dire de Marie de l'Incarnation, justement, la *maison (…) est toute de pierre (…) c'est la plus belle et grande qui soit en Canada pour la façon d'y bâtir (…), elle a trois étages, nous y avons nos cellules (…), notre cheminée est au bout de dortoir pour réchauffer le couloir (…).*

Les sœurs agrandirent ce premier bâtiment et en protégèrent l'accès par une haute clôture de pieux. Malheureusement, en 1650, l'établissement fut la proie des flammes… Le courage étant une ressource invincible chez ces amazones de la foi, elles le reconstruisirent aussitôt sur les mêmes fondations, et y ajoutèrent une chapelle dès 1657.

En 1686, nouveau drame, le feu ravagea une fois de plus les installations de la mission. Le monastère comptait alors pas moins de trois ailes (Saint-Augustin, Sainte-Ursule et Sainte-Famille). Toutefois, les pierres qui avaient servi à leur construction, ayant une dureté comparable à celle du marbre, résistèrent si bien à la chaleur que les murs encore debout purent être réutilisés pour le nouvel édifice. Cette fois, Guillaume Jourdain et Sylvain Dupleix les maçonnèrent doublement de manière à obtenir des murs coupe-feu, qui incidemment furent les premiers à Québec. Ceux-ci devinrent obligatoires en 1727 aux termes d'une ordonnance. Après la bataille perdue des hauteurs (plaines) d'Abraham, en 1759, l'institution accueillit dans l'aile

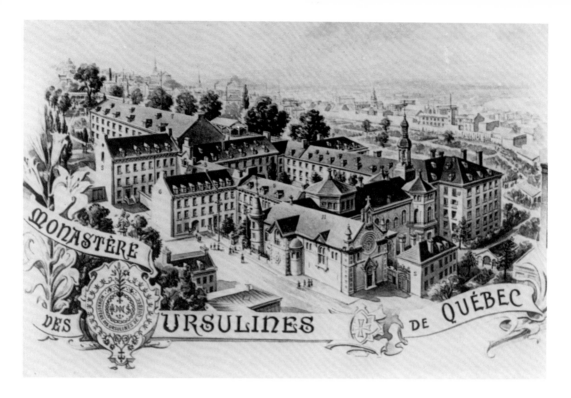

Tout le domaine des Ursulines autour de 1900, avec son monastère, sa chapelle, son cloître, son pensionnat pour jeunes filles et, derrière, ses jardins.

Sainte-Famille les soldats anglais blessés durant l'exercice de leur devoir. James Murray, alors lieutenant-colonel, en fit vite le lieu de son autorité. Il s'y installa avec son état-major.

Au cours des deux siècles suivants, le monastère fut maintes fois agrandi et transformé, mais conserva toujours, enclavé dans le périmètre intérieur de ses murs, un vaste jardin. Il s'agit en fait d'un parc qui, aujourd'hui plus que jamais, constitue une oasis exceptionnelle des plus étonnantes au milieu de la densité de la haute-ville.

SA CHAPELLE

Vue de l'extérieur, la chapelle du monastère des Ursulines – dont la porte principale donne sur la toute petite place où s'ouvre aussi le musée, rue des Jardins, à la jonction de la rue Donnacona – affiche une façade dépouillée, d'inspiration romane, qui caractérisa l'architecture religieuse au Québec jusqu'en 1850, environ. Bien que de la même inspiration et du même mouvement architectural, son intérieur est d'une grande richesse et recèle plusieurs sculptures sur bois qui sont d'incontestables chefs-d'œuvre.

Lors des bombardements anglais ayant précédé pendant deux mois l'affrontement définitif sur les hauteurs d'Abraham, la chapelle, érigée en 1722, fut fortement endommagée. Fort heureusement, dans la foulée de l'installation des quartiers généraux du haut commandement britannique, elle fut restaurée. Comme tous les autres lieux de culte avaient été détruits, elle devint pendant quelque temps l'église paroissiale de la ville. Bien plus, pendant cinq ans, c'est dans une alternance des plus originales qu'on y célébra les offices catholiques et protestants. Pour des raisons de vétusté, elle dut être démolie en 1901, mais fut reconstruite aussitôt.

Les maîtres d'œuvre de cette reconstruction conservèrent le fameux retable exécuté par Pierre-Noël Levasseur, à propos duquel l'historien de l'art Jean Trudel a affirmé que c'est le plus bel ensemble de sculpture sur bois à subsister au Québec.

Dès qu'on pénètre dans cette chapelle, on éprouve le sentiment de revenir à l'époque où les lieux sacrés avaient une importance culturelle primordiale en Nouvelle-France. La dorure des statues de sainte Ursule, de saint Augustin et de saint Joseph avec l'Enfant Jésus qui ornent le retable fut réalisée par les Ursulines elles-mêmes, qui mirent des décennies à achever cet ouvrage délicat. Au-dessus du portail s'étale un grand tableau acquis par les Ursulines en 1821. Il s'agit de *Jésus chez Simon le Pharisien*, dont l'auteur est Philippe de Champaigne (1602-1674), un artiste français de l'école baroque. À propos de cette œuvre, le prince Napoléon, qui séjournait à Québec en 1861, voulut l'acquérir à tout prix. Comme autre trésor, devant une statue dorée de Notre-Dame-de-Grand-Pouvoir, une lampe votive perpétue depuis 1724 le vœu de Madeleine de Repentigny. Devenue novice, cette jeune mondaine, issue d'un milieu bourgeois, avait fait allumer une veilleuse comme gage de la pérennité de sa vocation. Une fois reçue dans la communauté, celle qui est devenue mère Sainte-Agathe vint jusqu'à sa mort, en 1739, se recueillir sous le halo de sa lampe.

En haut : Extérieur de la chapelle du monastère des Ursulines.

Ci-contre : Intérieur de la chapelle du monastère des Ursulines, avant qu'on y place le tombeau de Marie de l'Incarnation.

Dans cette enceinte tout empreinte de solennité religieuse, il se trouve en fait plusieurs autres peintures et œuvres d'art d'une valeur inestimable, et la luminosité ambiante qui irradie y est particulièrement réjouissante. Le tombeau en granit noir de mère Marie de l'Incarnation a été disposé pour le célébrer dans un oratoire, auquel on accède depuis la nef par une porte basse. Il vaut absolument la visite tant l'aménagement est joliment concerté avec les ornements de la pièce.

Enfin, jusqu'en 2001, le tombeau de Montcalm, aujourd'hui enterré dans le cimetière jouxtant l'Hôpital général, était conservé dans la crypte où il avait été inhumé au cours de la matinée du 14 septembre 1759. Le marquis avait expiré, rue Saint-Louis, à l'aube du même jour, en présence du frère du chirurgien-major Arnoux, chez qui on l'avait transporté.

De toute évidence, on comprendra que la chapelle des Ursulines demeure un des hauts lieux à visiter dans la vieille capitale.

SON MUSÉE

À quelques pas seulement de la chapelle, au 12 de la rue Donnacona, on trouve le Musée des Ursulines. Ouvert au public en 1964, il fut réaménagé en 1978-1979. D'intéressantes pièces du patrimoine de la communauté des Ursulines de Québec y sont exposées : objets de la vie quotidienne, œuvres d'art variées, matériel pédagogique, instruments de musique, de même que des meubles ayant appartenu à Madame de la Peltrie. En outre, deux grands arts sublimement exercés par les Ursulines y sont particulièrement mis en valeur. Ce sont la dorure et la broderie fine, réalisée celle-ci à partir de fils d'or, d'argent et de soie.

Le Musée des Ursulines renferme de belles broderies fines, de fils d'or, d'argent et de soie, réalisées par les religieuses.

SES MONUMENTS

Dans le calme du minuscule jardin, sous les arbres qui ombragent l'entrée du parloir du monastère, se dresse un monument célébrant mère Marie de l'Incarnation. Cette œuvre du sculpteur Émile Brunet, dévoilée en 1942 lors du tricentenaire de l'inauguration du premier établissement des Ursulines, met en scène la mère fondatrice et deux jeunes filles, une Française qui tient un livre ouvert et une Amérindienne qui tend un crucifix. Il se dégage de la composition une telle douceur et une telle complicité pleine de tendresse qu'il est permis d'affirmer que c'est certainement l'un des plus jolis monuments de la ville.

À l'occasion du 325e anniversaire de la mort de l'initiatrice de la venue des Ursulines en terre d'Amérique, la ville et la Commission de la capitale nationale de Québec ont commandé au sculpteur Jules Lasalle un monument devant commémorer l'événement et rendre hommage aux femmes des 56 différentes communautés religieuses qui ont rempli une mission d'éducation et d'instruction auprès de la jeunesse depuis 1639. L'artiste s'est exécuté en représentant *une main de femme, déposée en porte-à-faux sur un socle et suggérant un geste de don, à côté d'une plume évoquant l'écriture et la connaissance. Le sculpteur a eu soin de la dresser pour qu'elle donne l'impression d'une action tournée vers le futur.*

Un des plus jolis monuments de Québec, celui à Marie de l'Incarnation. La croix tenue par la fillette huronne et le livre ouvert de la jeune Française résument la mission des Ursulines.

LE SÉMINAIRE DE QUÉBEC ET SA COUR INTÉRIEURE

Les murs de la cour intérieure du Séminaire de Québec célèbrent la présence, trois siècles durant, d'étudiants ayant fréquenté l'honorable institution. Après l'Abitation de Champlain, c'est l'endroit où la Nouvelle-France a connu ses premiers balbutiements. Il se trouve qu'il logea d'abord une maison achetée par Mgr de Laval à la veuve de Guillaume Couillard, la fille de Louis Hébert, le premier colon, originaire de Paris, que Champlain lui-même était parvenu à convaincre de le suivre. En solitaire d'abord, puis avec son gendre Guillaume Couillard, ce valeureux défricheur exploita habilement la terre qu'on lui avait concédée et qui fut érigée en fief, le Sault-au-Matelot. Depuis sa première cession, le site de cette terre ne fut jamais revendu. En 1866, les fouilles archéologiques qu'on y avait entreprises ont livré les fondations des bâtiments érigés par Hébert et Couillard. Puis, en 1991, non seulement de nouvelles recherches ont confirmé la présence de ces premiers colons, mais la cueillette de maints artefacts a permis de reconstituer exactement la vie de ces personnages devenus légendaires. On y a aussi trouvé, entre autres, des fragments de

Pratique de notre sport national dans la cour du Séminaire de Québec.

Le Séminaire de
Québec, après
l'incendie de 1865.

bombes datant de la prise de Québec en 1759 et, même, des pointes de flèches d'une époque nettement antérieure.

Depuis l'érection de sa première aile, en 1678, le Séminaire a vécu tous les soubresauts de l'histoire, depuis la chronique quotidienne jusqu'aux grands mouvements. Si certaines parties furent détruites par les guerres et les incendies, en contrepartie, de multiples reconstructions, rénovations, agrandissements et améliorations ont façonné ce qu'il est devenu aujourd'hui.

C'est son pavillon central, réalisé en 1855 selon les plans de l'architecte Charles Baillairgé, qui demeure la partie la plus remarquable. D'une hauteur de cinq étages, il constituait à l'époque de sa construction le plus haut bâtiment de la ville. Pour rendre possible le transport des matériaux en hauteur, Baillairgé avait inventé, avec l'aide d'un ingénieur-mécanicien, un monte-charge comme il n'en existait pas encore. Désireux d'exploiter de nouvelles techniques, le célèbre architecte avait couvert le bâtiment du premier toit plat au Canada et avait incorporé du fer dans la structure afin de la rendre ignifuge. Hélas, cette innovation fut vite source de problèmes : aux premières pluies, la toiture montra des fuites... On la remplaça par un comble à corniches surmonté de trois lanternes, lequel, aujourd'hui encore, coiffe le pavillon.

La mission première du Grand Séminaire était de former des prêtres, puis d'évangéliser et d'administrer les paroisses. Celle du Petit Séminaire se limitait à loger les jeunes gens se destinant à la prêtrise, qui étudiaient au collège des Jésuites, situé face à la basilique Notre-Dame. Au lendemain de la Conquête, à la suite du départ des prêtres de la Compagnie de Jésus, le collège ferma ses portes et c'est le Séminaire qui reprit l'enseignement général.

On peut accéder à la cour de l'institution en s'engageant, depuis le 2 de la côte de la Fabrique, dans l'allée qui y conduit. L'entrée en est gardée par une grille de fer forgé, œuvre de Philip Whitty, sur-montée d'un médaillon particulièrement bien travaillé où sont repré-sentés les personnages de la Sainte Famille, patrons du Séminaire. La porte cochère, qu'il faut ensuite traverser, est celle de l'aile des Congrégations et date de 1823.

Derrière le Séminaire s'étendaient autrefois de vastes et magnifi-ques jardins, mais la création de l'Université Laval entraîna peu à peu leur disparition : le pavillon central, l'école de médecine et le pen-sionnat les ont remplacés.

LE MUSÉE DE L'AMÉRIQUE FRANÇAISE

Les prêtres enseignants du Séminaire de Québec ont toujours agi en gardiens consciencieux de l'histoire. Pendant trois siècles, ils ont conservé des livres, des documents et des objets qui constituent un fonds patrimonial sans pareil permettant à la fois de comprendre notre histoire et d'expliquer le développement de notre culture.

Pour donner libre accès à ces trésors, on créa en 1983 le nouveau Musée du Séminaire qui ouvrit ses portes au 9, rue de l'Université. Toutefois, les lieux étaient beaucoup trop exigus pour exposer conve-nablement une partie significative de l'inventaire conservé. Aussi, sous l'impulsion de M. André Juneau, muséologue de pointe nommé directeur du musée en 1990, l'institution occupa le 2, côte de la Fabrique pour devenir le Musée de l'Amérique française, composante du Musée de la civilisation depuis 1995.

Entrée du Petit Séminaire de Québec, avant l'intégration du Musée de l'Amérique française au Musée de la civilisation en 1995.

Étant donné que ce musée possède plus de collections prestigieuses (en incluant les documents et les livres anciens) que le Musée de Québec, le Musée de la civilisation et le Musée des beaux-arts de Montréal réunis, il n'était que conséquent et justifié qu'il puisse offrir à la visibilité du grand public toutes ses richesses.

Les visiteurs y trouvent des œuvres de grands peintres, tels Charles Huot, Suzor-Coté, Antoine Plamondon, Ozias Leduc, Alfred Laliberté, et plusieurs autres. Les amateurs de livres rares ou anciens y sont comblés par la collection du Séminaire, dont plusieurs ouvrages didactiques remontent aux premiers temps de la Nouvelle-France. Des professeurs d'université et leurs étudiants y trouvent aussi leur compte puisqu'on y conserve plusieurs instruments scientifiques témoignant de l'évolution de l'homme dans ce domaine, de même que de nombreux spécimens en ethnologie, botanique, entomologie et minéralogie. Enfin, les collectionneurs ne sont pas en reste devant les milliers de pièces philatéliques et numismatiques qui y sont exposées. Ce n'est là, bien sûr, qu'une partie de l'inventaire rendu visible par ce musée qui conjugue à merveille conservation et éducation.

LA BASILIQUE NOTRE-DAME

Un des plus vieux temples d'Amérique du Nord, elle fut la seule cathédrale en Nouvelle-France. Depuis 1674, les évêques de Québec y célèbrent le saint office. À l'époque, c'est de son chœur que les prêtres du Séminaire partirent pour aller occuper les cures des diverses paroisses de leur diocèse qui couvrait un territoire plus grand que la France.

Consacrée basilique mineure (les seules basiliques majeures sont à Rome) en 1874 par le pape Pie IX, à l'occasion du bicentenaire du diocèse, elle est devenue en 1956 l'église primatiale du Canada (celle du primat de l'Église).

Lorsque les frères Kirke se sont emparés de Québec en 1629, Champlain fit le vœu d'ériger une chapelle dédiée à la Vierge si la colonie revenait dans le giron de la France. Fidèle à son engagement, lorsqu'il fut exaucé, le fondateur du premier établissement à Québec fit construire en 1633 une petite église rue Buade, à la haute-ville, vraisemblablement tout près de l'emplacement actuel de la basilique. Elle fut rasée par un incendie en 1640. Cinq ans plus tard, on y éleva l'église Notre-Dame-de-la-Paix. Le chœur de cette dernière était disposé de manière qu'il soit orienté vers Jérusalem et le soleil levant,

Vue ancienne de la basilique Notre-Dame de Québec où, depuis 1993, reposent les restes de Mgr de Laval.

ainsi que le voulait la tradition chrétienne. L'érection canonique de la paroisse eut lieu en 1664, et l'église devint cathédrale dès 1674.

Pour qu'elle puisse afficher une prestance digne de son rang, la basilique fut carrément remodelée en 1744-1748, selon les plans de l'ingénieur Chaussegros de Léry. Malheureusement, sa réfection dura peu : elle fut complètement ravagée par les bombardements britanniques qui sévirent de juillet à septembre 1759. Il fallut attendre en 1766 avant que les marguilliers de la paroisse de Québec puissent soumettre un plan en vue de la rebâtir, le gouvernement anglais instauré lors de la Conquête tardant à accepter la présence d'un évêque nommé par Rome.

Cette étape franchie, pendant dix ans, soit de 1785 à 1795, l'architecte François Baillairgé œuvra à l'ornement du sanctuaire. Entre autres réalisations, renouvelant la tradition des décors religieux du Québec, il installa sur l'entablement du chœur un baldaquin.

En 1843, afin de lui donner une allure monumentale, il fut décidé qu'un imposant avant-corps enfoncé d'une arcade flanquée de deux pilastres referait la façade de l'église. Le plan prévoyait également de terminer la tour nord (celle à gauche lorsqu'on se place devant la basilique) et d'y ajouter un deuxième clocher, plan qui se révéla impossible étant donné la fragilité de sa base.

Les bas-côtés de la basilique étaient alors séparés de la nef par de forts piliers où l'on avait accroché des œuvres à caractère religieux de peintres connus. Ces tableaux furent volés le 22 décembre 1922 par un criminel incendiaire qui avoua avoir mis le feu pour camoufler son pillage. Son funeste méfait ne laissa debout que les murs de la basilique, état dans lequel l'avaient également laissée les bombardements de 1759. Tout comme alors, on conserva cette armature et on en reconstitua l'intérieur. On se mit immédiatement à la tâche, mais il fallut cinq longues années pour parachever les travaux dirigés par les architectes Raoul Chênevert et Georges-Émile Tanguay de Québec, et Maxime Roisin de Paris. C'est le sculpteur André Vermare qui recréa le baldaquin de François Baillairgé. Les verrières illustrant les mystères de la vie de Marie furent exécutées par la maison Meyer de Munich et celles de la galerie d'archanges, d'évangélistes, de saints et de saintes, par la maison Champigneulles de Paris.

Dans l'ensemble, et conformément aux conclusions d'un vif débat entre, d'une part, les partisans d'un aménagement intérieur qui soit au goût du temps et, d'autre part, les tenants du respect de l'allure d'antan, qui l'emportèrent, l'église fut restaurée au plus près de ce qu'elle avait été. En 1966, elle fut classée monument historique par le gouvernement du Québec.

De nos jours, la prière et la messe du matin y sont assurées quotidiennement en alternance par douze chanoines. De plus, l'archevêque y célèbre les messes des grandes fêtes religieuses. Enfin, la chorale des Petits Chanteurs de la Maîtrise de Québec, créée en 1915, apporte régulièrement dans son enceinte un souffle de jeunesse.

Il n'est donc pas étonnant que la basilique soit devenue un des endroits les plus prisés de la gent touristique.

La basilique-cathédrale Notre-Dame de Québec est réputée pour ses magnifiques verrières. Celle-ci fut réalisée par la maison Champigneulles de Paris.

LA CHAPELLE DE Mᵍʳ DE LAVAL

En mai 1878, quand on voulut transporter les ossements de Mᵍʳ de Laval sous le chœur de la basilique au Séminaire, la reconnaissance officielle des restes du prélat entraîna une singulière révélation. Le squelette était incomplet : il manquait certaines vertèbres, des côtes, tous les os des mains, à l'exception de trois métacarpes, et cinq phalanges. Ainsi, la sinistre rumeur voulant que le premier évêque de la Nouvelle-France ait été enterré vivant et contraint de manger certains de ses membres fut-elle ravivée. La mort des grands hommes provoque souvent de telles légendes : le commun des mortels fait d'eux volontiers des dieux ou des héros qui n'auraient pu connaître une simple mort. D'autant que le décès de Mᵍʳ de Laval, survenu le 6 mai 1708, avait quelque chose d'inusité : se rendant à l'office du Vendredi saint, par *un des plus grands froids qui se puissent en Canada*, il aurait été emporté des suites... d'une engelure du talon !

Le prélat avait expressément souhaité reposer pour l'éternité au Séminaire. L'incendie de la chapelle de l'institution, encore inachevée, ne permit cependant pas qu'on respecte ce vœu. Tout au moins, conformément à un usage d'alors, le Séminaire résolut de conserver le cœur du défunt et on demanda au Dʳ Michel Sarrazin de le prélever le soir même du décès. Une fois la chapelle rebâtie, on aurait ensuite bel et bien inhumé cette précieuse relique, mais à ce jour on ignore toujours où... Quant aux restes de la dépouille, ils furent portés en terre dans les caves de la basilique suivant trois jours de veillée funéraire durant lesquels une foule accourue des quatre coins de la Nouvelle-France avait rendu un ultime hommage à celui qu'elle considérait comme un saint.

Après maints aléas, le tombeau de Mᵍʳ de Laval a été placé sous un gisant de marbre dans une chapelle de la basilique-cathédrale Notre-Dame de Québec.

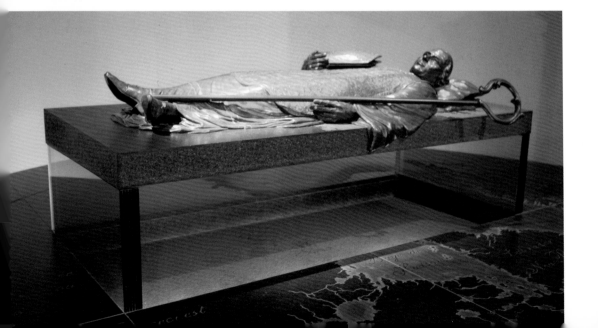

Après la Conquête, quand on entreprit la reconstruction de la basilique, le maître-autel, sous lequel reposait le corps du premier évêque,
fut reculé et on omit de déplacer son tombeau. Ce dernier fut donc
considéré comme perdu pendant les 129 années qui suivirent. Puis, le
19 septembre 1877, deux ouvriers, affairés à déblayer la cave du chœur
de la basilique afin d'en remplacer les poutres du plancher, trouvèrent
un lourd cercueil. Mandé sur place, à la lecture des inscriptions latines
apposées sur ce dernier, le premier vicaire du Séminaire, Georges-Pierre
Côté, constata avec émotion qu'il s'agissait du tombeau de Mgr de Laval.
On transvida alors les ossements du fondateur de l'Église canadienne
dans une boîte fermée avec le sceau de l'archidiocèse. Par la suite, les
prêtres du Séminaire ayant fait valoir leur ferme intention de respecter
les dernières volontés de l'évêque, et, donc, d'inhumer le corps au Séminaire, la boîte fut déposée dans le caveau de leur chapelle.

Mais, pour maintenir ou attiser le culte de Mgr de Laval, il fallait
rendre ses restes accessibles. Aussi, en 1950, on plaça son tombeau
au centre d'une chapelle funéraire sous un gisant de marbre blanc
de Carrare. L'œuvre, attribuable au sculpteur Francesco Nagni, représente le premier évêque de la Nouvelle-France revêtu de ses ornements épiscopaux.

Le concile Vatican II de même que l'évolution de la société québécoise modifièrent par la suite substantiellement la vocation de
cette chapelle. Elle fut désacralisée et on en fit une salle de concert
intégrée au musée. Au cours des années 1992-1993, une nouvelle
chapelle aménagée dans la basilique de Québec devint la dernière
demeure du célèbre prélat, dont le gisant surplombé d'une carte de
l'Amérique française évoque son prodigieux rayonnement.

L'HÔTEL DE VILLE

Lorsque, le 15 septembre 1896, la construction de l'actuel hôtel de
ville fut terminée, l'événement marqua la fin d'une double bataille
administrative qui aura duré près de 25 ans.

Le litige portait non seulement sur le choix du site sur lequel
devait être érigé *le premier édifice de Québec*, mais sur la pertinence
même de sa construction.

Le terrain, convoité par les édiles de la ville à partir des années
1880, était celui de l'ancien collège des Jésuites, face à la basilique de

L'ancien édifice de l'hôtel de ville (1870-1896), à l'angle des rues Saint-Louis et Sainte-Ursule.

Québec. L'institution, transformée en caserne à la suite du départ de ceux-ci après la Conquête, avait été laissée depuis à l'abandon. Quoique encore solide, le vieil édifice montrait un état de délabrement fort avancé, si bien que, en mai 1877, la question de sa démolition allait donner lieu au premier affrontement de la presse locale portant sur l'avenir d'un bien patrimonial. C'est *Le Courrier du Canada*, le journal de l'imprimeur Léger Brosseau, aussi libraire et éditeur de manuels scolaires, qui lança le débat. Il réclamait, sans réserve, la démolition du vieux bâtiment, arguant qu'il n'était plus qu'un amas de *ruines pestilentielles, d'où s'exhalent des odeurs nauséabondes.* Déplorant le spectacle dégoûtant des lieux, il poussait son réquisitoire en affirmant qu'ils représentaient *une menace pour la santé publique et un danger pour le promeneur qui risque de recevoir un bloc de pierre.* Il dénonçait enfin les occupants illégaux qui s'y étaient réfugiés à la suite d'un violent incendie dans le quartier Montcalm. Une réplique, signée du pseudonyme «Justicia», s'éleva aussitôt dans le *Nouveau Monde.* Elle jugeait les propos du journal *inconcevables,* et soutenait que les casernes étant la propriété de l'Église, on n'avait pas le droit d'y toucher. D'après cette Justicia, la chose à faire était d'entretenir convenablement l'ancien collège religieux pour le préserver. De là, les hostilités entre les deux journaux prirent des dimensions démesurées. La polémique gagna toutes les couches sociales de Québec, les unes voyant dans la démolition du collège un cadeau princier à l'endroit des spéculateurs immobiliers et les autres, une démission du gouvernement face à ses devoirs de conservateur des biens patrimoniaux. Au plus fort de la tourmente, le *Journal du Québec* publia un article révélant qu'un rapport d'inspection effectué par des spécialistes avait conclu à la solidité de l'édifice. Les réparations pour

Histoire vivante du Québec

le préserver encore au moins quelques siècles étaient jugées dans l'ordre du raisonnable. Cependant, le même jour, un rapport des autorités du Département de l'Agriculture et des Travaux publics affirmait plutôt que l'édifice menaçait de s'écrouler en divers endroits. Conséquemment, dès le lendemain – on était le 21 mai 1877 –, le *Courrier* annonçait que le gouvernement invitait les entrepreneurs à présenter des soumissions pour la démolition des casernes.

Cette annonce sanctionnait donc la position du quotidien, ce qui fit monter encore la tension d'un cran dans la population divisée. Il n'empêche que, dès le 29 mai, le contrat de démolition était accordé à l'entreprise Pilon et Cimon qui devait aussitôt entreprendre les travaux.

C'est ainsi que disparut le premier collège de la Nouvelle-France, fondé une année avant l'Université Harvard à Cambridge. Les deux journaux qui avaient soulevé la tempête au sujet de sa démolition campèrent sur leur position et, depuis, les historiens en ont conclu que toute cette affaire avait été le fruit d'une propagande politique.

Moins émotive et strictement politique, la bataille entre les tenants de la construction de l'hôtel de ville et ceux qui souhaitaient plutôt conserver le vieil édifice de la rue Saint-Louis (au coin de Sainte-Ursule), où il logeait depuis 1870, allait être tout aussi épique.

L'édifice était vétuste et n'avait jamais satisfait les besoins d'espace et de décorum des autorités municipales. En 1848, on avait déménagé les séances du conseil de ville dans l'édifice du Parlement, alors situé au haut de la côte de la Montagne, qui s'était révélé impropre à jouer un tel rôle. Trois ans plus tard, la vie municipale ren-

La salle du conseil de l'hôtel de ville de la rue Saint-Louis.

trait au bercail, rue Saint-Louis. Pour donner un peu de prestige au vieux bâtiment, on a fait ériger devant la façade palladienne existante une autre, de style néoclassique celle-là.

En 1870, les lieux furent le théâtre d'un événement sans pareil dans la chronique politique municipale au Québec. Refusant le verdict des électeurs qui les avaient défaits, le maire de l'époque, Adolphe Guillet, dit Tourangeau, et les conseillers de son parti se barricadèrent dans l'hôtel de ville. Le maire élu, Pierre Garneau, fit alors garder les lieux sans relâche afin d'affamer ces irréductibles. Le siège dura trois jours et déplaça une foule de curieux. Un journal de Montréal en conclut : *Ce n'était pas aussi grave que le siège de Québec en 1759, mais enfin la position devenait embarrassante.*

Trois ans plus tard, le Comité des chemins de la ville clamait que l'hôtel de ville n'était pas digne de la capitale : le bâtiment ne répondait pas aux besoins des services municipaux ; les officiers y étaient entassés les uns sur les autres ; enfin, les comités ne disposaient d'aucune pièce pour siéger. Puis, en 1885, l'ingénieur de la cité, Charles Baillairgé, exprima ses doléances en pointant du doigt les voûtes encombrées du greffier, des huissiers, de l'ingénieur de la cité *dont les tables sont empilées de milliers de liasses qui ne peuvent plus trouver place où que ce soit.* À sa voix s'ajouta celle de l'abbé Louis Beaudet qui affirma que l'endroit ne convenait pas à une ville de l'importance de Québec.

C'est ainsi qu'en 1883, sous l'administration du maire François Langelier (1882-1890), on considéra sérieusement la construction d'un nouvel hôtel de ville. On envisagea un moment d'occuper les étages supérieurs de l'actuel palais Montcalm puis d'acheter le YMCA, aussi situé sur la place D'Youville. Mais le maire Langelier tenait plutôt à son projet d'ériger un nouvel immeuble construit expressément aux fins de l'administration municipale et qui fasse honneur à la ville. Réduisant ensuite son ambition à des proportions plus raisonnables, il proposa au premier ministre Joseph-Alfred Mousseau (1882-1884) de construire le nouveau palais de justice, qu'on projetait alors, sur le terrain maintenant vacant des anciennes casernes des Jésuites et d'y loger également les locaux de l'hôtel de ville. Mais le gouvernement opta plutôt pour une construction face à la place d'Armes et, devant l'opposition grandissante à son projet, le maire Langelier abandonna la partie : il fit agrandir et rénover le vieil édifice.

En 1888, revirement de situation : le premier ministre Mercier offrait à la municipalité de lui vendre le terrain des Jésuites *pour y faire certains embellissements qui feraient honneur à la vieille capitale et y favoriseraient la santé publique,* et le conseil municipal autorisait le maire à accepter la proposition en vue d'y construire l'hôtel de ville. Ce qui fut fait, le 2 novembre 1889, par acte authentique reçu par le notaire Joseph Allaire, pour le prix de 20 000 $ et aux conditions de tracer une voix publique qui joigne les rues Sainte-Anne et de la Fabrique (l'avenue Chauveau) et y construire l'hôtel de ville dans un délai de cinq ans, ainsi que d'y élever un monument en l'honneur de Samuel de Champlain. Mais en 1894, soit cinq ans plus tard, rien n'était fait, la ville ayant prétexté un fort déclin économique et remis le projet aux calendes grecques.

L'élection du maire Simon-Napoléon Parent la même année allait cependant, enfin, faire bouger les choses. Le 24 septembre, il mit le conseil devant l'alternative suivante : il votait la rénovation du vieil édifice de la rue Saint-Louis, évaluée à 50 000 $, ou la construction d'un nouvel hôtel de ville, évaluée à 150 000 $, avant la fin de l'année. Le 21 novembre, le gouvernement accordait un délai supplémentaire pour la réalisation de l'ouvrage, celui de mai 1889 étant nettement dépassé.

Pendant que les conseillers hésitaient, de par la ville les esprits s'échauffaient. Entre autres, les citoyens du quartier Saint-Sauveur – le quartier du maire – s'opposaient au projet pendant que maints ouvriers, appuyés par le Conseil central des métiers et du travail de Québec, considéraient que tous les échevins et conseillers qui voteraient contre étaient leurs ennemis.

La décision fut finalement arrêtée lors d'une séance houleuse du conseil le 30 novembre 1894. Le débat, d'abord animé, s'envenima. Au bout du compte, si quatorze échevins et conseillers rejetèrent le projet, seize votèrent en faveur.

L'architecte Georges-Émile Tanguay prépara les plans du nouvel édifice à partir de ceux dressés par Joseph-Ferdinand Peachy en 1890 et l'on posa la pierre angulaire le 15 août 1895.

Le 15 septembre 1896, on put enfin inaugurer les séances du conseil dans le nouvel hôtel de ville qui avait coûté 144 484 $ au lieu des 150 000 $ prévus.

LE MORRIN COLLEGE, LA PRISON ET LA « BIBLIOTHÈQUE ANGLAISE »

Quel écolier n'a pas déjà ressenti l'impression d'y être enfermé ? Les jeunes étudiants du Morrin College auraient été justifiés de penser ainsi : leur institution, sise au 44, chaussée des Écossais, a accueilli des détenus pendant près d'un demi-siècle.

L'architecte François Baillairgé dessina les plans de ce qui allait être la première prison commune de Québec. Construite entre 1808 et 1812, elle a une facture palladienne aisément reconnaissable par les pilastres, l'étage en attique, ainsi que par les ailes latérales qui allongent le bâtiment. Pour absorber les coûts élevés de sa construction, les autorités militaires durent taxer le thé importé et les liqueurs fortes. Mais les ennuis reliés à son financement furent tels que les travaux durent être interrompus pendant un bon moment. Malgré tout, le pro-

Une prison, un collège, une bibliothèque : l'histoire du Morrin College est riche.

jet se rendit à terme en 1814. Dans l'ensemble, il respectait l'esprit de John Howard, le fameux philanthrope anglais au service des détenus, qui avait mené une vaste enquête sociale sur les prisons et les prisonniers de l'Angleterre et ses colonies. Son rapport concluait que l'incarcération devait viser la réhabilitation plutôt que la répression.

Toute libérale de conception qu'elle ait été, la prison fut maintes fois décriée par le voisinage à cause d'un élément plutôt choquant : sa potence bien en vue au-dessus de l'entrée. L'objet de scandale fut supprimé en 1868.

De nos jours, il ne reste plus que les deux blocs du rez-de-chaussée pour commémorer la prison et le souvenir de quelques-uns de ses détenus célèbres : Philippe Aubert de Gaspé, condamné pour dettes, Ludger Duvernay, le fondateur de la Société Saint-Jean-Baptiste de Montréal, et Étienne Parent, journaliste.

Après la désaffection du bâtiment, quand la nouvelle prison fut achevée, sa vocation changea sous l'initiative de Joseph Morrin, un médecin éminent d'origine écossaise qui fut l'un des trois directeurs de l'institution psychiatrique de Giffard et le premier maire élu de Québec. Souhaitant distribuer ses richesses avant sa mort, il s'employa à léguer une maison d'éducation supérieure à sa communauté. Affiliée à l'Université McGill, cette dernière accordait à ses étudiants une certification équivalente à celle de la grande institution montréalaise. On y donnait une formation générale en art et celle propre aux futurs pasteurs. Bien cotée, l'institution dut cependant fermer ses

C'est sans doute dans une cellule semblable à celle-ci que le seigneur et écrivain Philippe Aubert de Gaspé fut incarcéré pendant plus de trois ans pour dettes.

portes en 1903, faute de moyens. Elle put toutefois se targuer d'avoir admis des femmes plus de vingt ans avant l'Université Laval.

Le haut savoir n'a pas été évacué pour autant des lieux. De nos jours, l'activité intellectuelle s'y poursuit dans la continuité avec la Literary and Historical Society, la première société savante du pays établie à cette adresse depuis 1868. Ce regroupement, engagé initialement à la cueillette de documents historiques, a contribué à la fondation des Archives nationales. Il est dorénavant le promoteur et le gestionnaire du Morrin Center. Grâce aux efforts soutenus de ses membres, la pérennité de la belle bibliothèque, dont la mezzanine accroche le regard des visiteurs, est assurée. Parmi les 30 000 volumes de sa collection, accessibles à tous les abonnés, on trouve des livres d'histoire, en anglais surtout, des récits de voyage ainsi que de la littérature.

Avec ses trésors archéologiques, comme les vestiges de la redoute royale, les cachots de sa période carcérale, et l'ensemble des cinq maisons historiques situées derrière, ce qu'il est convenu d'appeler *l'îlot du Morrin Center* revit aujourd'hui de belle façon grâce à la restauration concertée par les instances culturelles de la ville depuis 1992. La mise en valeur du site rend un juste hommage à l'apport intéressant des communautés écossaise et irlandaise dans le développement de Québec.

La magnifique mezzanine de la bibliothèque de la Literary and Historical Society établie dans l'aile nord du Morrin College depuis 1868.

L'ÉDIFICE PRICE

Si le Vieux-Québec est devenu l'un des plus beaux quartiers urbains du monde et reconnu comme tel par l'Unesco, il le doit, bien sûr à la vigilance des Québécois eux-mêmes qui, en tout temps, ont veillé à ce qu'aucun élément ne vienne le dépareiller.

Aussi, quand William Price fit le projet de construire à la haute-ville, rue Sainte-Anne, un gratte-ciel pour y loger le siège social de la compagnie Price Brother dont il était le président, il provoqua tout un tollé. Sans renoncer pour autant à ses intentions, il s'assura auprès des architectes montréalais Ross et MacDonald, dont il avait retenu les services pour dresser les plans de l'édifice, que ce dernier s'intégrerait harmonieusement dans l'ensemble des immeubles du quartier. Pour ce faire, il veilla entre autres à ce qu'il soit coiffé d'un toit de cuivre en pavillon, comme celui du château Frontenac. Il fit décorer la façade de l'immeuble de bas-reliefs représentant des têtes d'Indiens, des pommes de pin et des écureuils. Enfin, pour éviter que l'édi-

Un gratte-ciel dans le Vieux-Québec ! Par son intégration harmonieuse au quartier, il a finalement vaincu les réticences et est devenu un monument à part entière de Québec.

fice ne projette trop d'ombrage dans les rues environnantes, il préconisa un retrait progressif des étages supérieurs.

De style Art déco, terminé en 1930, il mit plusieurs décennies avant d'être accepté par la population locale et devenir un monument de Québec.

En 1983, il fut acquis par la ville de Québec qui y logea plusieurs services administratifs et le relia, au moyen d'un tunnel, à l'hôtel de ville. Il passa ensuite entre les mains de la Caisse de dépôt et placement du Québec, propriétaire depuis.

Au mois de novembre 2001, ses 16e et 17e étages furent transformés en appartement de fonction pour le premier ministre du Québec. Le bail, d'une durée de dix ans, au coût de 50 940 $ par année, permet en outre l'utilisation de locaux, situés au 14e étage, à des fins de réceptions officielles, et ce, pour une surcharge de 250 $ par événement.

Vue de la rive sud du Saint-Laurent, la silhouette de l'édifice Price est aujourd'hui indissociable de celles du château Frontenac, du clocher du Petit Séminaire et de l'édifice de la Poste, rue de la Montagne, qui composent le profil de la ville sur le Cap-aux-Diamants.

LE CHÂTEAU SAINT-LOUIS

Afin de pouvoir défendre son Abitation construite en contrebas, en 1620, Samuel de Champlain fit ériger sur le Cap-aux-Diamants un simple fortin en bois qu'il appela pompeusement le fort de Québec. Six ans plus tard, il le transforma, ajouta deux corps de logis et une enceinte à deux bastions. Lorsqu'en 1636 le premier gouverneur en titre de la Nouvelle-France, Charles Huault de Montmagny, vint prendre son poste, il s'y établit à son tour et dix ans plus tard reconstruisit l'enceinte en pierre. Puis, en 1648, il entreprit d'importants travaux pour porter les dimensions de son logis *à 86 pieds de long et 24 de large dans lequel il y a cinq cheminées de tout fait de bonne pierre et brique*, et pour ajouter deux autres corps de logis, une prison, une citerne et un pont-levis. De plus, il prolongea l'enclos du fort *encore plus de 50 toises* et le compléta d'une courtine.

Le comte de Frontenac, nommé gouverneur de la Nouvelle-France en 1672, fit reconstruire le château, entre 1692 et 1698, pour lui donner toutes les allures d'une demeure d'aristocrates où la noblesse de la colonie y retrouva même un peu du faste des châteaux de France.

Les bombardements britanniques de 1759 ne l'épargnèrent guère et il fut l'objet de plusieurs réparations, rénovations et améliorations en 1764 et 1786. Quand, le 23 janvier 1834, un incendie le ravagea, le baron Matthew Aylmer, alors gouverneur du Canada-Uni, en fit raser totalement les ruines.

LA TERRASSE DUFFERIN

La vue y est si belle et l'air si bon... Sous les différentes formes qu'elle a prises au cours des siècles, la terrasse Dufferin a toujours constitué une des plus belles promenades au monde.

C'est le comte de Frontenac, le huitième gouverneur de la Nouvelle-France (1672-1682 et 1689-1698), qui prit l'initiative de faire terrasser les abords du château Saint-Louis, sa résidence officielle. La plate-forme surplombant l'escarpement du Cap-aux-Diamants n'était alors accessible qu'au gouverneur et à ses invités. Ils pouvaient y goûter la belle lumière du fleuve jusqu'à la pointe de l'île d'Orléans et s'y sentir bien au-dessus des vicissitudes de la rude vie des habitants de la ville basse grouillant à leurs pieds.

Le château Saint-Louis, avant l'incendie de 1834, a longtemps été la résidence des gouverneurs. Ses décombres ont été retrouvés lors de travaux sous la terrasse Dufferin.

Plus d'un siècle plus tard, soit en 1838, le gouverneur Durham (celui du fameux rapport qui porte son nom...) fit construire une terrasse sur les ruines mêmes de l'ancienne résidence des gouverneurs et l'ouvrit au public. Relativement de modeste surface alors, elle fut agrandie en 1854 et baptisée «terrasse Durham». Toutefois, les Québécois lui préférèrent communément l'appellation de «plate-forme».

En 1878-1879, les autorités municipales commandèrent à l'architecte Charles Baillairgé des plans d'expansion qui permirent de lui donner ses dimensions actuelles. Le projet prévoyait également la construction d'un aquarium, mais cette idée ne fut pas retenue.

La terrasse fut inaugurée en 1879 en présence du marquis de Lorne et de la princesse Louise, fille de la reine Victoria, et rebaptisée alors Dufferin, du nom du gouverneur général du Canada en poste entre 1872 et 1878. Ce lord anglais avait particulièrement chéri la ville de Québec. Afin de préserver tout son pittoresque, il s'était même fortement opposé à la démolition des fortifications.

La glissoire aménagée à l'extrémité ouest de la terrasse Dufferin.

La structure, en madriers, mesure 671 mètres de long et domine le charmant quartier du Petit-Champlain. Elle est agrémentée de cinq kiosques, portant respectivement le nom de Frontenac, Lorne, Louise, Dufferin et Plessis, et elle bénéficie d'un éclairage savamment étudié que Baillairgé a dessiné en s'inspirant du mobilier urbain de Paris au temps de la Belle Époque (Napoléon III). À propos d'éclairage, il est intéressant de noter qu'en 1885 ce sont les lampadaires de la terrasse Dufferin qui bénéficièrent de la première expérience de lumière

Vue de la terrasse Dufferin et de la Citadelle avant la construction du château Frontenac en 1893.

Déjà au début du XXᵉ siècle, flâneurs et touristes étaient nombreux autour du château Frontenac.

électrique alimentée par le pouvoir hydraulique des chutes Montmorency. L'événement eut lieu en présence de 20 000 personnes.

En plus de ravir les touristes qui s'y pressent en grand nombre, la terrasse Dufferin continue d'enchanter les promeneurs du dimanche et ceux des beaux soirs d'été. Les enfants y trouvent leur dû d'émotions fortes lorsqu'en hiver ils dévalent les trois glissades de pas moins de 200 mètres de haut qui y furent aménagées à la fin des années 1800 ou qu'ils virevoltent sur la patinoire posée comme miroir de glace en retrait de la terrasse devant le parc des Seigneurs.

Par ailleurs, c'est un lieu où l'on peut revisiter la quarantaine de gouverneurs, sous les régimes français et anglais, qui ont vécu au fort, puis au château Saint-Louis. De là l'importante brèche de la terrasse où s'affairaient depuis l'été 2005 une équipe de 40 personnes, dont 26 fouilleurs, des archéologues ou étudiants en archéologie pour la plupart. Ce site de recherche constitue le plus important chantier de fouilles de toute l'histoire de l'archéologie au Canada.

Enfin, il faut savoir que la terrasse ainsi que la promenade des Gouverneurs qui y donne suite, et permet d'accéder au parc des Champs-de-Bataille sur les plaines d'Abraham, ont été l'objet d'une réfection complète, au coût de 13 millions de dollars.

LE MONUMENT CHAMPLAIN

Sur la terrasse Dufferin, près de l'hôtel Fairmont Le Château Frontenac et du débarcadère du funiculaire qui relie les deux niveaux de la ville, se dresse le monument Champlain érigé sur l'initiative de la Société Saint-Jean-Baptiste. L'œuvre des Français Paul Chevré et Paul Le Cardonnel, le premier étant sculpteur et le deuxième architecte officiel de la ville de Paris, a été dévoilée le 21 septembre 1898 par Lord Aberdeen alors gouverneur général du Canada.

La composition du bronze qui en occupe le piédestal illustre l'élan que Samuel de Champlain a voulu donner à la nouvelle colonie en arrivant (1608). On y voit une femme qui personnifie Québec. Elle tient un livre ouvert où sont écrits en lettres d'or le nom de Champlain et relatés ses faits dominants. À sa droite, un enfant représente le Génie de la navigation et rappelle que le grand homme était navigateur. Au-dessus d'eux, un ange aux ailes déployées souffle dans une trompette pour le célébrer et inviter les générations à imiter son intrépidité. Le tout devant la silhouette de la cathédrale de Québec, surmontée d'une croix pour rappeler que l'aventure coloniale était placée sous la protection de l'Église.

Le monument Champlain, dévoilé en 1898, est l'œuvre de deux artistes français. Il recelait dans son socle un coffret de plomb qu'on a mis au jour en 2007. Il contenait des pièces de monnaie et des billets, un crucifix, un plan de la ville et un annuaire des résidents de l'époque.

Montmorency Park, Quebec

104.404. (JV)

LE PARC MONTMORENCY

Le parc Montmorency est sans contredit l'un des plus enchanteurs de la ville de Québec. Sa localisation et son aménagement en font un lieu privilégié à tous égards, tant par sa luxuriante verdure estivale, lorsque les ramures des grands arbres distribuent des ombres créant une ambiance sans pareille, que par sa vue généreuse. En effet, celle-ci donne à la fois sur la silhouette du château Frontenac, l'élégante façade du palais épiscopal, les murs blancs de la cour du Séminaire, la coulée de la côte de la Montagne, le quartier de la place Royale et, enfin, les eaux du fleuve Saint-Laurent.

Et comme si son charme incomparable ne suffisait pas, son passé est tout aussi exceptionnel : c'est l'un des lieux historiques les plus évocateurs de la capitale.

Au départ, c'est de la plus humble des manières qu'il prit, en 1898, des allures de parc. Le maire de l'époque, Simon-Napoléon Parent (1894-1905), qui fut aussi premier ministre de la province (1900-1905), y avait fait disposer quelques bancs et en avait permis l'accès au public. On le baptisa le parc Frontenac, puis la rumeur populaire, qui désirait honorer Mgr de Laval, lui préféra plutôt l'appellation de parc Montmorency, croyant à tort que le véritable nom du premier évêque de la Nouvelle-France était Montmorency-Laval.

Mais l'endroit célébrait déjà la mémoire de Louis Hébert, cet apothicaire de Paris débarqué à Québec en 1617 avec Samuel de Champlain. Déterminé à se convertir à l'agriculture, le pionnier s'installa sur le plateau de Québec. Il défricha puis cultiva si bien que, lorsque sa terre fut érigée en fief sous le nom de Sault-au-Matelot, elle se composait de plusieurs champs de céréales, de différents potagers et d'un verger.

Le parc Montmorency célèbre la mémoire du premier cultivateur de la colonie, Louis Hébert. Autrefois apothicaire en France, il s'établit à Québec en 1617 avec sa femme, Marie Rollet, et leurs trois enfants.

Le premier colon de la Nouvelle-France décéda en 1627 des suites d'une chute sur la glace. Sa fille, Guillemette, veuve de Guillaume Couillard, vendra le fief à Mgr de Laval.

Pour définitivement consacrer ce personnage historique, on a dressé au coin nord du parc un monument qui le représente. Sur le socle de la sculpture, attribuable à Alfred Laliberté, l'épouse d'Hébert, Marie Rollet, semble prodiguer de l'enseignement à ses deux enfants ainsi qu'à un jeune Amérindien, ce que son gendre, laboureur, observe avec attention, appuyé sur le manchon de sa charrue. Et sur une plaque qui y est apposée, on peut lire, au-dessus de la liste des premiers colons de Québec (1617 à 1638): *Ils ont été à la peine: qu'ils soient à l'Honneur.* Le monument n'est pas qu'un simple hommage à un lointain passé, mais un élément rassembleur des gens de la terre qui, en 1992, lors de leur 30e congrès international, s'y réunirent pour adopter la *Déclaration de Québec* faisant appel à leur solidarité.

Louis Hébert n'est pas le seul à être honoré au parc Montmorency. Il s'y trouve aussi le monument de George-Étienne Cartier, tourné vers la côte de la Montagne. Ce qu'il faut savoir, c'est qu'il est érigé exactement à l'endroit de l'ancien hôtel du Parlement, théâtre en 1864 de la Conférence de Québec. Cartier fut l'un des principaux artisans de cette conférence où l'on jeta les bases de la Confédération canadienne. Son monument, en granit de Stanstead et faisant deux mètres, fut d'ailleurs dévoilé lors du 60e anniversaire de cette dernière, en 1927. Il est l'œuvre du sculpteur G.W. Hill qui a choisi d'immortaliser les talents d'orateur de Cartier en le présentant fièrement debout, un texte à la main.

Le beau parc Montmorency lie donc intimement histoire et politique.

De nos jours, c'est à bon escient que les Fêtes de la Nouvelle-France en ont fait leur site officiel que le public, souvent en costume d'époque, envahit dans des décors d'autrefois.

LA MAISON MONTCALM

En marchant rue des Remparts en direction de la côte d'Abraham, on arrive à un embranchement qui prend à gauche, une sorte de déviation menant vers l'Hôtel-Dieu: c'est la rue Saint-Flavien. À l'intersection de cette dernière et de la toute petite rue Hamel, l'attention est captée par une longue maison grise d'allure bourgeoise. Il s'agit de la maison Montcalm, qui porte les numéros 45, 47 et 49.

Le marquis n'y est pas né, bien sûr (il est originaire de Candiac, en France), mais il y a vécu de la fin décembre 1758 à juin 1759, année de la Conquête, alors qu'il était le *généralissime de l'armée française en Amérique septentrionale.* Grand vaincu de la bataille des hauteurs (plaines) d'Abraham, selon ce qu'on rapporte, il ne se serait jamais fait d'illusion sur l'issue de la guerre entre l'Angleterre et la France en terre canadienne. Il semble qu'il avait compris qu'il ne disposerait jamais des renforts et du soutien nécessaire pour contrer l'ennemi, la mère patrie ayant pratiquement abandonné la colonie.

Cette grande propriété, construite en 1724-1725, offrait alors dix âtres et seize belles pièces. Après la Conquête, elle fut habitée par des officiers britanniques. En 1775, lors de l'attaque des rebelles américains, elle subit de lourds dommages. Aussi a-t-elle été complètement restaurée en 1779-1780. Enfin, entre 1810 et 1834, elle a été rehaussée d'un étage et divisée en trois logements.

Apposée sur la façade, on peut voir une plaque commémorant Montcalm et, surmontant la porte d'un petit jardin donnant sur la rue Hamel, trois fleurs de lys en bois représentent le pays de France que le marquis Louis-Joseph de Montcalm ne revit jamais après avoir habité cette demeure.

LA MAISON JACQUET

Au 34 de la rue Saint-Louis se dresse la plus vieille maison de la ville de Québec. Elle fut construite en 1675 par François Jacquet, dit Langevin, maître couvreur en ardoise. Puis, en 1699, l'architecte François de Lajoue, qui avait reconstruit le château Saint-Louis, l'éleva et lui donna cette toiture encore si distinctive qui en fit, à l'époque, l'une des maisons les plus élevées de la haute-ville.

Aujourd'hui, elle est occupée par le restaurant *Aux Anciens Canadiens,* rappel du titre du fameux roman de Philippe Aubert de Gaspé (publié en 1863) qui y vécut de 1815 à 1823.

LE PARC DU CAVALIER-DU-MOULIN

Pas facile de débusquer ce petit parc situé à l'extrémité sud de la Citadelle de Québec! Encore faut-il savoir que le cavalier qui lui a donné son nom n'est pas un chevalier dans le sens où on l'entend communément, mais un ouvrage défensif qu'on érigeait à l'arrière des fortifications principales dans le but de les détruire si l'ennemi les franchissait. On voulait ainsi empêcher l'envahisseur de se mettre à couvert. Ce cavalier est une initiative du comte Buade de Frontenac lui-même qui la commanda lorsque les troupes de Phips assiégèrent Québec en 1690.

Le petit parc, qui fait à peine 1500 mètres carrés, est aujourd'hui d'un tel charme – on dit qu'il est l'un des plus poétiques de la ville – qu'il faut vraiment prendre la peine de tourner les yeux vers ses deux petits canons courts, appelés caronades, montés sur des affûts, pour se convaincre de son passé militaire.

Pour le débusquer, il faut soit emprunter la rue Mont-Carmel, soit se rendre au bout du cul-de-sac de la rue des Carrières et monter les petits sentiers de terre battue qui y succèdent. Par doux temps, le parc est très prisé des travailleurs qui viennent y faire le plein de beauté et d'harmonie au moment de la pause.

Le mot «moulin», en queue de l'appellation du parc, vient du fait qu'il est situé au sommet d'un monticule qu'on appelait Mont-Carmel, emplacement qui favorisa l'érection d'un moulin à vent. Simon Denys de La Trinité en fut le premier propriétaire en 1663. Une décennie plus tard, après qu'un incendie l'eut ravagé, Nicolas Dupont de Neuville, membre du Conseil souverain, le reconstruisit, en pierre cette fois. Cinq autres propriétaires devaient lui succéder par la suite.

Le parc du Cavalier-du-Moulin, l'un des plus poétiques de Québec, d'où l'on aperçoit de beaux clochers, notamment celui de l'église Chalmers-Wesley.

La place d'Armes, vers 1865, quand les Québécois l'appelaient le «rond de chaînes» à cause des chaînes qui la ceinturaient.

Après la Conquête, l'endroit devint une propriété privée. Selon Alfred Hawkins, qui en dressa un état en 1834, on y construisit une résidence, habitée par l'ingénieur militaire en chef, et on l'agrémenta de beaux jardins fleuris. Au milieu du XIXe siècle, ceux-ci devinrent le privilège des résidents du 31, rue Mont-Carmel. On compte, parmi eux, les juges Bowen et Irvine, de même qu'un ancien ministre au cabinet de MacDonald, Sir Adolphe-Philippe Caron, qui en fut le locataire pendant plus de 21 ans.

En 1962, le parc passa aux mains de la province de Québec. À partir de 1982, la population a pu y avoir accès librement et y savourer une des plus belles vues de la ville de Québec: les Laurentides dans le lointain, les clochers de la ville dont, plus particulièrement, celui de l'église Chalmers-Wesley, le sommet du Parlement, les glacis de la Citadelle et les maisons de la rue Saint-Louis.

LA PLACE D'ARMES ET LE MONUMENT DE LA FOI

Lorsque le gouverneur Huault de Montmagny prit ses fonctions à Québec, celle-ci n'était qu'un comptoir de traite, et sa première responsabilité était de la transformer en ville. Aussi, procédant de la manière dont furent déployées les villes médiévales, entre 1640 et 1648, il traça des rues (le premier plan d'urbanisme de Québec) rayonnant depuis un point commun, le fort Saint-Louis, et créa ainsi la place d'Armes. Les différents régiments y paradaient et c'est là qu'on les inspectait. Durant les années 1830, la construction de la Citadelle entraîna le déplacement de ces manœuvres au parc de l'Esplanade, rue d'Auteuil.

En 1865, le maire Thomas Pope y fit planter des arbres. Puis, en 1882, quand on nivela et délimita le terrain en le ceinturant d'une chaîne, les

Anglais la nommèrent *Ring*, et les Français, le Rond de chaînes, ou la Grande Place. À la fin du XIXᵉ siècle s'y trouvait le poste de cochers le plus important de la ville, et lorsque les tramways succédèrent aux voitures à cheval, la place d'Armes devint un débarcadère des plus achalandés.

Si, aujourd'hui, cette place est l'une des plus animées et joyeuses, lorsqu'en été les amuseurs publics, musiciens et autres jongleurs distraient les clients aux terrasses des restaurants de la rue Sainte-Anne qui la borde, hier déjà elle était un joyau, un lieu de rendez-vous pour la haute bourgeoisie. On raconte même combien l'écrivain anglais Charles Dickens la goûta lors d'un séjour chez son ami le journaliste et éditeur John Charlton Fisher, qui y possédait une riche propriété.

Autrefois, le centre de la place était occupé par une vasque ornée d'un bambin qui tenait un poisson faisant office de jet d'eau. En 1916, on remplaça ce bassin ornemental par une fontaine gothique surmontée d'un monument dit le *Monument de la Foi*, pour commémorer le tricentenaire de l'arrivée des Récollets, les premiers missionnaires de la Nouvelle-France, en 1615. Ils ont établi leur couvent en bordure de ce parc, dans le coin sud-ouest, là où se trouve aujourd'hui l'ancien palais de justice transformé en condos luxueux.

Située à la rencontre des rues Saint-Louis, du Fort et du Trésor, la place d'Armes est l'un des carrefours les plus fréquentés de la vieille capitale.

LE CHÂTEAU FRONTENAC

Désirant profiter d'un règlement municipal qui exemptait de taxes pendant dix ans quiconque construisait un hôtel à l'intérieur des murs de la ville, un groupe de financiers anglais, dont faisaient partie Donald Alexander Smith, William Van Horne et Thomas Shaughnessy, fondèrent en 1892 la Compagnie du château Frontenac dans le but de financer la construction d'un établissement de grand luxe. Ils choisirent de l'ériger juste derrière l'emplacement du château Saint-Louis où quarante gouverneurs avaient veillé successivement au destin de la Nouvelle-France puis de la *Province of Quebec*, à la place du château Haldimand qui servait alors d'école normale et qu'il fallut démolir.

L'architecte new-yorkais Bruce Price fut désigné pour en dessiner les plans inspirés des châteaux français du temps de la Renaissance. Il les adapta aux besoins contemporains. La construction, placée sous la res-

Un château rappelant ceux de la Renaissance en France, devenu l'image emblématique de Québec et un hôtel réputé internationalement.

ponsabilité de Félix Labelle, un entrepreneur ayant à son actif la construction de l'édifice du journal *La Presse,* du collège Saint-Laurent, de l'hôtel Viger et l'agrandissement de la gare Windsor, se révéla une tâche beaucoup plus ardue qu'on ne l'avait anticipé. D'abord, des citoyens de la ville s'opposèrent à la démolition du château Haldimand, puis à celle de plusieurs maisons du XVIIIe siècle qui se dressaient à proximité. Le projet alla quand même de l'avant et l'origine diverse des matériaux fait foi du souci d'obtenir un bâtiment de marque. On fit venir une partie des pierres des carrières de Lachevrotière en France, la brique réfractaire de Glenboig (en Écosse), le bois des scieries luxembourgeoises de Simon Peters, l'acier (sa structure de fer fut la première du genre au Canada) d'Angleterre et le verre de Belgique. La toiture en cuivre est l'œuvre de Napoléon Barbeau, un plombier-couvreur du quartier Saint-Roch.

Les travaux furent amorcés le 15 juin 1892 et c'est en grande pompe qu'on inaugura l'hôtel le 18 décembre 1893.

Bien sûr, le prestigieux hôtel doit son nom au comte Louis Buade de Frontenac, l'un des plus illustres gouverneurs, celui-là même qui menaça William Phips de lui répondre par la bouche de ses canons, et qui occupa les hautes fonctions sous deux mandats, de 1672 à 1682, puis de 1689 à 1698.

Initialement, les quatre ailes de l'hôtel reliées par autant de tours formaient un fer à cheval cernant une véritable cour d'honneur. La décoration intérieure équilibrait opulence et élégance ; des tapisseries rares, des tableaux de grands maîtres, des lambris de bois précieux et des sculptures ornaient les murs dont les parquets de mosaïques épousaient les tons. Tout l'ameublement était en chêne, dans le style du XVIᵉ siècle pour bien évoquer les châteaux d'Europe.

Le château Frontenac connut le succès dès son ouverture. Il fit l'objet de plusieurs agrandissements, entre autres dès 1898-1899, puis en 1920, ainsi qu'à la suite d'un incendie en 1926. En 1987, il fut l'objet de rénovations majeures : toutes les chambres furent refaites, les aires publiques rénovées et les cuisines modernisées. En 1991, on y ajouta une aile de six étages, un stationnement et une piscine intérieure.

Des personnages célèbres et plusieurs dignitaires ont logé au château Frontenac au cours des années. À titre d'exemples, Charles Lindbergh, Alfred Hitchcock, Anne Baxter, Montgomery Cliff, Jackie Gleason, Grace de Monaco, Bing Crosby, la reine Élisabeth II, Charles de Gaulle. Deux premiers ministres de la province, Maurice Duplessis et Daniel Johnson, y ont résidé.

Enfin, c'est au château Frontenac qu'en août 1943, puis en septembre de l'année suivante, les Alliés se donnèrent rendez-vous pour discuter de la conduite générale de la guerre alors qu'il fut question du débarquement en Normandie et de l'attaque contre le Japon.

LE MONUMENT DE FRANÇOIS DE MONTMORENCY LAVAL

C'est dans la foulée d'un mouvement de prise de conscience à l'égard de la survivance du peuple canadien-français que la Société Saint-Jean-Baptiste lança l'initiative de l'érection d'un monument à la mémoire de Mgr de Laval. On était en 1904. Bien sûr, l'Église catholique s'associa à la réalisation du projet.

Le dévoilement de la statue, œuvre du sculpteur Philippe Hébert, était prévu pour juin 1908, année du tricentenaire de la fondation de Québec. Aussi fut-il suggéré par les autorités de la ville et les organisateurs de l'événement qu'il s'inscrive dans l'ensemble des manifestations prévues. Le clergé et les représentants de la Société Saint-Jean-Baptiste s'opposèrent à cette idée, redoutant, entre autres choses, qu'au bout du compte la mémoire du premier évêque de Québec puisse éclipser celle de Champlain. Il y eut d'autres réticences. En effet, pour permettre l'érection de ce monument à l'endroit choisi, soit à quelques pas du palais épiscopal au sommet de la côte de la Montagne, il fallait démolir plusieurs

Monument de Mgr de Laval commandé par la Société Saint-Jean-Baptiste pour commémorer la survivance du peuple canadien-français.

maisons déjà en mauvais état, mais qu'habitaient des gens mal nantis n'ayant pas les ressources nécessaires pour se loger ailleurs.

Le dimanche 22 juin 1908, à dix heures du matin, en présence de pas moins de cent mille personnes massées dans les rues autour et devant la basilique, la procession de la Fête-Dieu s'ébranla au son des trompettes. Le cortège, composé de plusieurs contingents de zouaves, de chevaliers de Colomb, de la garde de Salaberry, tous vêtus de leur habit de cérémonie, ouvrait la marche aux Ursulines, Augustines et Sœurs de la Charité, ces religieuses ayant été exceptionnellement dispensées de leur vœu de clôture. Venaient ensuite Sir Wilfrid Laurier, Lomer Gouin, premier ministre du Québec flanqué de tous ses ministres, le maire et les conseillers, puis les professeurs de l'Université Laval reconnaissables à leurs toges. Enfin, derrière Mgr Bégin, douze évêques canadiens, les évêques de Manchester (Angleterre) et d'Orciste (Chine). Le caractère international donné à cette marche solennelle annonçait en quelque sorte l'avènement du monument de Mgr de Laval, qui allait être inauguré le lendemain, lors d'une cérémonie plus grandiose, et devant une foule encore plus considérable.

Aujourd'hui, ce monument demeure l'un des plus impressionnants de Québec, autant par sa localisation que par sa prestance.

L'ÉDIFICE LOUIS-SAINT-LAURENT

Avec la partie surélevée du château Frontenac, les derniers étages de l'édifice Price, le clocher de la basilique de Québec et le toit du Séminaire, le dôme du bureau de poste le plus célèbre de Québec fait partie intégrante de la silhouette de la ville. Avec son vocable populaire, soit *le bureau de poste*, on croirait qu'il est le seul. Sans doute est-ce parce qu'il domine la côte de la Montagne, face à l'entrée du parc Montmorency, et qu'il occupe une sorte de plateau le mettant en évidence. Il est ainsi impossible de l'ignorer lorsqu'on visite la haute-ville.

architecture fastueuse

Sa façade impressionne par son architecture fastueuse, mais sans excès : ici le bon goût domine. Depuis ses escaliers d'accès, qui rayonnent de la rue du Fort à la rue pentue de la côte de la Montagne, on admire ses pierres brutes striées, les colonnes massives qui soutiennent son fronton, qu'on pourrait assimiler à celui d'un temple grec, et son dôme si distinctif dans le ciel de la vieille capitale.

L'histoire de cet édifice n'a rien de banal, se confondant même avec la légende. À la fin du Régime français, c'était l'une des plus grandes maisons de Québec. Elle avait été construite en 1735 pour Nicolas Jacquin, dit Philibert, dont on rapporte qu'il fut tué par un officier des troupes de la marine membre de la famille de Repentigny, de la haute bourgeoisie seigneuriale. En 1775, elle fut transformée en auberge. La rumeur veut qu'elle ait été le siège de la franc-maçonnerie. Puis, on y aménagea un bureau de poste. Ce dernier manquant d'espace et de luminosité, on en construisit un nouveau, de 1871 à 1873, selon les plans de l'ingénieur Pierre Gauvreau. Le projet nécessitant la démolition de plusieurs maisons de la rue Buade, il fit gronder les citoyens de Québec. Cependant, l'édifice terminé souleva l'enthousiasme et ses anciens détracteurs saluèrent de ne plus avoir à *souffrir d'un air pesant dans une salle obscure pendant des quarts d'heure à se coudoyer les uns les autres* pour retirer leur courrier.

Objet de modifications majeures en 1914-1915, l'établissement fut nommé en 1984 « Édifice Louis-S.-Saint-Laurent » en l'honneur du premier ministre canadien de 1949 à 1958, qui a longuement habité Québec et dont les funérailles avaient eu lieu tout près, à la basilique.

En haut :
Cet immeuble, maison de Nicolas Jacquin en 1735, fut par la suite une auberge, puis un bureau de poste. Considérablement modifié, on le baptisa « Édifice Louis-S.-Saint-Laurent » en 1984, mais d'aucuns l'appellent toujours le bureau de poste.

En médaillon :
Pierre illustrant la légende du *Chien d'or*, reliée à Nicolas Jacquin, dit Philibert.

LE JARDIN DES GOUVERNEURS
ET LE MONUMENT WOLFE-MONTCALM

L'obélisque du Jardin des Gouverneurs est le monument à Wolfe et à Montcalm. On a opté pour une inscription en latin afin de ne froisser aucun des descendants de ceux qui se sont affrontés lors de la bataille des plaines d'Abraham, le 13 septembre 1759.

Le public a adopté ce joli parc. Il avait déjà pris l'habitude de s'y promener après l'incendie du château Saint-Louis, en 1834. Auparavant, depuis 1647, son accès était réservé au gouverneur et à sa suite. Lorsqu'aux environs de 1860 il fut loué à un particulier, un nommé Clancy, et que celui-ci le clôtura pour l'interdire aux promeneurs, des résidents du quartier exprimèrent haut et fort leur mécontentement et des pans de la clôture furent précipités au pied du Cap-aux-Diamants.

Depuis, le parc est ouvert à tous...

Longtemps appelé le jardin du Fort, puis le jardin du Gouverneur, il porte aujourd'hui l'appellation de Jardin des Gouverneurs.

Fait remarquable : c'est dans cet îlot de verdure que fut lancée, par le colonel William Rhodes en 1868, la première volée de moineaux au Canada, volatiles devenus si communs et si familiers de par tout le pays depuis.

Devant ce parc, en bordure de la rue des Carrières, regardant la terrasse Dufferin et le fleuve au-delà, se dresse un monument en forme d'obélisque qu'on ne remarque plus. Il s'agit du monument Wolfe-Montcalm, ces généraux célèbres qui perdirent la vie lors de la bataille des hauteurs d'Abraham et qu'on honore ici d'une plaque en latin afin de ne pas favoriser la langue de l'un ou de l'autre. C'est le dernier survivant du fameux affrontement qui donna les traditionnels coups de maillet sur la pierre angulaire de cette toute première pièce commémorative extérieure érigée à Québec. Il s'agit de James Thompson, un franc-maçon de 96 ans, qui avait combattu avec les troupes anglaises.

Son inauguration eut lieu le 8 septembre 1828 par l'initiateur de ce projet, Lord Dalhousie, le jour même où il devait rentrer en Angleterre.

L'inscription latine, choisie pour ne froisser personne, se traduit ainsi: *Leur courage leur a donné le même sort/L'Histoire, même renommée/La postérité, même monument.* On la doit à John Charlton Fisher, imprimeur du roi et éditeur de la *Gazette de Québec.*

LA CATHÉDRALE ANGLICANE HOLY TRINITY

Plus de deux fois centenaire, cette église, sise à l'angle des rues des Jardins et Sainte-Anne, n'a jamais connu d'incendie fatal. Dans l'histoire des temples religieux du Québec, c'est exceptionnel. Mais la cathédrale Holy Trinity a d'autres particularités exclusives. Ainsi, son clocher fut longtemps la plus haute structure de la ville et il est encore plus élevé que celui de la basilique. C'est la première cathédrale construite hors du Royaume-Uni et l'un des plus vieux édifices religieux de la vieille capitale.

En 1796, lorsque le feu ravagea le couvent des Récollets, à la place d'Armes, la communauté britannique de Québec se retrouva sans aucun endroit de culte. Pendant quelque temps, elle fréquenta la chapelle catholique de l'ancien collège des Jésuites, devenue une caserne depuis le départ obligé de cette communauté après la Conquête. Bien évidemment, cette solution ne pouvait être que temporaire. Le premier évêque anglican au Canada, Mgr Jacob Mountain, se mit bientôt en frais d'amasser des fonds pour la construction d'une église qui serait exclusivement d'obédience anglicane. Mais la faible population britannique de même que le peu d'appuis des autorités lui dictèrent de se tourner vers la couronne d'Angleterre. Il fut exaucé : non seulement le roi George III accepta de payer la construction du temple, mais il prit sur lui de fournir tout le nécessaire au culte.

L'une des seules églises n'ayant jamais été incendiée, la cathédrale anglicane Holy Trinity.

Les travaux débutèrent le 11 août 1800 sur l'emplacement même de l'ancien couvent des pères récollets et ils se poursuivirent jusqu'au 1er mai 1804. De style palladien, inspiré de l'architecture italienne apparentée à la Renaissance, la cathédrale est modelée sur l'église St. Martin-in-the-Fields de Londres. Il est regrettable que la piètre qualité des matériaux n'ait pas permis aux ingénieurs royaux William Robe et William Hall de la construire à hauteur de leur ambition. Ainsi en est-il de la pierre du Cap-aux-Diamants, par trop poreuse. Elle dut être recouverte d'un crépi afin de contrer les infiltrations d'eau. On traça de faux joints pour imiter la pierre lisse. Néanmoins, les pilastres, l'arcature des façades et le clocher sont de pierres véritables. Et dans le porche, on retrouve quelques pierres provenant des cathédrales de Canterbury et St. Paul de Londres.

Le muret qui en ceinture la cour, surmonté d'une clôture en fer forgé, ainsi que la grille d'entrée furent conçus par le colonel Elias Walker Durford. Fort heureusement, pendant la période estivale, cette ceinture n'a rien de rébarbatif : les barrières situées aux deux extrémités demeurent ouvertes et les promeneurs n'ont de cesse de la franchir.

La cathédrale anglicane Holy Trinity (ou de la Sainte-Trinité), c'est un coin du vieux Londres à Québec et son charme suranné la classe parmi les plus belles églises de tout le pays.

À l'entrée de la maison Péan, les racines d'un arbre plus que centenaire étreignent singulièrement un boulet de canon.

LA MAISON PÉAN ET LE BOULET DE CANON

La réputation de celle qu'on appela « la Pompadour du Canada », la très belle Angélique des Méloizes, épouse du capitaine Michel-Jean-Hugues Péan et maîtresse affichée de l'intendant Bigot, aurait été, selon la rumeur historique, la véritable propriétaire de la maison sise au 59, rue Saint-Louis. C'est l'intendant lui-même qui lui en aurait fait don, mais pour ne pas pervertir l'histoire, ne voulant pas y retrouver le récit des amours illicites, cette maison fameuse est communément connue comme la maison Péan.

Construite en 1720 par le notaire Jacques Barbel, elle fut agrandie en 1756, puis rehaussée après un incendie qui l'avait endommagée en 1796.

Après la Conquête, il n'en subsistait que les murs du rez-de-chaussée et les caves voûtées.

Elle connut des jours fastes alors que le chevalier de Péan y donnait des réceptions et des bals très courus par la noblesse et les autorités coloniales. Dans ses lettres à sa femme, Montcalm relate les soirées fastueuses qu'il y a connues.

Le maître des lieux est né à Contrecœur, près de Sorel, en 1723. Son père était un officier en vue de la colonie. Il avait aisément gravi, à son tour, les différents grades militaires et en 1750 (il avait 33 ans) il était déjà capitaine. Il sera décoré de la Croix de Saint-Louis six ans plus tard. Opportuniste et beau parleur, il sut se faire apprécier du gouverneur, le marquis de Vaudreuil, et devint un proche de l'intendant. Mais, dit-on, c'est à son épouse, la sémillante Angélique, qu'il dut son avantageuse carrière dans les affaires. Protégé de Bigot, il amassa une fortune colossale en détournant, puis en revendant à fort prix,

des marchandises et des denrées destinées pourtant aux besoins criants de la colonie. Après la Conquête, ayant fui en France avec la plus grande partie de la haute bourgeoisie coloniale, il fut enfermé à la Bastille pendant un certain temps avant d'être banni. Mais il put revenir sur le territoire français après quelque neuf années d'exil en Suisse, et il vécut le reste de sa vie en seigneur à son domaine d'Orzain, près de Blois. Il mourut à l'âge de 59 ans. Sa femme, quant à elle, demeura à Blois, et se consacra au soutien des familles canadiennes qui les avaient suivis en Europe. Elle s'éteignit le 1er décembre 1792.

La propriété de la rue Saint-Louis fut acquise par les autorités militaires en 1811 et elles ne s'en sont jamais départies depuis.

Tout près de cette maison, le regard est accroché par une singulière ornementation. Il s'agit d'un grand arbre dont les racines en surface ont fini par étreindre littéralement un boulet de canon. On a longtemps cru qu'il s'agissait d'un boulet anglais datant des bombardements de 1759. Il est plus vraisemblable que ce soit tout simplement un objet abandonné là pendant toutes ces années où les militaires ont occupé la maison, à moins que ce ne soit une ornementation d'un genre qui avait cours à une certaine époque.

La belle Angélique des Méloizes, montrée ici dans son costume de Diane, fut l'épouse de Michel-Jean-Hugues Péan, qui fut fait chevalier de Saint-Louis en 1755, et la maîtresse de l'intendant Bigot.

LA CITADELLE ET LA RÉSIDENCE
DU GOUVERNEUR GÉNÉRAL

À propos de la Citadelle, précisons d'abord qu'elle n'existait pas à l'époque de la Conquête et n'a donc subi le feu d'aucune bataille.

On y accède après avoir franchi deux portes successives, la porte Durnford, première dont l'armature en fer a quelque chose de rébarbatif, et la porte Dalhousie, une arche sévère et d'allure invincible, perpétuant la mémoire des deux concepteurs et bâtisseurs de la Citadelle. Ces barrières qui en gèrent l'accès sont-elles responsables de la faible fréquentation des résidents de Québec? Ou encore la vue simultanée des larges fossés, des épaisses murailles percées de meurtrières et des canons repliés dans les embrasures donne-t-elle aux passants l'illusion que c'est là tout ce qu'il en est?

Pourtant, le cœur de la Citadelle, la résidence officielle des soldats du Royal 22e Régiment, mérite d'être visité. Un mess d'officiers et des casernes affichant sur leurs façades les noms des grandes batailles auxquelles ils ont participé entourent un impressionnant espace de parade. Un mémorial, dévoilé en 1964 par la reine Élisabeth II, est d'ailleurs dédié aux combattants de ce régiment tombés au champ d'honneur. Par ailleurs, une croix blanche, dite la Croix de Vimy, y commémore l'héroïsme des soldats de la 2e Division canadienne ayant perdu la vie au cours de violents combats lors de la Première Guerre mondiale, en 1915 et 1917, dans la ville française du Pas-de-Calais. C'est par cette vaste cour que l'on peut accéder aux voûtes d'une ancienne poudrière datant de 1831, où loge la chapelle régimentaire. S'y dresse également

L'étroite porte de la Citadelle en 1931.

le bastion du roi, dans lequel est intégrée la redoute du Cap-aux-Diamants qu'avait fait ériger le gouverneur Frontenac en 1693, tout près de la résidence officielle du gouverneur général du Canada. Enfin, la poudrière construite par Chaussegros de Léry en 1750 se trouve toujours à l'intérieur des murs de la Citadelle.

C'est en 1818 que le gouverneur en chef de l'époque, le duc de Richmond, estimant que les Américains représentaient une menace pour le Canada, recommanda la construction d'une forteresse sur le cap. Et c'est le duc de Wellington, vainqueur de Napoléon à Waterloo et alors maître de l'artillerie anglaise, qui approuva l'idée et libéra le budget nécessaire à sa réalisation. Le comte de Dalhousie, qui succéda au gouverneur Richmond, confia l'exécution des travaux de construction au lieutenant-colonel Elias Walker Durnford, qui mit douze ans (1820-1832) à les compléter. La pierre dont il se servit pour la réalisation de son ouvrage provenait des carrières de Cap-Rouge, de L'Ange-Gardien et de Neuville.

Se déployant en étoile, dont chaque pointe est constituée d'un bastion, la Citadelle fut conçue dans l'esprit de l'ingénieur français Sébastien Le Preste, marquis de Vauban, qui avait créé 180 places fortes en France sous le régime du roi Louis XIV et donné son nom à un genre de fortifications des plus efficaces. On en disait d'ailleurs: *une ville construite par Vauban est une ville sauvée.* Les quatre bastions portent successivement le nom de Bastion du Roy, du Prince de Galles, Dalhousie et Richmond.

Depuis 1949, le Musée du Royal 22e Régiment y a ouvert ses portes dans l'ancienne poudrière française, et on peut y visiter une prison militaire datant de 1841. Par ailleurs, en saison estivale, les relèves de la garde de 10h et de 18h constituent un spectacle très prisé des visiteurs.

La Citadelle est aussi, depuis l'initiative du comte de Dufferin, gouverneur général du Canada de 1872 à 1878, l'une des résidences officielles du gouverneur général du Canada (avec Rideau Hall, à Ottawa). Un incendie ravagea la prestigieuse demeure en 1976. Fort heureusement, le feu épargna les appartements privés du représentant de la reine et le mobilier néoclassique des années 1830 qui l'ornementait.

Des gens célèbres logèrent dans cette résidence au cours des ans. Entre autres, le premier ministre canadien Mackenzie King, son homologue britannique Winston Churchill et le président américain Franklin D. Roosevelt. Lors de la Conférence de Québec qui, en 1944, se tint au château Frontenac, les documents sur la reconstruction de l'Europe y furent cachés, et si bien cachés qu'aujourd'hui encore on ignore où se trouve la pièce qui les contient!

En 1984, on rafraîchit le décor de la résidence et on y ajouta le salon Samuel de Champlain.

D'une année à l'autre, le nombre de visiteurs qui affluent à la résidence augmente. L'entrée est gratuite.

La Citadelle de Québec, conçue selon l'esprit du marquis de Vauban, fameux ingénieur français qui dessina pas moins de 180 places fortes en France.

Les faubourgs

2

Saint-Vallier

Côte d'Abraham

Sainte-Geneviève

D'Aiguillon

5 Saint-Jean

Saint-Jean

Ch. Sainte-Foy

Av. Cartier

4

Saint-Augustin

Av. Dufferin-Montmorency

Place d'Youville

Boul. René-Lévesque

6

175

Av. des Érables

Av. Bourlamaque

Av. de Salaberry

Claire-Fontaine

de la Chevrotière

des Parlementaires

Av. Honoré-Mercier

Parlement de Québec

175

Grande Allée

7

3

Av. George-VI

Av. George-VI

1

O. uaeuueo ·aw

Av. Garneau E.

Parc des Champs-de-Bataille

Av. du Cap-aux-Diamants

Parc des Champs-de-Bataille

Av. Ontario

Av. Ontario

Escalier du Cap-Blanc

Boul. Champlain

| 0 | 0,25 | 0,50 | 0,75 | 1 km |

1 Le Musée national des beaux-arts de Québec

2 Le parc des Braves

3 Le manège militaire

4 L'église St. Matthew

5 L'église Saint-Jean-Baptiste

6 Le Grand Théâtre de Québec

7 La maison Krieghoff

LES FAUBOURGS SAINT-LOUIS
ET SAINT-JEAN-BAPTISTE

LE COUVENT DES SŒURS
DU BON-PASTEUR ET LA CHAPELLE

Elle se dresse tel un rempart de l'histoire contre la modernité. À la limite de la colline Parlementaire, la chapelle historique du Bon-Pasteur a logé le Centre-Dieu de la foi et des arts (FideArt) qui remplissait une mission pastorale auprès des artistes et célébrait une messe expressément pour eux tous les dimanches.

Longtemps après sa construction en 1866-1868, elle a dominé les maisons, au cachet très particulier, du faubourg Saint-Louis, lesquelles ont été plus tard sacrifiées pour l'ouverture du boulevard René-Lévesque et l'expansion du territoire des édifices parlementaires. Sa façade actuelle date de 1909 et on la doit à l'architecte François-Xavier Berlinguet. Quant à son maître-autel, c'est une œuvre des Levasseur. Son sanctuaire est orné d'un tableau du peintre Antoine Plamondon, *L'Assomption de la Vierge*, qui remonte à 1869. Elle est enchâssée dans ce qui fut l'asile du Bon-Pasteur devenu aujourd'hui une coopérative d'habitation.

La chronique de cet établissement débute en 1874. Le Séminaire de Québec acheta alors plusieurs maisons, construites autour de 1820, qui se dressaient depuis la jonction des rues Couillard et Saint-Flavien. L'intention était d'y loger la maison de la Miséricorde que dirigeait la communauté des Servantes du Cœur Immaculé de Marie, fondée par Marie Fitzback, et connue sous le nom de sœurs du Bon-Pasteur. On y accueillait les jeunes filles enceintes, qu'on désignait

L'édifice du Bon-Pasteur (vers 1880), rue De La Chevrotière, accueillit longtemps les filles-mères. C'est là que s'éteignit, le 11 février 1904, l'abbé Henri-Raymond Casgrain, le père des lettres canadiennes.

alors sentencieusement sous les vocables de filles perdues, de pénitentes ou de madeleines.

Elle voisinait alors la maternité Saint-Joseph fondée en 1852 par Marie Métivier. Les deux institutions fusionnèrent en 1887.

Rue De La Chevrotière, où l'institution aménagea au numéro 1280, jusqu'au tournant du xxe siècle, on y accueillit annuellement près de 120 filles-mères par année. En outre, dès 1860, la communauté offrit de l'enseignement et dirigea plusieurs écoles, dont l'atelier d'art du Bon-Pasteur qui donnait des cours de peinture, d'enluminure, de broderie et de confection de bannières.

Il est à noter que l'abbé Henri-Raymond Casgrain, auteur prolifique d'ouvrages à caractère historique et qu'on a surnommé à bon droit «le père des lettres canadiennes», a vécu ses dernières années à l'asile du Bon-Pasteur où il s'est éteint en 1904.

LES PLAINES D'ABRAHAM

Il arrive que, à l'image de ceux qui se souviennent, l'histoire ait la mémoire sélective. Ainsi, on a préféré oublier que les Anglais prirent leurs quartiers à l'île d'Orléans dans le but d'assiéger Québec un... 24 juin! De même, on n'a retenu des plaines d'Abraham que cette fameuse bataille où les généraux Montcalm et Wolfe laissèrent leur vie, bataille que l'on accuse à tort d'avoir fait basculer le Canada dans le giron de l'Angleterre.

Heureusement, à force de la répéter, peu à peu la vérité s'impose : si les plaines d'Abraham (qui tiennent leur nom d'Abraham Martin, un pilote du roi qui s'installa à la haute-ville vers 1620) sont bien le champ des affrontements du 13 septembre 1759 et du 28 avril 1760

LA COLLINE PARLEMENTAIRE

La colline Parlementaire porte bien son nom : c'est l'un des sites les plus élevés de la vieille capitale. Et lorsque l'on considère le nombre de monuments dédiés aux grands personnages de l'histoire politique qui s'y dressent, on peut penser à l'Acropole, en Grèce, ou tout au moins à la place des Grands Hommes à Paris.

L'édifice majeur en est bien sûr l'hôtel du Parlement, dont la construction commença en 1877, après bien des hésitations concernant son emplacement. On avait d'abord sérieusement pensé au site du vieux collège des Jésuites (occupé aujourd'hui par l'hôtel de ville) ; puis, lorsque le lieutenant-gouverneur de l'époque, Luc Letellier de Saint-Just, suggéra l'acquisition du Cricket Field, situé hors les murs et abandonné par la garnison britannique depuis 1871, les Québécois acceptèrent difficilement l'idée d'un siège du Parlement en dehors de l'enceinte de la ville. Jusqu'alors, l'Assemblée nationale, connue à cette époque sous le nom d'Assemblée législative, s'était déplacée du palais épiscopal au bureau de poste, puis du couvent des Sœurs de la Charité à l'Académie de musique et ensuite au palais de justice. Or les opinions se rallièrent bientôt et le gouvernement fédéral céda le terrain pour la somme de 15 000 $. C'est à l'ingénieur et arpenteur au ministère des Travaux publics Eugène-Étienne Taché qu'échut la préparation des plans de l'édifice. Celui-ci s'inspira de l'agrandissement du musée du Louvre, de style Second Empire, qui suscitait un grand intérêt de par le monde. La mise en œuvre de la construction fut

Le Parlement de Québec, quatre ans avant l'incendie de 1854, alors situé sur les lieux de l'actuel palais épiscopal.

L'hôtel du Parlement de Québec, de nos jours, sur la colline Parlementaire.

considérée comme le chantier du siècle. En 1884, il s'y tint une première session parlementaire. Néanmoins, ce n'est qu'à partir de 1886 que les députés purent se réunir dans la salle des séances.

L'avènement du gouvernement de Louis-Alexandre Taschereau (9 juillet 1920 au 11 juin 1936) marqua le mouvement de construction d'autres édifices sur la colline Parlementaire. Précédemment à son poste de premier ministre, cet avocat de carrière avait piloté en tant que ministre des Travaux publics le dossier important de la construction de la prison de Bordeaux, sur l'île de Montréal. C'était un homme de modernité qui souhaitait redessiner l'image publique de l'État. Aussi, lorsqu'il conçut le projet d'ériger une série de trois grands édifices pour la fonction publique, il opta pour un style architectural nouveau, celui dit «des beaux-arts» qui, s'éloignant de l'historicisme, s'adaptait aux progrès sociaux et favorisait l'usage de techniques et de matériaux nouveaux. Ce type d'architecture, enseigné à l'École des beaux-arts, avait déjà été retenu pour la bibliothèque du Parlement (l'édifice Pamphile-Le May) dont les travaux de construction avaient pris fin en 1915. On connaît aujourd'hui l'endroit, relié à l'hôtel du Parlement par une passerelle, sous le vocable de Bibliothèque de l'Assemblée nationale.

Dans la foulée des projets de Taschereau, seuls deux édifices projetés furent réalisés. Le premier, en 1931, l'édifice D, sis au 1020 de la rue des Parlementaires (anciennement rue Saint-Augustin), fut la première construction en hauteur de la colline. Elle était destinée à

loger le ministère de l'Agriculture et de la Colonisation. Quant au second, l'édifice André-Laurendeau, il fut achevé en 1934 et occupé par les bureaux du ministère de la Voirie.

L'arrivée au pouvoir de Maurice Duplessis freina durant une longue période la construction immobilière sur la colline Parlementaire, jusqu'au gouvernement de Jean Lesage et sa Révolution tranquille. C'est ainsi qu'en 1972 on inaugura, au numéro 1037 de la même rue, l'édifice Marie-Guyart (en hommage au nom de fille de mère Marie de l'Incarnation), un ensemble de quatre bâtiments administratifs composant une tour de 32 étages que l'on désigne communément sous le nom de complexe G. Cet immeuble demeure le plus élevé des postes d'observation de la capitale et son dernier étage abrite la galerie d'art Anima G ainsi qu'un belvédère.

Enfin, l'édifice Hector-Fabre, qui loge le ministère des Affaires intergouvernementales, a été construit en 1991 et porte le nom du premier commissaire général du Québec et du Canada en France (1882 à 1910).

Au chapitre des grands hommes, la colline Parlementaire foisonne de monuments, entre autres celui de François-Xavier Garneau, le premier historien national, celui de Mercier, qui rappelle l'honorable Honoré Mercier, premier ministre de la province de 1887 à 1891, et celui de Duplessis, réalisé en 1960 par Émile Brunet mais relégué à l'entrepôt (au «purgatoire», disent certains) jusqu'en 1977 et qui commémore le bouillant et pittoresque premier ministre du Québec pour les périodes de 1936 à 1939, et de 1944 à 1959. Enfin, localisé tout

Devant l'entrée principale, on peut voir l'hommage aux Premières Nations.

près de l'avenue Honoré-Mercier, faisant face au boulevard éponyme, se dresse le monument à la mémoire de René Lévesque (premier ministre de 1976 à 1985). Cette statue est la deuxième du père du Parti québécois. La première, dévoilée le 3 juin 1999, ne faisait pas suffisamment honneur au personnage : elle respectait par trop sa petite taille (1,63 m), ce qui provoquait souvent de la part des passants des gestes déplacés (entre autres, d'aucuns lui serreraient la main ou lui tapaient sur la tête en se faisant photographier à ses côtés). Le nouveau monument, dévoilé le 28 août 2001, fait 2,46 m.

Si ces monuments rappellent de belles tranches de notre passé, l'hôtel du Parlement lui-même ne se veut pas en reste et impose un retour dans la mémoire par cette inscription qu'il porte sculptée au-dessus de la porte principale : *Je me souviens...*

Le véritable sens de cette expression, immortalisée dans la pierre sur la décision d'Eugène Taché, ingénieur et sous-ministre des Terres de la Couronne (1836-1912), n'apparaît pas d'évidence et a donné lieu à maintes interprétations depuis qu'elle devint la devise officielle de la province de Québec en 1939. Encore aujourd'hui, la question n'est pas véritablement résolue et les opinions demeurent partagées.

Un ancien président de la Société Saint-Jean-Baptiste affirmait qu'il fallait comprendre que ces trois mots n'étaient que le début d'une expression se lisant ainsi : *Je me souviens que né sous le lys, je crois* (sic) *sous la rose.* En d'autres mots, on se souvenait d'être né sous le Régime français et d'avoir grandi sous le Régime anglais. Ce qui fit écrire à l'historien Mason Wade que les Québécois se souvenaient des beaux jours de la Nouvelle-France, mais aussi qu'ils appartenaient à un peuple vaincu...

La première interprétation mentionnée dans les articles publiés à ce propos est celle de l'historien Thomas Chapais qui affirma, lors d'un discours prononcé le 24 juin 1895, que par cette devise *nous nous souvenons du passé et de ses leçons, du passé et de ses malheurs, du passé et de ses gloires.* L'année d'ensuite, le secrétaire des Travaux publics de l'époque, Ernest Gagnon (1834-1915), écrivait qu'elle *résumait admirablement la raison d'être du Canada de Champlain et de*

La nouvelle statue de René Lévesque, père du Parti québécois et ancien premier ministre, dévoilée le 28 août 2001.

Je me souviens

Maisonneuve comme province distincte dans la Confédération. Et 25 ans plus tard, un autre historien, Pierre-Georges Roy, émettait l'opinion que ces mots étaient symboliques et *disaient le passé comme le présent et le futur de la seule province française de la Confédératio*n.

Histoire vivante du Québec

L'ethnologue Conrad Laforte croyait, lui, que la devise avait été tirée de la chanson *Un Canadien errant* (adaptation du passage du verset *Va, dis à mes amis/Que je me souviens d'eux*) et l'écrivain André Duval, qu'elle est *à la fois la traduction de la devise du marquis de Lorne, ne obliviscaris (gardez-vous d'oublier) et la réponse d'un sujet canadien-français de Sa Majesté à cette même devise.*

Dans une étude parue dans *Québecensia*, en 2003, c'est l'historien Gaston Deschênes qui conclut de la meilleure manière en écrivant : *C'est une invitation à se souvenir que chacun peut interpréter à sa guise en toute liberté.*

LE MANÈGE MILITAIRE, LE MUSÉE DES VOLTIGEURS ET LE PARC GEORGE V

Le manège militaire, magnifique immeuble qui se dresse un peu en retrait de la Grande Allée, fut pendant sept ans (1887-1894) le lieu des activités festives de l'Exposition provinciale. Mais l'urbanisation du quartier fit bientôt qu'il n'était ni aisé ni bien avisé d'y loger des animaux et d'y conserver des denrées alimentaires, ne serait-ce que pour quelques semaines, d'autant que c'était pour une période très courte. En 1894, l'événement populaire fut donc déménagé dans le quartier Limoilou, où il se tient encore chaque année dans ce qu'il est convenu d'appeler le parc des Expositions, près de l'ancien Colisée Pepsi.

Construit en remplacement d'un premier manège en bois qui datait de 1863, et dont on a conservé la structure jusqu'à la fin des années 1920, le manège actuel fut dessiné par Eugène-Étienne Taché, celui-là même qui avait tracé les plans de l'hôtel du Parlement et dont la réputation était alors au zénith. C'est un très vaste bâtiment

Le manège militaire, superbe immeuble de la Grande Allée.

Histoire vivante du Québec

Sur la gauche du manège militaire se trouve la partie qui abrite le musée des Voltigeurs, le plus ancien régiment d'expression française de l'armée canadienne.

(105 mètres de long) en pierre de Beauport et de Deschambault, dont l'allure rappelle les châteaux français sous le règne de François Ier (1515-1547). Caractérisé par sa toiture pointue recouverte de cuivre et percée de lucarnes, ses imposantes cheminées et ses tourelles coniques, on ne peut s'y tromper : il aurait pu se trouver dans la vallée de la Loire sans en dépareiller les 300 châteaux qui y nichent.

En février 1991, lors d'une cérémonie haute en couleur, et en présence du lieutenant-gouverneur Martial Asselin (1990-1996), la Commission des lieux et monuments historiques du Canada lui a apposé une de ses plaques commémoratives qui le classe parmi les lieux de première importance du patrimoine canadien.

À l'intérieur du manège, dans la partie construite en 1912 (au 805, avenue Laurier Est), loge le musée des Voltigeurs, du nom de ce régiment, *la plus ancienne unité d'expression française de l'armée canadienne.* Il avait été fondé par le lieutenant-colonel Charles-René Léonidas de Salaberry, fils du héros de la bataille de Châteauguay qui, à la tête d'un bataillon de volontaires, avait infligé une défaite aux Américains en 1813. Quant au musée, il fut créé progressivement à partir de 1960 pour mettre en valeur l'histoire de ce régiment. Les visiteurs peuvent donc voir les uniformes des premiers Voltigeurs (les carabiniers), une collection de tambours qui constitue l'un de ses trésors, des objets ayant appartenu au régiment du duc de Wellington, avec lequel les Voltigeurs ont conservé des liens, de même que des pièces ou uniformes de la Seconde Guerre mondiale, dont certains ont été saisis aux Allemands.

On y expose aussi, bien en vue, les photos des commandants successifs depuis 1862 et celles des colonels honoraires dont firent partie, entre autres, les deux premiers ministres fédéraux Wilfrid Laurier et Louis Saint-Laurent. L'honorable Jeanne Sauvé, gouverneure générale du Canada (1984-1990), en fut, soit dit en passant, l'un des membres honoraires.

L'ÉGLISE ST. MATTHEW ET SON CIMETIÈRE

Sise au cœur du quartier Saint-Jean-Baptiste, rue Saint-Jean, l'église St. Matthew ne peut se prétendre d'une exemplaire pureté architecturale. Son style ogival, inspiré de différentes époques, et son faux-côté quelque peu difforme au sud de la nef sont autant d'éléments discordants que souligne l'abbé Louis Beaudet dans son livre sur Québec publié en 1890. Et pourtant...

Fait pour le moins curieux, la communauté protestante qui s'y réunissait déjà en 1822 avait auparavant célébré ses premiers offices dominicaux dans la maison du fossoyeur. Cette dernière fut rasée par les flammes en 1845. Sous l'impulsion de l'évêque A.W. Mountain et d'après les plans de l'architecte John Cliff, un édifice religieux digne de ce nom fut érigé : l'église St. Matthew. Son noyau initial se distingue encore aisément dans le cimetière adjacent, au milieu des pierres tombales.

Bientôt, ce premier temple se révéla trop exigu. Aussi, en 1870, procéda-t-on à son agrandissement, dessiné cette fois par un architecte montréalais, William Tutin Thomas. La réalisation des travaux, essentiellement un transept et un chœur érigé du côté est, fut confiée à l'un de ses confrères de Québec, Harry Staveley. Un peu plus tard, soit en 1875, la nef fut agrandie et, en 1882, on ajouta à l'ensemble une tour fléchée.

Même servie à l'anglaise, l'inspiration néogothique qui distingue l'église St. Matthew a connu dans le pays un tel engouement que l'hôtel du Parlement fut construit dans la même veine.

À part cette précieuse parenté architecturale, l'église St. Matthew a plusieurs autres atouts. D'abord, les visiteurs peuvent admirer au-dessus de la porte d'entrée la plus belle horloge extérieure de Québec. Il s'agit de la *Laurie Memorial Clock,* dessinée par l'architecte québécois Edward B. Staveley. La pièce en fer ouvré et ornée de feuilles d'arbres a été réalisée à Londres par la maison J.W. Benson Ltd. Son exceptionnel carillon est un autre attrait. Installé en 1885 dans la tour construite trois ans auparavant, il fut longtemps associé aux traditions du

La *Laurie Memorial Clock,* la plus belle horloge extérieure de la ville de Québec, accrochée à la tour du clocher de l'ancienne église anglicane St. Matthew, rue Saint-Jean.

1ᵉʳ janvier : avant de claironner joyeusement le début de la nouvelle année, peu avant minuit, il marquait de son timbre le plus grave les derniers instants de l'année mourante.

Au début du siècle, l'église fut victime d'une rumeur des plus troublantes voulant qu'elle aurait été hantée par un ou plusieurs fantômes. Ainsi, plus d'un colportait avoir entendu des bruits singuliers de coups frappés contre les portes de l'église à la tombée de la nuit. Parmi eux se trouvait un témoin très crédible en la personne du respectable marchand Jos Gilbert, dont la boutique de chaussures était située juste en face du temple. On pouvait d'autant plus donner foi à ses dires que le personnage, terre à terre, était le fournisseur attitré des policiers de la ville. On ne vit jamais la fin de cette histoire, mais la chronique se la rappelle encore.

Elle se souvient aussi d'un personnage important qui préfigura la destinée actuelle de cette église : au début du siècle, son pasteur, *le révérend Frederick George Scott, était reconnu pour être le plus grand poète d'expression anglaise du Dominion.* Or, depuis 1980, cet ancien lieu de culte abrite la bibliothèque Saint-Jean-Baptiste...

Et, véritable mémoire d'autres figures qui ont coloré l'histoire de la ville de Québec entre 1771 et 1985, année où il fut transformé en parc par la ville, le cimetière St. Matthew est devenu le lieu du dernier repos de William Brown, l'un des fondateurs de *La Gazette de Québec,* du capitaine Thomas Allison, beau-père de Philippe Aubert de Gaspé, de Robert Wood, dont on dit qu'il fut le fils naturel du duc de Kent et de la belle Madame de Saint-Laurent, de Thomas Scott, frère de Sir Walter Scott, qui est enterré sous la pierre tombale située juste à son entrée. Outre ceux de ces hommes de renommée, le cimetière conserve les ossements d'une vingtaine de soldats anglais tués en septembre 1759, préalablement inhumés dans le jardin des Ursulines et déplacés en 1938 dans la partie sud-ouest.

Néogothique ou déformation du genre ? Qu'importe, finalement : l'église St. Matthew mérite qu'on s'y arrête et son cimetière aux grands arbres décore de belle manière le quartier Saint-Jean-Baptiste.

La patinoire
de la place
D'Youville sur
fond de la
porte Saint-Jean
et du Capitole.

La place
D'Youville en
été, sa meilleure
saison.

Pendant ce temps, le faubourg Saint-Jean-Baptiste se développait de manière accélérée et certaines de ses maisons s'appuyaient presque aux ouvrages militaires. Aussi, lors de l'invasion de l'armée américaine en 1775, menée par Benedict Arnold, afin d'empêcher les troupes ennemies de s'y réfugier et de s'avancer à couvert trop près des fortifications, le Conseil de guerre de l'armée britannique décida de la destruction de toutes les maisons et communs occupant la place.

Cependant, puisque aucun règlement ne l'interdisait, aussitôt les Américains repoussés, plusieurs familles revinrent s'y établir à nouveau. Elles devaient en être délogées encore, cette fois avec dédommagement, entre 1812 et 1822, par les autorités qui souhaitaient faire de la place, toujours pour des raisons tactiques, un lieu libre de toute construction et de végétation.

En 1815, à quelque distance de l'enceinte, à l'extrémité`est de la place, les stratèges militaires firent aménager un glacis, c'est-à-dire un imposant talus en pente. Ce rempart naturel de défense destiné à ralentir tout mouvement offensif de quelque ennemi allait être rasé soixante ans plus tard, un an avant l'ouverture du marché Montcalm qui allait définitivement faire de la place un lieu rassembleur. Situé à l'emplacement de l'actuel palais Montcalm, l'édifice, très imposant, avait pris plusieurs années à construire, entre autres à cause de sa position exigeant qu'on nivelle le terrain et qu'on mine le rocher qui fermait la place au sud. Le rez-de-chaussée abritait des étals de fruitiers et de bouchers, et l'étage, une vaste salle qu'on louait pour des événements, festifs ou autres. Une partie en fut longtemps occupée par l'École des arts et manufactures.

C'est durant ces mêmes années que l'on érigea l'hôtel Montcalm et l'édifice du YMCA, ce dernier étant toujours là.

Le marché fut démoli en 1931 pour faire place à un centre culturel, le palais Montcalm. Ce sont les architectes Pinsonneault, Robitaille et Desmeules qui en dessinèrent les plans. Dès lors, la place, en dépit de certaines transformations, prit ses allures actuelles et s'installa dans les habitudes des Québécois comme l'endroit de rencontres et d'échanges par excellence de la ville.

Le réaménagement majeur qui en fit ce qu'elle est aujourd'hui date des années 1987-1988.

LE PALAIS MONTCALM

L'avènement du Grand Théâtre faillit entraîner sa fermeture définitive, voire sa destruction. Il faut avouer qu'après l'ouverture du nouveau centre multiculturel du boulevard René-Lévesque, doté d'une salle de spectacle moderne et bien adaptée aux nécessités nouvelles en matière de production artistique, il faisait pâle figure et était devenu peu rentable. Il fallait lui trouver une nouvelle vocation, faute de quoi il risquait de devenir un monument inutile et encombrant. D'autant qu'on lui reprochait d'être d'une piètre qualité architecturale et un encombrement qui cachait la libre vue des remparts.

Lorsque, autour des années 1920, il fut question de démolir le marché Montcalm, dont la fonction n'était plus essentielle, différents projets germèrent chez les hommes d'affaires de Québec pour le remplacer. Il fut d'abord question d'un grand hôtel, puis d'un pavillon des sciences et des lettres, un pavillon qui l'occuperait alors qu'on en modifierait l'apparence en remodelant sa devanture dans le style beaux-arts. L'édifice aurait alors été rebaptisé *Athénée* en référence, bien sûr, à la Grèce antique... Ensuite, on suggéra plutôt d'y construire une structure complètement dépouillée qui abriterait une patinoire. Aucune de ces propositions ne reçut l'aval des autorités municipales. Au lieu, leur in-

Le palais Montcalm doit à ses qualités acoustiques d'être devenu le lieu privilégié des grands concerts à Québec.

térêt fut retenu par le projet d'un Monument national tel que l'avait avancé la Société Saint-Jean-Baptiste, la ville devant se doter d'une salle de spectacle qui soit au niveau de ses aspirations culturelles.

C'est ainsi que, selon les plans des architectes Pinsonneault, Robitaille et Desmeules, sur les fondations du marché alors démoli, fut construit le palais Montcalm, inauguré en 1932. L'édifice logeait une grande salle de spectacle, nommée l'Auditorium de Québec, qui devint la salle Raoul-Jobin en 1989, et une piscine. La qualité acoustique de la salle était telle que la Société Radio-Canada y produisit des concerts classiques pendant plus de 40 ans.

En 1983, le gouvernement du Québec fit don à la ville, pour souligner son 375e anniversaire, d'une œuvre du sculpteur Alfred Laliberté intitulée *Les Muses.* Composée de six personnages féminins représentant l'éloquence, la musique, la poésie, la sculpture, la peinture et l'architecture, on l'a placée devant le palais et elle orne toujours la place D'Youville.

Au printemps 1991, après avoir tenu une audience publique afin de connaître le point de vue des organismes concernés, le maire Jean-Paul L'Allier annonçait la rénovation du vieil édifice, une entreprise de 9 millions de dollars subventionnée par les trois paliers de gouvernement. Étant donné que la ville ne disposait toujours pas d'un lieu digne de ce nom et qu'on estimait que, dorénavant, seules des salles expressément adaptées convenaient aux arts d'interprétation, on visait à transformer les lieux en maison de théâtre exclusivement.

De fait, les travaux furent exécutés en fonction d'une salle de théâtre. Il n'empêche cependant qu'une fois ceux-ci complétés on constata bien vite ses grandes qualités acoustiques, les meilleures de toutes les salles de la ville, en fait. L'Orchestre symphonique de

Québec en fut bien aise et programma différents concerts. C'est ainsi que le 21 octobre 2007, sous la conduite de Louis Lavigueur, la prestigieuse formation de la capitale a présenté, pour souligner le 75e anniversaire du palais, le même concert qu'à son ouverture en 1932.

Mais la nouvelle version du palais fut ponctuée d'écueils majeurs. Alors que les travaux devaient être terminés en mars 2004, il a fallu attendre au printemps 2007 pour que l'endroit soit redonné au public. Les coûts, initialement prévus à 12 millions, ont doublé, passant à 24 millions. Entre la Ville et l'entrepreneur, les relations devinrent bien vite conflictuelles. La Ville de Québec a, en effet, multiplié les poursuites contre l'entrepreneur Génie-Tech pour retards dans ses échéances, dépassement des coûts, apparition de moisissures attribuables à de la malfaçon. Elle est même allée jusqu'à le tenir responsable de l'incendie dans la toiture du bâtiment le 25 février 2005.

Comme dans toutes les histoires de palais, les soirs de fête, on oublie volontiers la sueur et la misère qui les ont précédés. Il en sera probablement de même avec le palais Montcalm, et vive la musique!

LE CAPITOLE

C'était alors l'Auditorium, le plus beau théâtre du Canada.

Construit en 1903, avant le palais Montcalm, il fut véritablement la première grande salle de spectacle à Québec. Avant, certaines représentations artistiques se donnaient soit à l'ancien hôtel Union – au 12, rue Sainte-Anne, aujourd'hui le Centre Infotouriste à Québec –, soit à l'Académie de musique, sise rue Saint-Louis. Cette salle de 1500 places brûla le 17 mars 1900.

Pour une capitale, Québec se retrouvait dans une situation incongrue; la ville était en manque d'un espace culturel majeur, d'une véritable salle de spectacle.

Le maire de l'époque, Simon-Napoléon Parent, qui cumulait aussi la fonction de premier ministre de la province – celui-là même qui avait remporté une importante victoire politique en réalisant le nouvel hôtel de ville en 1896 –, s'engagea à combler ce besoin vivement exprimé par les Québécois. Sous sa gouverne, la ville obtint un bail emphytéotique de 99 ans pour un terrain étroit situé tout près de la porte Saint-Jean. Puis le politicien créa la compagnie de l'Auditorium et se fit céder ce contrat de location. De là, il parvint à intéresser, avec le concours d'importantes entreprises privées, la municipalité et le gouvernement fédéral à son projet.

Le hall du Capitole où aboutit la volée de marches du superbe escalier menant à la salle de spectacle.

C'était autrefois l'Auditorium, peut-être la plus belle salle de théâtre au Canada. Devenu Le Capitole depuis sa rénovation (1990-1992), le lieu n'a rien perdu de son lustre.

L'architecte Walter S. Painter, à qui l'on confia la réalisation des plans devant guider la construction de l'édifice, se trouva devant un défi majeur : composer une façade qui ait de l'ampleur alors qu'il ne disposait que d'un espace très restreint. Il parvint habilement à contourner la difficulté avec une structure en arc, avec arcade au premier niveau, colonnes aux deux étages et un attique coiffé d'un toit bombé, percé d'ouvertures ovales. L'ensemble épousait un style beaux-arts, très à la mode dans les années 1900, interprété ici de manière Second Empire français et baroque. Les bandes en pierres pâles tranchant sur un fond de briques rouges achevaient de donner à l'édifice une allure flamboyante qui faisait tourner les têtes.

L'inauguration de l'Auditorium eut lieu les 31 août et 1er septembre 1903, avant même la fin des travaux extérieurs. L'honneur en revint à la Société symphonique de Québec dirigée par son fondateur, le chef Joseph Vézina, qui y présenta deux grands concerts.

Étrangement, toute la publicité promouvant l'Auditorium et les spectacles présentés se fit en anglais. L'effet négatif fut de marque : la population locale bouda presque les lieux jusqu'en 1910 (sept ans…), mais finit par l'adopter. En revanche, elle lui préféra toujours le nom de « théâtre du palais » à celui d'Auditorium de Québec.

Vingt-six ans après son ouverture, soit en 1929, il devint nécessaire de toiletter à neuf la populaire salle de spectacle, vendue à la corporation Famous Players. C'est un spécialiste américain en architecture de cinéma, Thomas W. Lamb, qui se vit confier la tâche de rajeunir les lieux pour les adapter, entre autres, à la projection de films.

Ainsi équipé, l'Auditorium fut à nouveau victime d'un refroidissement des Québécois à son endroit. Ceux-ci avaient l'habitude des films muets sous-titrés et les films parlants qu'on y projetait dorénavant étaient uniquement en anglais…

un style beaux-arts

Même après avoir incorporé une salle de cinéma, l'endroit poursuivit sa mission culturelle multidisciplinaire et on y présenta encore des pièces, des spectacles, souvent de facture internationale. D'autres activités s'y tinrent régulièrement, tels les *Jeudis artistiques et littéraires* et les *Carabinades* (carnavals des étudiants de l'Université Laval). Des noms aussi prestigieux que Sarah Bernhardt, Gérard Philippe, Maurice Chevalier, Yves Montand, Charles Aznavour, Fernandel et Gilbert Bécaud en firent les beaux soirs.

En 1970, l'ouverture du Grand Théâtre de Québec a pour effet de drainer littéralement spectacles et spectateurs. Le Capitol, ainsi que fut rebaptisé l'Auditorium par ses nouveaux propriétaires, voit ses activités limitées quasi exclusivement à la projection cinématographique. Bientôt, en 1982, ce cinéma s'éteint sur la présentation du film *Les Plouffe*, adaptation du fameux roman de Roger Lemelin.

Quoique classé monument historique en 1984, ce qui fut l'un des plus prestigieux édifices et phare de la vie culturelle de Québec sera abandonné aux affres de l'humidité et du vandalisme – tous les meubles en disparurent – et perdra toute sa superbe.

Heureusement, au printemps 1990, il retrouva preneur. La Société du Capitol, formée de trois hommes d'affaires issus du milieu artistique (Guy Cloutier, Jean Pilote et Michel Rodrigue), en fait l'acquisition dans l'intention de lui redonner tout son lustre et plus encore. Les nouveaux propriétaires lui rendront sa belle salle de spectacle, dont une partie sera aménagée en cabaret, et ils y logeront un studio de télévision, un hôtel de 40 chambres, un bistro-restaurant, un café-terrasse et des boutiques.

Le 21 novembre 1992, un gala sans précédent à Québec marqua l'ouverture du complexe, rebaptisé à nouveau, cette fois Capitole, le *e* terminal francisant l'appellation. L'événement attira 1400 spectateurs qui déboursèrent 250 $ pour assister au spectacle avec repas, ou 100 $ pour voir la prestation qui mettait en vedette, entre autres, Michel Sardou, Patrick Bruel, Céline Dion, Robert Charlebois, Julie Masse, Nathalie et René Simard, ainsi qu'Alys Robi.

De 1995 à 2007, pendant dix étés, on y a présenté la revue *Elvis Story*, production qui a coûté 150 000 $ et qui aurait rapporté plus de 50 millions douze ans plus tard...

Si l'Auditorium de Québec n'est plus, il n'a pas pour autant perdu son âme. Il se prolonge dans le Capitole et demeure identifié aux beaux moments de l'histoire artistique de Québec.

LA MAISON HENRY-STUART

Une belle maison anglaise, des fleurs tout autour, un jardin immense couru du public en saison estivale... La demeure Henry-Stuart qui porte accolés l'un à l'autre les noms de la première et de la dernière occupante des lieux, a su perpétuer presque intégralement le charme bourgeois d'une certaine époque.

Le cottage, de type victorien, n'a eu entre 1849 et 1987 que quatre propriétaires ; parmi eux, l'illustre Joseph A. Taschereau. Cela explique pourquoi le style architectural d'origine ne fut pas dénaturé comme dans le cas d'autres propriétés du genre. La dernière occupante des lieux, Adèle Stuart, y a vécu jusqu'à sa mort à 98 ans, bichonnant autant sa demeure que son jardin doté d'une magnifique roseraie. Elle a si bien fait que ce dernier est aujourd'hui reconnu officiellement pour ses propres qualités patrimoniales, et il est donc, à ce titre, bien plus que l'accessoire d'une grande maison.

Quant à l'intérieur, il restitue bellement l'atmosphère particulière des résidences cossues du siècle dernier tout en faisant vivre la petite histoire de l'élite anglophone de la ville de Québec. On peut y admirer plusieurs pièces d'ameublement fort intéressantes, classées en 1990, entre autres des meubles provenant de l'ancien manoir de Philippe Aubert de Gaspé à Saint-Jean-Port-Joli, la grand-mère paternelle des sœurs Stuart étant apparentée au seigneur-écrivain.

Sise avantageusement dans la Grande Allée, au coin de Cartier, la maison Henry-Stuart offre, sans détour, sa façade palladienne flanquée de colonnes claires, ses lucarnes cintrées, sa cheminée centrale, ses belles fenêtres et ses longs larmiers. De quoi faire rêver les flâneurs urbains épris de décors champêtres !

LA MAISON KRIEGHOFF

En face de la maison Henry-Stuart, au 115 de la Grande Allée Ouest, la mémoire du peintre Krieghoff, qui y fut locataire pour une brève période, vit toujours grâce au coup de cœur d'une enseignante torontoise qui a réussi à sauver du pire ce charmant cottage rustique qui, de triste mémoire, fut délabré et désaffecté pendant un quart de siècle.

Madame Esther Greaves était en vacances à Québec quand, au détour d'une promenade, remontant la rue Cartier, elle fut saisie par

La maison Henry-Stuart dont le magnifique jardin a une valeur patrimoniale.

Sauvée de la démolition par Esther Greaves, passionnée de la conservation du patrimoine bâti, la maison Krieghoff montre un heureux mélange des cultures française et anglaise.

la vision incongrue d'une demeure campagnarde encerclée de hautes tours modernes. Quoique dans un triste état, la maison néoclassique «québécoise», d'un type qu'on retrouve communément dans la vallée du Saint-Laurent, la séduisit au point que, lorsqu'elle apprit que son avenir était menacé, elle voulut lui rendre toute sa dignité. Au bout de quelques années de problèmes et tergiversations, Mme Greaves finit par devenir maîtresse des lieux en 1996. Elle disposait en tout et pour tout d'un pécule de 130 000 $, ce qui était bien peu, une fois le prix de vente soustrait, pour entreprendre les travaux d'envergure exigés par l'état de la bâtisse. Heureusement, l'endroit était classé historique depuis 1975 : supervisant les travaux, la Ville de Québec a donc versé 150 000 $ et le ministère de la Culture a ajouté une enveloppe de 20 000 $. Les visiteurs qui ont la chance de visualiser le résultat lors des journées portes ouvertes, organisées par le Conseil des monuments et des sites, peuvent juger combien ces fonds ont été employés de façon judicieuse.

D'emblée, cette demeure néoclassique méritait qu'on s'en occupe. Heureux mélange des deux cultures par son toit en pente à deux versants couvert de tôle à baguette à la française, ses plafonds élevés et ses hautes cheminées à l'anglaise, elle est l'une des seules maisons de la ville de Québec dotée d'une charpente à coulisse.

La symétrie évidente des proportions extérieures est reprise à l'intérieur dans la disposition des pièces autour d'un hall central. À l'avant, le visiteur est accueilli par une salle à manger garnie d'un magnifique buffet de 200 ans et un salon à l'avenant, tandis qu'à l'arrière il découvre une cuisine restaurée selon l'originale et une bibliothèque. Respect de la mémoire oblige, un petit boudoir a été expressément garni de reproductions du peintre qui y a résidé et a tant célébré les demeures québécoises. Au haut d'un bel escalier tournant sculpté, à l'étage, on peut admirer deux chambres, dont celle, très vaste, de la propriétaire, ainsi qu'un bureau-bibliothèque. Quant à la salle de bains, elle a pour fierté sa baignoire, lourde et large, en fonte émaillée.

Enfin, le souffle authentique de la maison passe aussi par ses trois cheminées d'architecture monumentale. Remis en état par les soins d'une amoureuse du patrimoine québécois, l'âtre du salon jette toujours, comme autrefois, une bonne chaleur et semble célébrer dignement le pensionnaire fameux que la maison a naguère accueilli.

Qui sont ces braves que l'on commémore? Les origines de ce monument sont nébuleuses, mais les Québécois y voient un rappel de la victoire de Lévis contre les Anglais le 28 août 1760.

LE MONUMENT DES BRAVES

C'est la découverte, en 1852, d'ossements humains, vraisemblablement de soldats, à proximité de l'emplacement du moulin Dumont, où s'était déroulée la fameuse bataille de Sainte-Foy, qui a fait naître chez les élites francophones de Québec la volonté d'ériger un monument. Il célébrerait ces braves soldats français ou miliciens canadiens ayant vaincu les Anglais le 28 avril 1760. Si la sanglante victoire du maréchal Lévis ce jour-là ne parvint pas à infléchir la marche de l'histoire et éviter la conquête britannique, elle tenta de redonner au peuple sa fierté. C'est ce que l'on veut résolument perpétuer par le monument des Braves.

Une polémique entoure ce monument. Elle provient du fait que, parmi les ossements découverts, il pouvait s'en trouver de soldats de Murray tombés au combat, conclusion à laquelle sont évidemment arrivés les partisans de l'Empire britannique qui y virent un symbole de l'union entre conquis et conquérants. Les patriotes, Louis-Joseph Papineau en tête, ont qualifié cette interprétation de détournement de la mémoire visant à discréditer la victoire française. À l'instar de bien des élites francophones, celui qui allait le premier remplir la fonction de premier ministre de la province de Québec après la Confédération en 1867, Pierre-Joseph-Olivier Chauveau, vit, lui, dans ce projet l'expression de l'égalité entre les deux factions. Puis récemment, certains ont avancé la présence amérindienne dans cet ossuaire…

Au-delà des divergences, il demeure une certitude: rien ne permet de privilégier une thèse au détriment de l'autre. Tout ce qu'on peut affirmer, c'est que le socle du monument contient des papiers et des restes humains.

Quoi qu'il en soit, le monument, réalisé selon les plans préparés par l'architecte Charles Baillairgé, fut dévoilé en 1863. Préalablement, en 1854, on avait procédé à la translation solennelle des restes et, en 1855, à la pose de la pierre angulaire. L'événement, célébré en grande pompe, s'était coloré d'une symbolique particulière grâce à la participation de l'équipage de *La Capricieuse*, une corvette française, venue déployer ses voiles dans le port à cette occasion. Sa présence n'avait rien de banal : elle marquait de façon officielle le renouement de liens avec l'ancienne mère patrie, puisque c'était la première fois, depuis la Conquête, qu'un navire français remontait officiellement le fleuve Saint-Laurent.

En 1908, afin de bien mettre en valeur cet hommage statufié à nos Braves, la Commission des champs de bataille nationaux fit l'acquisition du petit parc au sein duquel se dresse le monument. Aujourd'hui, avec son belvédère, son kiosque, le site fleuri attire les promeneurs qui, sous la belle statue de Bellone, donnée par le prince Jérôme Napoléon qui s'y dresse aussi, oublient toute référence à la guerre. Il en est ainsi de la ville de Québec : ses vestiges ou ses souvenirs guerriers sont empreints de douceur.

LA RUE DES BRAVES

Un monument comme celui des Braves, mis bellement en scène par l'aménagement d'un parc, se devait d'avoir à proximité une rue qui en soit digne. La Commission des champs de bataille nationaux y veillait et gardait dans ses classeurs des plans n'ayant rien de mesquin ou d'étriqué. Dès 1911, elle prit en main le destin de l'avenue qui n'était encore que le territoire de Ville-de-Montcalm, une zone paisible de grands domaines bourgeois, surtout anglais, et d'établissements religieux. L'avenue tracée, de 20 mètres de large, garnie de magnifiques plates-bandes et de lampadaires à quatre branches, y attira aussitôt, il va sans dire, une classe de propriétaires fortunés. Et elle devint la prestigieuse avenue des Braves qu'admirent d'emblée les visiteurs venus des quatre coins du monde.

En 1992, des 42 belles demeures qui y avaient été originalement érigées, il ne restait que 36 maisons unifamiliales. La situation n'était pas catastrophique en soi, mais la menace de leur transformation en copropriétés, bien réelle : les charges de ces résidences étant très lourdes, les propriétaires pouvaient être fortement tentés de les morceler, d'en modifier la vocation. Aussi la ville imposa-t-elle un moratoire préservant les acquis jusqu'à ce qu'on arrive à trouver une façon plus acceptable de se tourner vers la modernité urbaine. Dilemme complexe, qui souleva des débats. Certains exigeaient pour la belle artère un statut spécial qui lui permette de demeurer une *avenue résidentielle de prestige* sans insertion d'autres formes de résidences, d'autres, parmi lesquels se rangèrent les membres du service d'urbanisme, voyaient le bien-fondé de préserver les habitations familiales, mais on acceptait l'idée d'inclure des bâtiments d'autres catégories avec la réserve qu'ils aient une mission diplomatique. Aujourd'hui, la rue est propriété du gouvernement fédéral. Le Consulat général de France y possède une demeure.

En 1994, l'avenue a gagné du galon quand des gens d'affaires de Québec achetèrent le 1080, avenue des Braves pour en faire la résidence officielle du premier ministre. C'est ainsi que Jacques Parizeau et son épouse Lysette Lapointe y eurent pignon sur rue dans une résidence que les Québécois surnommèrent bientôt l'*Élysette*. Cet honneur fut cependant de courte durée, car, à son accession au pouvoir en 1996, le premier ministre Lucien Bouchard refusa d'y emménager.

L'ÉGLISE SAINT-DOMINIQUE

Murs extérieurs en granite blanc; décoration intérieure illuminée par la prépondérance du chêne blanc; statuaire précieux de 500 sculptures sur bois de Lauréat Vallière; verrières qu'on a fait venir de Limoges, et qui rappellent les mystères du rosaire, voilà quelques éléments saisissants de la belle église Saint-Dominique, que l'architecte J. Albert LaRue a conçue en 1930 dans un style néogothique anglais.

Après son ouverture, en 1930, elle fut pendant quelques années une conventionnelle église paroissiale; mais, en 1934, elle fut officiellement reconvertie en monastère des Dominicains, communauté présente dans la Grande Allée depuis 1908. Le 1er janvier 1939, une catastrophe s'abattit sur elle : le bâtiment principal et l'étage des mansardes furent consumés par les flammes, et un des religieux y trouva la mort. Lorsqu'on la remit

L'église Saint-Dominique, figure de proue du monastère des Dominicains dans la Grande Allée.

Ci-contre :
Intérieur de
l'église Saint-
Dominique, qui
fut primée pour
son élégance
lors de l'Exposi-
tion mondiale
d'art religieux,
à Rome,
en 1950.

En bas :
La chaire de
l'église Saint-
Dominique fait
partie de ses
nombreuses
richesses
ornementales.

en état, on en profita pour l'agrandir et un mausolée y fut érigé en l'honneur du premier curé de la paroisse. Le tout fut exécuté avec tant d'harmonie qu'en 1950 l'église dominicaine de la Grande Allée fut primée à
Rome pour son élégance générale et sa décoration en chêne blanc exécutée de main de maître par le sculpteur Vallière.

L'esthétisme architectural et ornemental et sa vivante pastorale
ne sont pas les seules richesses de l'église Saint-Dominique. Elle dis-
pose d'un autre trésor que d'aucuns veulent aujourd'hui ressusciter.
Il s'agit du carillon qui, au milieu du siècle dernier, était l'un des plus
beaux et des plus riches des environs. Dans l'espoir de le restaurer,
une fondation a vu le jour et espère récolter les 150 000 $ nécessaires
à la réalisation de ce projet. D'autre part, la firme Léo Gaudreau et
fils, spécialisée dans ce genre de travaux et consultée dans ce dossier,
croit pouvoir remettre en fonction les huit carillons muets depuis
1956. Il n'est pas exclu d'en ajouter quatre autres, munis ceux-là
d'échos de tintement. Mais une partie de l'édifice est menacée par un
projet d'agrandissement du Musée national des beaux-arts du Québec.

LA MAISON SAINT-LAURENT

Grande Allée Est, au 201, on peut apercevoir une demeure qui res-
pire à la fois la pérennité, l'aisance et un rien de sagesse. Le lierre
grimpant qui court sur un des murs et le pan de fleurs qui le prolonge au sol ajoutent au tableau une touche de fantaisie. D'allure respectable, la propriété n'accueillit qu'une seule famille, celle de Louis
S. Saint-Laurent, le seul premier ministre canadien à avoir fixé sa
résidence officielle dans *l'autre* capitale, Québec.

La symétrie des grandes fenêtres, celle des lucarnes et le balcon qui ceinture la façade, rien n'a pris une ride, et tout concorde avec l'image stable et rassurante, un peu grand-père, de celui qui fut le maître des lieux pendant plus de soixante ans. À l'époque, c'est au bras de sa jeune épouse, une Beauceronne d'origine aisée pour qui il l'avait fait construire, qu'il en avait franchi le seuil. Jeanne Renaud et son célèbre mari y vécurent jusqu'au décès de celui-ci en 1973.

Passée aux mains de la Commission des champs de bataille nationaux, la maison rappelle de manière éloquente aux Québécois le parcours exceptionnel d'un des leurs. Entre autres, l'homme fut ministre de la Justice pendant la Seconde Guerre, secrétaire d'État aux Affaires extérieures en 1946, premier ministre de 1948 à 1957. Mentionnons aussi qu'il fut l'un des artisans de l'OTAN, puis de la Cour suprême du Canada et qu'il fut de l'inauguration de deux grands projets : la Transcanadienne et la Voie maritime du Saint-Laurent.

La vaste résidence, comptant 15 pièces, est ouverte au public lors des Journées de la culture et, autrement, pour les visites de groupes en tout temps. Ces visites qu'on y organise, et qu'on a voulu avant tout conviviales, reconstituent la vie domestique d'une famille de deux garçons et trois filles. Certains détails, comme les stores qu'on tenait baissés dans le salon, l'immense glacière dans la cuisine, les recettes des desserts fantaisistes concoctés par madame Saint-Laurent, nous font découvrir les habitudes ordinaires de gens peu ordinaires, d'autant qu'on a eu soin d'y ajouter des photos et le témoignage audio de Madeleine, l'une des filles de l'ancien premier ministre, et de ses petits-enfants.

La maison de Louis Saint-Laurent, le seul premier ministre du Canada à avoir fixé sa résidence officielle à Québec, dans sa maison familiale.

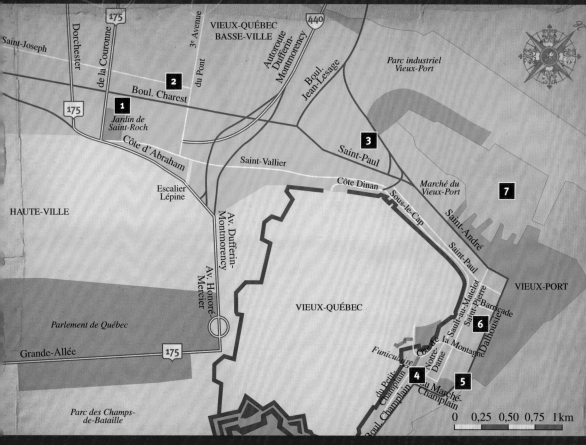

La basse-ville

1 Les jardins de Saint-Roch

2 L'église Saint-Roch

3 La gare du Palais

4 La place Royale, l'église Notre-Dame-des-Victoires

5 La Batterie royale

6 Le Musée de la civilisation

7 Le bassin Louise

Histoire vivante du Québec

LA BASSE-VILLE

LA RUE DU PETIT-CHAMPLAIN

Lorsque les pères récollets débarquèrent à Québec, en 1615, Champlain leur fit construire une chapelle vis-à-vis d'une modeste jetée, considérée comme le port de l'établissement et qui était située à l'endroit alors appelé le Cul-de-Sac. Pour s'y rendre depuis l'Abitation, érigée là où se dresse aujourd'hui l'église Notre-Dame-des-Victoires, les premiers habitants empruntaient un sentier qui longeait le pied du Cap-aux-Diamants.

Il alla de soi qu'on appelle ce dernier la petite rue Champlain.

Après le fameux incendie qui ravagea la basse-ville en 1682, elle fut rebaptisée rue De Meulles en l'honneur de l'intendant Jacques De Meulles (1682-1686). Mais le vocable populaire demeurait dans les mémoires, et un document de 1792 indique qu'elle était redevenue tout bonnement la rue Champlain.

Au cours des années suivantes, la croissance des activités portuaires favorisa un élargissement majeur de la bande de terre qui s'étendait entre le pied du cap aux hautes eaux du fleuve. Des propriétaires s'y installèrent jusqu'à ce que l'autorité royale décide d'ouvrir, en 1747, un chantier naval. Pour ce faire, il fallait exproprier les terrains et démolir les maisons. Afin de protéger cet arsenal, en 1759, le gouverneur Pierre de Cavagnal, marquis de Vaudreuil (1755-1760), installa une batterie au niveau du fleuve.

le Cul-de-Sac

Mais la même année, à la suite de la bataille des hauteurs d'Abraham, Québec capitula aux mains de l'ennemi. Après la signature, le 10 février 1763, du traité de Paris qui céda la Nouvelle-France à l'Angleterre, les Anglo-Saxons envahirent ensuite la ville en grand nombre, et plus particulièrement le quartier en bordure du fleuve. Une des premières conséquences de ce mouvement migratoire fut une forte anglicisation de la population et des coutumes.

Plus tard, en 1853, la ville aménagea un vaste marché, là où se situait jusqu'alors Le Havre du Cul-de-Sac. Pour y accéder, elle ouvrit une rue d'importance derrière les maisons qui s'étaient reconstruites le long de la petite rue Champlain et l'appela la rue… Champlain! Pour contourner la confusion ainsi créée, on rebaptisa l'ancien passage, qui datait des premiers temps de la colonie, *Little Champlain Street.*

Bonheurs d'aujourd'hui dans la rue du Petit-Champlain.

LA CÔTE DE LA MONTAGNE
ET L'ESCALIER DU CASSE-COU

Pendant le Régime français, souvent on l'appelait la *côte de la Basse-Ville*, mais, coïncidence remarquable, cette rue pentue qui dévale le Cap-aux-Diamants, une vraie montagne, de la haute à la basse-ville, pourrait bien tenir son nom officiel, côte de la Montagne, de Noël Jérémie, sieur de la Montagne... C'est du moins ce que prétendait au milieu du XIXe siècle un prêtre du Séminaire de Québec, l'abbé Charles-Honoré Laverdière, qui avait une réputation de grande érudition. Une chose est certaine, c'est Champlain qui ordonna le tracé de cette artère en 1623 afin de pouvoir se rendre, sans devoir entreprendre chaque fois une périlleuse escalade, au fort Saint-Louis qu'il avait fait construire sur la falaise. Il n'empêche que l'ascension de cette artère ne fut jamais facile et que, à l'époque des équipages à chevaux, plusieurs bêtes y laissèrent leur peau, trois en un seul jour, le 16 novembre 1899!

Aujourd'hui encore, la côte de la Montagne demeure très ardue pour les piétons, et les véhicules qui la grimpent ou la descendent, dans les deux sens, doivent à la fois être forts et munis de bons freins... Et vous n'y croiserez pas d'autobus de la ville, aucun des circuits de transport en commun ne prenant le risque de l'emprunter.

Sur la côte de la Montagne, l'ancienne porte Prescott fut démolie en 1871. L'actuelle passerelle fut inaugurée en 1983.

L'escalier du Casse-Cou, reliant la rue Sous-le-Fort et la côte de la Montagne, aurait été nommé ainsi par des rebelles américains.

À mi-hauteur de la côte s'entame l'escalier du Casse-Cou qui date des premières années de Québec, soit vers 1660. Il conduit au quartier du Petit-Champlain, où se multiplient les boutiques de toutes sortes. Elles sont logées pour la plupart dans des maisons du XIXᵉ siècle, époque de la rénovation complète de la place Royale et de son voisinage.

Le nom actuel de l'escalier viendrait des rebelles américains qui, lors de leur attaque contre Québec en 1775, l'auraient appelé *Break Neck Steps*.

LA MAISON ESTÈBE

Un des éléments d'harmonisation du Musée de la civilisation avec le décor historique du Vieux-Québec est sans contredit l'intégration à l'édifice de la maison Estèbe (92, rue Saint-Pierre).

En 1750, la rue Saint-Pierre n'était, en fait, qu'un bout de grève inondé à marée haute. Il n'empêche, le marchand Guillaume Estèbe, membre du Conseil supérieur et complice de l'intendant Bigot dans les activités frauduleuses qui devaient le mener à l'enfermement à la Bastille après la Conquête, y acquit un lot dans le but de construire sa résidence. L'autorisation de remblayer son terrain qui lui fut accordée le fut aussi à ses voisins qui en firent la demande par la suite. Ainsi donc fut initié un mouvement de remplissages des terrains situés sous le niveau des hautes eaux. Ce mouvement rendit praticable la rue Saint-Pierre et marqua le début d'un quartier commercial à la basse-ville. Quant au fortuné marchand, il fit ériger sur son lot l'une des plus vastes (21 pièces) et des plus belles demeures de la ville.

Lors des bombardements de la Conquête, sa résidence fut l'une des rares à résister. Elle passa bientôt entre les mains d'un dénommé Pierre Fargue. En 1838, elle était la propriété du marchand James Gibb, qui la transforma en immeuble à bureaux.

Totalement rénovées, les voûtes de la maison Estèbe logent aujourd'hui la boutique du musée dont elle est partie intégrante.

La maison Guillaume-Estèbe, construite en 1750, fut entièrement rénovée et fait partie intégrante du Musée de la civilisation. Estèbe, notable et riche marchand peu scrupuleux, qui s'était acoquiné avec l'intendant Bigot, fut mis à la Bastille en 1761 et accusé de malversations.

Le Musée de la civilisation, un édifice moderne qui se fond dans un quartier historique.

LE MUSÉE DE LA CIVILISATION

Ce n'est que le 20 octobre 1988 qu'il fut inauguré en grande pompe, mais le besoin de créer un musée de la civilisation avait déjà été reconnu par la Commission des biens culturels, en 1924. Puis, en 1960, l'idée germa, très sérieusement, d'établir une telle institution dans la ville de Québec. Elle évolua par monts et par vaux, se définissant peu à peu au cours des ans.

Ainsi, le 15 novembre 1966, le chef du Service archéologique au ministère des Affaires culturelles prépara un mémoire où il proposait la création d'un musée dans l'édifice de l'ancienne prison des femmes à Sillery. Un an plus tard, c'était au tour de Claude Dupont, du service du Musée de l'homme du Québec, de suggérer plutôt le remplacement de ce musée par l'*Institut national de la civilisation du Québec et les Galeries de la civilisation du Québec.*

Entre 1966 et 1971, on enregistra les appellations *Civilisation québécoise* et *Civilisation du Québec* pendant que, déjà, on acquérait des pièces qui allaient faire partie de l'exposition permanente du musée. En 1970, la responsabilité du projet fut en grande partie dévolue au Service de l'archéologie et de l'ethnologie de la Direction générale du patrimoine et, en 1976, à la suite des recommandations contenues au livre vert du ministre de la Culture Jean-Paul L'Allier, un groupe d'études était formé afin de *promouvoir la création d'un institut d'histoire et de la civilisation* et il proposait la mise en place d'un institut du Québec.

Le ministre Denis Vaugeois, qui devait fonder les éditions du Septentrion, exclusivement vouées à la publication et à la diffusion d'ouvrages ayant comme sujet majeur l'histoire du Québec, revenait à son tour, un peu plus tard, sur ce concept et préconisait l'agrandissement du

Musée du Québec, lui donnant pour vocation de reconnaître l'homme québécois. Mais sa proposition ne fit pas l'unanimité, d'aucuns affirmant que l'histoire des Québécois n'en était pas une d'une civilisation...

Le 9 décembre 1980, le gouvernement trancha enfin : il y aurait construction d'un musée de la civilisation. L'institution serait thématique ; elle créerait un espace de communication propre à analyser et à présenter certains phénomènes de la société québécoise ; enfin, elle accueillerait des manifestations étrangères en plus de présenter le Québec outre-mer. Là encore, cependant, des avis très partagés fusèrent et, en 1986, on procéda à de nouvelles consultations.

Au bout du compte, avec la nomination d'un nouveau directeur général, Rolland Arpin, le concept du Musée de la civilisation – la civilisation fondée sur l'expérience humaine – fut fixé et reçut l'aval de la ministre Lise Bacon, puis du Conseil des ministres, le 26 août 1987.

La préparation des plans et devis fut confiée à l'architecte de réputation internationale Moshe Safdie, déjà connu au Canada pour avoir conçu Habitat 67 et le Musée des beaux-arts d'Ottawa. Il fut assisté des architectes Claude Belzile et Incesulu Sungur. Le chantier dura trois ans. D'une superficie totale de 20 300 mètres carrés, dont le tiers est réservé aux salles d'exposition, c'est le quatrième musée en importance au Canada.

Sis au 85 de la rue Dalhousie, il a connu un grand succès dès son ouverture et on estime à plus de 300 000 le nombre annuel de ses visiteurs. Édifice moderne dans un quartier historique, il s'y fond parfaitement et a mérité à ses concepteurs deux prix prestigieux, soit celui d'excellence de l'Ordre des architectes du Québec et le Canadian Architect Prize.

Anciennement appelée la ruelle des Chiens, l'étroite rue Sous-le-Cap, qui inspire tant les peintres, est aujourd'hui l'une des plus photographiées de Québec.

LA RUE SOUS-LE-CAP

Elle serait la rue la plus étroite d'Amérique. À ce compte, elle fut longtemps appelée la *ruelle des Chiens*. C'était au temps où elle débordait d'agitation, quand les calèches et les charrettes s'y frayaient difficilement un chemin et que ses banquettes, ces trottoirs de bois ayant précédé ceux de ciment, fourmillaient d'une foule disparate composée, entre autres, d'enfants en grand nombre et de pauvres gens qui quémandaient de manière insistante.

La fin de la rue des Barricades marque son début et elle va jusqu'au pied de la côte du Colonel-Dambourgès. On y construisit les premières maisons au début du XVIIIe siècle. En 1740, on en dénombrait une trentaine dont certaines sont toujours là, mais dont la façade donne aujourd'hui sur la rue Saint-Paul.

Au-dessus de cette artère longtemps populeuse, on aperçoit encore des passerelles, certaines avec balustrade qu'on peut confondre avec des galeries, qui relient les propriétés à des remises appuyées contre le roc du Cap-aux-Diamants. Ces structures composent des tableaux originaux maintes fois reproduits en cartes postales qui ont porté ces images un peu partout à travers le monde.

LE BASSIN LOUISE

En 1877, lorsqu'on entreprit les travaux de construction d'une jetée qui allait permettre aux petits navires d'accoster à Québec, dans l'estuaire de la rivière Saint-Charles, à l'abri de l'humeur parfois capricieuse du fleuve et du climat, on réalisait enfin un projet qui remontait au Régime français (avant la Conquête). Le chantier allait durer cinq ans. Trois ans après le début du chantier, soit en 1880, la princesse Louise, fille de la reine Victoria, posa officiellement une pierre à son nom sur le mur principal, baptisant ainsi, en quelque sorte, le bassin tant souhaité qui était, en fait, constitué de deux havres, un de chaque côté de la nouvelle structure.

Mais le déclin du commerce du bois vers les années 1860, qui s'accentua jusqu'à un point critique autour des années 1880, n'étant pas une circonstance favorisant la croissance du port de Québec, pour tenter de corriger la situation, on lança un concours afin de l'ouvrir à *d'autres perspectives*. Ce sont les propositions de la firme Kinniple & Morris qui l'emportèrent, et les travaux de réalisation furent confiés à la firme anglaise Peters, Moore & Wright. Hélas, ils furent l'occasion de tiraillements, de chicanes et même d'un procès. Aussi, lorsqu'ils furent terminés en 1883,

Le bassin Louise, nommé en l'honneur de la fille de la reine Victoria, abrite aujourd'hui la marina du Port de Québec qui peut accueillir plus de quatre cents bateaux de plaisance.

et que le ministère des Travaux publics décida de pousser plus loin l'amélioration du port, il confia cette fois la tâche à une firme ontarienne, Larkin & Connelly, qui la mena à terme en 1890. Rapidement, on construisit des hangars, des treuils et des voies ferrées. Surtout, on y construisit une immense bâtisse destinée à accueillir les immigrants, l'*Ellis Island*. Il en débarqua des dizaines de milliers avant la Première Guerre mondiale. Vinrent ensuite les immenses silos à grain.

De 1903 à 1930, le port fut encore agrandi et élargi. En 1960, on procéda à la consolidation d'une partie du quai principal.

Au cours des années précédant la disparition des goélettes et des petits caboteurs, ces bateaux fréquentèrent en grand nombre le bassin Louise. Ils venaient directement s'approvisionner chez les épiciers en gros et les marchands de grains et de farine, ils livraient ensuite leur cargaison aux villages riverains du Saint-Laurent. Quand ce trafic fut abandonné, les activités du port périclitèrent et il connut des moments difficiles du temps de la construction du complexe G de la cité parlementaire, car on se servit de l'endroit pour y verser les matériaux de démolition. La population protesta vigoureusement contre le procédé qui fut, en conséquence, abandonné.

Aujourd'hui, le bassin Louise, auquel on a donné des écluses en 1984, a changé de cap. À la suite des célébrations du 450e anniversaire de l'arrivée de Jacques Cartier, ponctuées par l'événement des Grands Voiliers, le port est devenu le havre annuel d'une centaine de bateaux de plaisance qui viennent s'abriter à la marina du Port de Québec.

L'ÎLOT DU PALAIS DE L'INTENDANT

Les aléas successifs des palais de l'Intendant ont en soi un caractère romanesque. Ils ont connu le meilleur, du temps de Jean Talon, et le pire, du temps de François Bigot. Ils ont tous deux été la proie des flammes. Au moment de la menace américaine, en 1775, le second palais, construit par Chaussegros de Léry, a été le refuge des rebelles et fut détruit par l'armée britannique, sauf ses voûtes qui servirent temporairement de boulangerie, de logis pour des domestiques et, enfin, d'entrepôt à la brasserie Boswell. C'était là un juste retour des choses, puisqu'au temps de Jean Talon (intendant de 1665 à 1668, puis de 1670 à 1672) c'est une brasserie qui fut convertie en palais de l'intendance... Avec ses 45 mètres de long et ses deux étages, l'entreprise irlandaise produisait jusqu'à 4000 barriques de bière par année. En 1952, elle passa aux mains de la populaire brasserie Dow. Malgré des affaires prospères, cette dernière dut annoncer, en 1968, la fermeture de ses portes à cause de la mort fort médiatisée de deux consommateurs empoisonnés par ses produits. Durant les années 1970, les installations furent démolies. Heureusement encore, les plus grandes voûtes du Régime français furent préservées. Elles sont

Le palais de
l'Intendant, peu
de temps après
la guerre de la
Conquête.

devenues les lieux d'un centre d'interprétation interactif dont la visite se complète par celle du garage de l'ancienne brasserie Boswell, puis, à l'arrière, par celle de la rue des Prairies qui rappelle l'époque où elle était empruntée par les bêtes qu'on menait au pacage.

Le premier palais procéda d'une expansion de la brasserie originale. Construit entre 1686 et 1713, il était composé d'une partie réservée au logement de l'intendant, d'une autre à l'administration, de la grande salle du Conseil et d'une prison. Mais ce bâtiment élégant de très belle apparence, tout de bois construit, ne résista pas à l'incendie du 5 janvier 1713, au cours duquel le secrétaire et le valet de l'intendant Michel Bégon (1710-1726) ainsi que les deux femmes de chambre de son épouse perdirent la vie.

C'est plus au nord que le deuxième fut érigé, cette fois en pierre. Ne lésinant pas sur l'aspect défensif, on conçut une entrée majestueuse du côté de la rue Saint-Vallier et l'ensemble présenta beaucoup plus d'opulence que le précédent. Un clocheton mit en valeur sa forme rectangulaire et ses deux ailes harmonieusement réparties. Des structures de la maçonnerie du palais incendié furent récupérées pour édifier les magasins du roi, une vaste boulangerie, une prison civile et le logis du geôlier.

L'emplacement de ces deux palais d'autrefois est familier à ceux qui voyagent en train ou en autobus puisqu'il se trouve à proximité de la gare du Palais de Québec. Mais il y a encore loin de la coupe aux lèvres pour que les deux sites soient vraiment connus et bénéficient d'une visibilité à la hauteur de leur passé glorieux. Ainsi, les vestiges du premier site dorment sous la pelouse, et l'exploitation, par le centre d'interprétation, de ceux du deuxième est encore à la phase embryonnaire.

En 2006, la mairesse Boucher a reçu favorablement un projet de revitalisation de l'îlot des Palais dont les coûts seraient évalués à une quarantaine de millions de dollars, en affirmant ce qui suit : *Il est de*

bon ton que la Ville de Québec porte son flambeau. Selon toute probabilité, les visiteurs pourraient avoir bientôt accès aux voûtes du premier palais. Par ailleurs, il avait été question de reconstruire, dans son état d'origine, le deuxième, de l'entourer d'un jardin et de lui dessiner une allée d'arbres...

Mais, toujours en attente d'une décision, les archéologues s'affairent à déterrer des trésors. Tout un pan de nos relations avec les autochtones nous est révélé par de menus objets qui servaient de monnaie pour les échanges commerciaux ou diplomatiques : fusils savamment décorés, bijoux, verroterie, et autres. Notre mode de vie, les techniques de fabrication d'outils, d'ustensiles et de biens domestiques de différentes époques sont autant d'éléments qui seront mis en vitrine. Le chantier-école, déménagé sur place depuis l'an 2000, représente une expérience rêvée pour les étudiants en archéologie de l'Université Laval.

LA GARE DU PALAIS, LA GARE INTERMODALE ET LA PLACE PUBLIQUE

Si le dernier palais des Intendants n'avait pas été démoli par les Anglais au temps de la menace américaine en 1775, il n'aurait pas à rougir du véritable château français qu'on a érigé en 1915 à proximité de ses ruines. On pourrait penser qu'Harry Edward Prindle, l'architecte de la gare de Québec (gare du Palais), avait pressenti que ce qu'il est convenu d'appeler l'îlot des Palais retrouverait un jour sa noblesse architecturale pour les célébrations du 400ᵉ anniversaire, et qu'il lui fallait donc, d'ores et déjà, lui donner un voisin à la mesure de sa résurrection.

La gare du Palais, joyau architectural qui évoque les châteaux de la Loire.

D'emblée, lorsqu'il débouche dans la basse-ville depuis la côte du Palais, ou qu'il arrive par la rue Saint-Paul, le visiteur est transporté dans un ailleurs d'une autre époque. Succédant dans le temps au premier chantier naval de la colonie, puis aux halles du marché Saint-Paul et enfin à la gare de la Quebec North Shore Railways, voilà qu'une masse imposante prend tout l'espace derrière un aménagement paysager restauré selon le meilleur goût, prolongement d'autres beautés de la haute-ville.

C'est la gare du Palais.

Avec ses murs de maçonnerie robuste, ses lucarnes effilées bien accrochées à sa toiture de cuivre et ses trois tourelles en forme d'éteignoirs, la gare du Palais ne rate pas son effet. Si le tout prend des airs du pays de la Loire et de ses châteaux, la matière ayant servi à son édification est bien d'ici. À preuve, c'est la région d'Argenteuil qui a fourni le granit ; celle de Deschambault, la pierre ; enfin, l'Eastern Canada Steel and Iron Works en a usiné la charpente d'acier.

La beauté et la majesté ne sont pas les seuls atouts de la gare. En effet, à l'affût des techniques de pointe, son créateur a choisi de lui donner un plan en L, appelé *Head Type*, lequel a comme avantage de permettre aux trains de repartir en sens contraire une fois les passagers descendus. Ce concept était nouveau en sol québécois, mais commençait à se répandre ailleurs : la gare de l'Est à Paris en est un exemple. Si l'Américain Prindle avait le vent dans les voiles en tant que créateur, il avait tout de même le sens de l'économie : il rejeta

L'aménagement paysager urbain, rehaussé de la fontaine du sculpteur Charles Daudelin, ajoute à la beauté de l'endroit, désigné gare patrimoniale en 1993 par la Commission des lieux et monuments historiques du Canada.

l'idée d'une verrière au-dessus de l'embarcadère, cette dernière étant jugée trop onéreuse de construction et, surtout, d'entretien.

Quand son projet vit le jour en 1915, les passagers franchissant le seuil, au-dessous de l'horloge et de la grande fenêtre qui mange la façade, furent saisis par le modernisme des lieux : les quatre grands arcs d'acier de la charpente, bien visibles et quand même très esthétiques ; les divisions fonctionnelles des aires de service ; la diversité des commodités, tous ces éléments étaient, et demeurent, indubitablement la marque du début du siècle. S'inscrivant dans le progrès, le bâtiment de Prindle deviendra la première gare Union. En effet, à partir de 1917, les trains du Canadien Pacifique, du Québec & Lac Saint-Jean et du Canadian Northern transiteront tous sous son toit.

modernisme des lieux

Entre 1975 et 1985, la gare sera quasi complètement paralysée par d'importants travaux de restauration confiés au groupe d'architectes québécois Gelais et Tremblay. La couverture de cuivre toute neuve de même que les verrières à nouveau pimpantes feront dix ans plus tard le bonheur des voyageurs, heureux de retrouver leur gare. À ce plaisir s'ajouta en prime la commodité d'une gare intermodale intégrant le terminus d'autobus, dont les véhicules desservent les principales villes du Québec, la grande accessibilité du traversier à proximité, de même que les services locaux de voitures taxis et d'autobus express. Bien que d'aucuns aient exprimé des réserves au sujet du nouvel aménagement intérieur, critiquant la disparition des longs bancs au profit de sièges modulaires, l'ajout jugé inutile de lampadaires sombres et hors d'échelle, le raffinement initial de sa décoration est par contre encore présent dans son hall, éclairé par une verrière qui illustre l'hémisphère occidental, ses planchers de marbre ou de mosaïque, ses murs couverts de carreaux et de briques.

C'est enfin grâce à toutes ces qualités que la gare du Palais a été classée en 1993 et figure sur la liste des gares patrimoniales du Canada. L'autre motif de sa distinction réside dans l'aménagement paysager urbain conçu dans l'esprit des grands jardins par la ville de Québec de concert avec la Commission de la capitale nationale du Québec et l'entreprise Hydro-Québec. L'architecte Charles Daudelin l'a rehaussé d'une superbe fontaine illustrant *la puissance de l'eau, source d'énergie renouvelable et de développement*. À l'heure des grands choix environnementaux, cette intention de l'artiste ne peut que mettre sur la bonne voie les voyageurs épris d'harmonie.

LE DOMAINE MAIZERETS

En contrebas, les berges d'une giboyeuse canardière... Plus haut, vers les zones habitées, un immense domaine boisé pourvu d'un lopin défriché et d'une maison de ferme. Voilà la précieuse acquisition des Messieurs du Séminaire, le 14 janvier 1705. Neuf ans auparavant, les vendeurs, Thomas Doyon et son épouse, Barbe Trépany, l'avaient acheté de Simon Denis de La Trinité.

Les titres du domaine eurent par la suite une grande stabilité, puisqu'il restera, pendant près de trois siècles, la propriété du Séminaire de Québec avant de passer, le 21 décembre 1979, aux mains de la Ville de Québec, puis de la Commission de la capitale nationale, en 2001. La vocation de ce bel îlot de verdure, sis au 1000, rue De La Vérandrye, compte à présent un centre récréo-éducatif et un espace vert très fréquentés.

De dimensions d'abord modestes, alors qu'on la désignait comme la maison de la Canardière, la maison qui prit le nom de Louis Ango de Maizerets, le supérieur du Séminaire, n'équivaudrait en surface qu'à six fenêtres et une porte dans la partie droite de la façade du bâtiment actuel. Et elle ne comptait qu'un étage, occupé par le fermier, alors que des étudiants logeaient dans ses mansardes. Au cours des ans, elle atteindra une taille si impressionnante qu'on la prendra, à tort, pour un manoir. Mais son histoire est marquée de catastrophes.

Ainsi, en 1775, après avoir occupé la maison pendant près d'une année, les rebelles américains la quittèrent en l'incendiant. À partir des murs épargnés, les Messieurs du Séminaire refirent la

Le domaine Maizerets, dont l'harmonie architecturale ne laisse en rien transparaître son histoire marquée de catastrophes.

Histoire vivante du Québec

structure munie cette fois de deux nouveaux étages. Un autre agrandissement, trente ans plus tard, ainsi que l'ajout d'un clocheton lui donnèrent alors un petit air de parenté avec le Séminaire, et sera suivi de l'érection d'une autre rallonge de 15 mètres vers l'ouest. Cette dernière, à toiture asymétrique, sera toutefois incendiée en 1923 et la partie centrale connaîtra le même sort en 1927. En remettant le bâtiment en état, on en profita pour refaire la toiture, plus harmonieuse celle-là. Désormais, cet édifice à l'architecture typique du XVIIe siècle français, malgré son grand dépouillement, fut empreint plus que jamais d'un air de noblesse. Sa longue vocation de résidence d'été, confirmée par l'absence de cave voûtée et de doubles fenêtres, ses cheminées peu nombreuses et la grande simplicité de son aménagement intérieur, lui confère un air de légèreté, repris par son bel étang, où des saules se mirent en toute quiétude.

Tout l'aménagement paysager du domaine est d'inspiration anglaise. Cet espace, emprunté autrefois par les séminaristes pour méditer ou lire leur bréviaire, est devenu un lieu de culte pour les défenseurs du patrimoine vert qui œuvrent afin de laisser en partage aux générations futures les marais naturels, l'arboretum aux mille essences, les 15 000 végétaux divers et les oiseaux qui les célèbrent.

Les Messieurs du Séminaire peuvent dormir en paix : leur ténacité a porté fruit.

En 1987, Parcs Canada fit ériger ces deux stèles en l'honneur de Donnacona et de Cartier. Par leur force symbolique, elles évoquent les différences entre les deux peuples qui venaient de se rencontrer.

LE PARC CARTIER-BRÉBEUF

C'est à Limoilou, à la jonction des rivières Saint-Charles et Lairet, qu'en 1535 Jacques Cartier fut contraint d'hiverner à bord de la *Grande* et de la *Petite Hermine,* et de l'*Émérillon.* N'eût été de la sollicitude des Stadaconéens, il aurait probablement connu le même sort que les 25 malheureuses victimes du scorbut dénombrées dans son équipage confiné sur ses bateaux. Par bonheur, ayant eu vent des méfaits de ce terrible mal qui affectait les hommes blancs, les Indiens s'approchèrent de leur «campement» et vinrent leur offrir généreusement de l'*annedda*, une tisane miraculeuse au goût de cèdre.

Puisque ces lieux soulignent les premières rencontres entre Européens et autochtones, initiées par Jacques Cartier et le père Jean de Brébeuf, les responsables de Parcs Canada ont fait en sorte que ce site célèbre à la fois les deux cultures. C'est ainsi que, jusqu'au printemps 2007, on pouvait y admirer une maison iroquoienne toute en longueur, une *long house* (d'une vingtaine de mètres), recouverte d'écorces de pruche. Sous l'effet des odeurs de sapinage et de poisson boucané, les visiteurs, tout en manipulant les objets usuels exposés, exprimaient souvent pouvoir mieux comprendre la complexité quotidienne de ce peuple, réputé guerrier, s'adonnant aussi bien au négoce et à l'agriculture qu'à la chasse et la pêche. La nécessité d'y accomplir des travaux a entraîné sa fermeture.

Dans un autre registre, la mise en scène de la monumentale sculpture qu'on a fait ériger sur le site en 1987 dégage une symbolique fort riche. Essentiellement, on y assiste à la rencontre mythique des deux peuples que tout divise pourtant. Les protagonistes sont Cartier, arrivant par la rivière, qu'on a représenté agenouillé, et le chef Donnacona, venu quant à lui de ses terres pour l'accueillir en toute dignité. Chaque détail de l'œuvre met en perspective le caractère impossible de cette rencontre : la stèle rectangulaire de Cartier faisant contraste avec l'arrondi, naturel et harmonieux, de son vis-à-vis. Entre les deux, une large bande de granit, qui représente l'océan, est aussi fort évocatrice, de même que les fresques représentant les habitations respectives des deux peuples.

Une visite au parc Cartier-Brébeuf donne le pouls de l'audace ou de la conviction du découvreur. Il y a cette croix de bois, cuivre et acier, érigée en 1888, et déplacée en 1984 pour lui assurer une meilleure visibilité. Elle prolonge dans le temps celle que le célèbre Malouin y planta avant son départ, le 3 mai 1536. Puis, pendant deux décennies, après avoir fait les beaux jours d'Expo 67, la fameuse réplique de la *Grande Hermine* s'ajouta aux attractions du parc. Malheureusement, le navire reconstitué n'a pas résisté aux outrages du temps et du climat. En 1993, devant se résigner à le démolir, alors qu'il constituait une des principales attractions du parc, les autorités en ont profité pour en repenser tout le concept.

Depuis, un nouveau pavillon donnant l'illusion d'un navire à quai accueille les visiteurs, et, bien équipée, de taille réelle, une coupe d'un navire donne la juste mesure des voyages du temps de Cartier. Au-delà des témoins matériels de ce lieu éminemment historique, tout est mis en œuvre pour que, tels Cartier et Brébeuf – les figures qui y sont honorées –, le visiteur fasse un grand voyage en lointaine contrée. En suivant de près les exploits des marins venus avec le grand explorateur, et en s'attardant à la noblesse du père Jean de Brébeuf, mort à la suite d'un horrible martyre en 1649, il apprendra des premiers les dures conditions de vie ; il partagera les intrigues politiques ayant fait obstacle au deuxième et, enfin, il s'approchera de la flamme qui animait les missionnaires venus évangéliser les âmes au péril de leur vie. Se faisant un devoir de rappel, le monument Cartier-Brébeuf instauré le 24 juin 1889 pour le 350e anniversaire du deuxième voyage de Cartier commémore toujours le dur hivernement du pilote malouin et la prise de possession de l'endroit au nom de leur Dieu par les missionnaires jésuites.

Une des églises de Saint-Roch. Elle fut démolie en 1914, faute d'espace pour accueillir tous les fidèles de la paroisse.

L'ÉGLISE SAINT-ROCH

Sur une période d'à peine plus d'un siècle, quatre édifices se seront succédé avant que la version définitive de l'église Saint-Roch ne s'inscrive pour de bon dans le quartier du même nom. Les deux premières ont été rasées par les flammes, à 30 ans d'intervalle. Quant à la troisième, on l'a démolie en 1914 dans le but de la remplacer par une autre plus adaptée aux besoins spirituels de la population. Malheureusement, plusieurs embûches de taille ont entravé les travaux. Le décès de l'architecte Talbot, puis celui de l'entrepreneur n'en sont pas les moindres et ils ont fait en

L'église Saint-Roch actuelle, dont l'architecture marie les styles néogothique et néoroman.

sorte qu'il a fallu attendre plusieurs années avant qu'enfin, en 1920, les fidèles puissent avoir accès à leur lieu de culte.

Ce nouveau temple provoqua chez les paroissiens un sentiment de fierté. Les architectes Talbot et Dionne leur avaient fait cadeau d'une église s'apparentant de plus d'une manière à la cathédrale Notre-Dame de Paris. Dans la lignée de Viollet-le-Duc, ils avaient marié, en les revisitant, le gothique et le roman. Ouvertures hautes parfaitement ordonnées, partie centrale encadrée de deux tours carrées percées de fenêtres en ogive, utilisation répétée d'arcs en plein cintre, voilà donc quelques éléments de leur interprétation de l'idéal antique.

Si l'extérieur avait de quoi réjouir, les paroissiens désenchantè-rent devant l'ornementation intérieure : les coûts du chantier s'étant avérés très élevés, il fallut trois autres années avant qu'elle soit réali-sée. Louis-Napoléon Audet en fut désigné comme maître d'œuvre. Il dessinera aussi le mobilier en chêne blanc avant d'en confier la fabri-cation à l'atelier de Joseph Villeneuve, à Saint-Romuald. Dernières touches précieuses, les verrières créées par la maison montréalaise Hobbs qui furent installées en 1924.

On aurait pu croire qu'après avoir vaincu tant d'aléas la belle église pouvait à jamais briller en toute quiétude sous le soleil du bon Dieu. Mais les démons de la modernité guettaient... C'est ainsi qu'en 1974 la construc-tion du Mail centre-ville, au-dessus de la rue Saint-Joseph que l'église jouxte, étouffa la façade de la belle église déchue et peu à peu délaissée. Pendant dix ans, son sort hasardeux laissa ainsi présager d'une fermeture imminente et même de l'abolition de la paroisse Saint-Roch...

Dans cette tourmente, les belles orgues de la célèbre maison Casa-vant auront-elles, plus que toute autre prédiction alarmante, su toucher les cœurs ? Toujours est-il qu'en 1984 l'archevêque a décidé de maintenir la paroisse. Par la suite, en 2000, les auvents qui déparaient la rue Saint-Joseph furent abattus, et les autorités municipales annoncèrent un plan de rénovation et de revitalisation du quartier devenu mal famé.

L'église survécut et son parvis, restauré, put dès lors accueillir dignement les amateurs du Festival de musique sacrée de Québec.

LES JARDINS DE SAINT-ROCH

À la fin du XIXe siècle, le quartier Saint-Roch était le plus populeux et le plus prospère de la ville de Québec. Longtemps après, les maga-sins Pollack, Laliberté et Syndicat ont attiré des générations venues de la haute-ville et des périphéries. Puis, autour de 1960, l'essor pro-digieux des banlieues et des centres commerciaux a littéralement érodé le tissu social et commercial de ce secteur. La classe moyenne l'a délaissé, et, pendant une trentaine d'années, Saint-Roch n'offrit plus que désolation.

Vue plongeante
des jardins de
Saint-Roch qui
illustre bien
l'embellissement
de ce quartier
au cours
des dernières
années.

C'est bien connu, la misère engendre la misère et la seule manière d'envisager des jours meilleurs est de mettre un frein à la laideur. C'est ce qu'ont compris les promoteurs Roger MacKay et Louis Fortier qui se sont mis en tête d'insuffler au quartier un air de noblesse au moyen d'un îlot de verdure. Les initiateurs du projet, dont la réalisation allait être confiée à la firme d'aménagement Cardinal et Hardy, ont conçu un espace fleuri qui serait parsemé de pommetiers, de conifères et de feuillus, et rehaussé d'un immense bassin d'eau. Noble en soi, l'idée de cette place verte, sortie de terre en 1992, ne fit pas que des heureux. D'aucuns y virent une simple opération de camouflage de la part des mieux nantis et auraient préféré qu'avec les six millions investis dans le projet on se penche plutôt sur les problèmes de logement des classes moins favorisées. Car on craignait que ces dernières n'en seraient que davantage isolées du fait qu'une nouvelle faune, attirée par la perspective de petits cafés et de boutiques branchées, bien évidemment hors de la portée des bourses modestes, envahirait le quartier. D'autres, encore, auraient souhaité que l'on confie exclusivement la réalisation de ce projet à des artistes du quartier.

Pour ce qui est de l'intention première d'y ériger deux tours de trente étages, les critiques virulentes firent en sorte que les deux immeubles furent rayés des planches des promoteurs.

L'histoire jugera de la pertinence finale de ces jardins, mais depuis 1992, force est de reconnaître l'émergence de retombées positives : la réfection de la Dominion Corset à proximité, de même que

la construction de l'École nationale d'administration publique en font partie. Et les trois bustes du jardin qui honorent René Richard, Alfred Pellan et Horatio Walker marquent la mesure de la vitalité culturelle des alentours (Galerie Rouje, Théâtre de la Bordée, Théâtre Impérial, complexe Méduse, École des arts visuels...).

Mais ce qu'un grand nombre parmi les plus humbles apprécient surtout dans ce parc aux 250 variétés de végétaux, c'est la fraîcheur d'une fontaine en temps de canicule. Assis sur un banc, ils peuvent s'approprier les bontés de la Nature à la manière des gens de la haute-ville.

L'HÔPITAL GÉNÉRAL

À la jonction des quartiers Saint-Roch et Saint-Sauveur, à l'extrémité du boulevard Langelier, on trouve un hôpital exceptionnel. Au-delà de ses fonctions médicales encore actuelles assurées par l'Université Laval, l'endroit est à la fois une municipalité, une paroisse, un musée et un lieu de mémoire. Comme quoi Mgr de Saint-Vallier, deuxième évêque de Québec, a eu amplement raison, en 1692, d'acheter aux Récollets le monastère de Notre-Dame-des-Anges qui s'y trouvait pour confier aux Augustines la nouvelle vocation d'asile hospitalier de l'établissement.

Ce legs en était un de qualité : le comte de Frontenac lui-même y avait aménagé une aile pour y passer ses cinq retraites annuelles. Outre les murs et une bonne partie de la charpente, qui datent de l'époque des Récollets, subsistent encore quelques cellules ainsi que la poutraison et les boiseries du réfectoire. Peint par le frère Luc, le

Ci-contre : L'Hôpital général, au cœur du quartier Saint-Sauveur, vers 1890.

retable du maître-autel de la chapelle des Récollets est aussi un vestige de la présence de ces missionnaires qui, en juin 1615, sont arrivés dans la colonie en compagnie de Champlain.

Dès les débuts de leur charge, c'est-à-dire la direction et l'intendance d'un asile destiné aux pauvres, aux vieillards et aux invalides, les religieuses ont façonné le patrimoine bâti en procédant à des agrandissements : une aile pour le logement des pensionnaires et l'hôpital, dont le foyer, les planchers, les poutres et les plafonds ont survécu au temps, et une autre pour loger la communauté et la pharmacie. Leur état original a été altéré lors de l'incendie de 1755, mais l'ensemble n'a pas été anéanti. Par ailleurs, avec les sommes avancées par le pieux fondateur de l'hôpital, les religieuses ont érigé un moulin à eau, puis un à vent et enfin un autre, en pierre, en 1731. C'est celui-là, restauré après deux incendies, qu'on peut encore admirer, boulevard Langelier, dans un petit parc aménagé pour les enfants.

Singularité de l'histoire de la colonie, où le feu était l'un des pires ennemis, la section proprement réservée à l'hôpital a été épargnée.

Est-ce l'effet de la protection divine (Mgr de Saint-Vallier avait instauré, en 1717, la tradition d'une procession du dimanche, pratique qui s'est perpétuée jusqu'en 1965) ou est-ce la véritable barrière coupe-feu que constituent les planchers faits de solives trapézoïdales qui est responsable de cette préservation ? Chose certaine, ici on a pu éviter les catastrophes et, des 18 moulins construits à Québec, celui des Augustines est le seul qui ait survécu. Ce dernier prouve, par ailleurs, les qualités de gestionnaires des Augustines. En effet, non seulement elles avaient compris qu'il leur fallait acquérir une autonomie de subsistance, mais bien vite elles ont mis en pratique leur conviction que la réhabilitation des indigents passait par le sentiment de se savoir utiles. C'est ainsi que, selon leurs moyens, les patients participaient aux travaux des champs et de la ferme. Cette dernière est aujourd'hui disparue : les commerces du boulevard Hamel l'ont, hélas, remplacée.

Si le décès de Mgr de Saint-Vallier, en 1728, marqua la fin du prodigieux essor de l'hôpital, l'asile des sœurs ne cessera d'asseoir la pérennité de sa vocation. Et, avec le temps, des ailes s'ajoutèrent ou se ramifièrent. La dernière en importance, l'aile Saint-Joseph, fut complétée en 1951. Auparavant, en 1849, on avait procédé à un agrandissement en hauteur par l'addition d'un troisième étage, puis d'un quatrième cent ans plus tard. Chaque fois, les travaux furent réalisés avec le souci de préserver le cachet d'époque de l'ensemble. En 1977, c'est justement dans cet esprit que les murs de pierre furent dépouillés de leur recouvrement à clin et de leur crépi.

Frederick Temple Blackwood, marquis de Dufferin (1826-1902), peut être considéré comme le sauveur du Québec historique, lorsqu'il occupa le poste de gouverneur général du Canada de 1872 à 1878. «Il s'employa à concilier les aspirations nationalistes des libéraux avec un impérialisme expansionniste et généreux. Sa sensibilité à cet égard ne trouva pas d'expression plus manifeste que dans les efforts qu'il déploya pour préserver et embellir les fortifications de Québec et pour obtenir de la reine Victoria qu'elle commandite une nouvelle porte, la porte Kent. Incidemment, la belle terrasse qui surplombe le Saint-Laurent à Québec porte le nom de Dufferin.» (professeur Ben Forster)

Marie Fisbach (1806-1885) est née à Saint-Vallier-de-Bellechasse. Orpheline très jeune, elle devient la servante d'un veuf qu'elle épousera. Veuve à son tour, elle accepte de prendre la direction d'une œuvre dont l'objectif est «d'aider la femme moralement et socialement malheureuse». Au tout début de l'année 1850, avec une compagne, elle met sur pied l'asile Sainte-Madeleine qui accueille des femmes «repenties». Pour s'occuper de cette catégorie de femmes et des classes pour des jeunes, elle fonde la congrégation des Sœurs servantes du Cœur-Immaculé de Marie, plus connue comme les «sœurs du Bon-Pasteur».

Louis de Buade, comte de Frontenac et de Palluau (1622-1698), a été, à deux reprises, gouverneur de la Nouvelle-France, soit de 1672 à 1682 et de 1689 à son décès. Son épouse, Anne de La Grange, ne l'a pas suivi dans la colonie. Il accepte plutôt mal les limites de son autorité, ce qui suscite plusieurs problèmes aussi bien avec les autorités religieuses qu'avec les différents intendants. Lors de la guerre de la Ligue d'Augsbourg (1689-1697), il fait fortifier la ville de Québec. Subsiste toujours la redoute qu'il fit construire sur le Cap-aux-Diamants en 1693.

François-Xavier Garneau (1809-1866) est considéré comme le premier «historien national» du Québec. Notaire de profession, il publie d'abord quelques poèmes avant de se consacrer à l'histoire. Avant même la publication du rapport de Lord Durham, il commence à publier des articles sur l'histoire des «combats et batailles livrés en Canada et ailleurs auxquels les Canadiens ont pris part». En 1845 paraît le premier tome de son *Histoire du Canada,* qui sera suivi de plusieurs autres. Certains lui reprocheront ses jugements sur Laval et les Jésuites. Ce qui amènera l'historien à modifier quelque peu son texte.

Marie Guyart (1599-1672), plus connue sous son nom de religieuse : Marie de l'Incarnation, a été la première supérieure du monastère des Ursulines de Québec. Avec deux autres religieuses, elle arrive à Québec le 1er août 1639, en même temps que les trois hospitalières qui viennent fonder un hôpital. Elle s'est occupée de l'éducation des petites Françaises ainsi que de quelques fillettes autochtones, mais avec peu de succès. Elle a laissé une abondante correspondance. Les lettres qu'elle adressait à son fils Claude contiennent une foule de détails sur la vie quotidienne de l'époque.

L'extase de Marie de l'Incarnation, d'après Enrico Bottoni.

Louis Hébert (c1575-1627) est considéré comme le premier colon canadien. Il est apothicaire de profession. Après un séjour en Acadie, Samuel de Champlain le convainc de venir s'installer à Québec avec son épouse, Marie Rollet, et ses trois enfants. En 1620, il est nommé procureur du roi. Malgré l'opposition de certains dirigeants des compagnies qui détenaient le monopole de commerce, il réussit à récolter assez de produits pour subvenir non seulement aux besoins de sa famille, mais aussi à ceux de quelques autres habitants.

En plein labeur, Louis Hébert, le premier colon de la Nouvelle-France, et sa femme, Marie Rollet. Tableau de J.-B. Lagacé.

Louis Jobin (1845-1928) est originaire de Saint-Raymond de Portneuf. Il est célèbre pour ses œuvres religieuses. Le monastère des Ursulines possède une statue de saint Joseph et une autre de Notre-Dame-du-Sacré-Cœur. Plusieurs musées présentent des œuvres de Louis Jobin, qui a vécu plusieurs années à Québec, avant de décéder à Sainte-Anne-de-Beaupré. Il est considéré comme «l'un des statuaires les plus prolifiques de la fin du XIXe siècle et du début du XXe».

Wilfrid Laurier (1841-1919) a été premier ministre du Canada de 1896 à 1911. Il a agi comme chef du Parti libéral du Canada de 1887 jusqu'à son décès. Avocat de profession, il a aussi été journaliste. En 1874, il siège à la Chambre des communes. Trois ans plus tard, il est élu député libéral de la circonscription de Québec-Est, poste qu'il occupera jusqu'à son décès. Un monument lui a été élevé et installé à la jonction du boulevard Charest et du boulevard Langelier, à la frontière entre les quartiers Saint-Roch et Saint-Sauveur.

Louis-Joseph, marquis de Montcalm (1712-1759), s'est illustré à plusieurs reprises lors de combats en Europe occidentale. En 1756, il est nommé maréchal de camp de l'armée française en Amérique du Nord, alors que le gouverneur de la Nouvelle-France, Pierre de Rigaud de Vaudreuil, assure «le commandement de toutes les forces armées de la colonie». Deux ans plus tard, Montcalm devient le commandant suprême. Sa victoire la plus éclatante demeure celle de Carillon, en juillet 1758. Plusieurs lui reprocheront sa précipitation lors de la bataille sur les plaines d'Abraham.

Joseph Morrin (1794-1861) est admis à la pratique de la médecine en 1815. Onze ans plus tard, il devient le premier président de la Société médicale de Québec. Par la suite, il participe à la création du Collège des médecins et chirurgiens du Bas-Canada. Il est l'un des fondateurs de l'Asile de Beauport. Il a été le premier maire de Québec à être élu directement par les voteurs. Si son nom est associé au Morrin College, c'est que cette institution doit sa naissance à une importante contribution financière de Joseph Morrin.

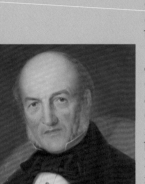

Portrait du Dr Joseph Morrin, l'un des fondateurs de l'Asile de Beauport.

Jacob Mountain (1749-1825) devient évêque du diocèse anglican de Québec, qui venait d'être créé en 1793. Une de ses premières tâches est de faire construire une cathédrale qui est inaugurée le 28 août 1804, sous le titre de «Holy Trinity». Il se préoccupe de l'instruction de la population. Il s'est valu le titre de «fondateur de l'Église d'Angleterre dans les Canadas», comme on peut le lire sur son épitaphe.

Simon-Napoléon Parent (1855-1920) a été avocat et, très tôt, il s'intéresse à la politique municipale. Après avoir représenté le quartier de Saint-Vallier au conseil municipal de Québec, il est maire de Québec de 1894 à 1906. D'allégeance libérale, il a représenté la circonscription de Saint-Sauveur à l'Assemblée législative de la province de Québec. Il a été premier ministre de la province de Québec de 1900 à 1905. Il a été l'un des promoteurs de la construction d'un pont entre les deux rives.

Joseph-Ferdinand Peachy (1830-1903) devient l'un des architectes les plus importants de la région de Québec à partir du milieu des années 1860. Il dessine les plans de plusieurs églises, dont ceux de l'église Saint-Sauveur. C'est à lui que François-Xavier Garneau demande de dresser les plans de sa maison. On fait aussi appel à ses services pour plusieurs futures banques. Son œuvre la plus remarquable est sans doute l'église Saint-Jean-Baptiste. «Ce monument, écrivent Luc Noppen et Denyse Légaré, peut être considéré comme le manifeste du parti architectural de Peachy, c'est-à-dire comme un témoignage de son adhésion à l'éclectisme classique français ou style Second Empire.»

Jean Talon (1626-1694) a été l'un des plus célèbres intendants de la Nouvelle-France. Il eut deux termes : un premier, de 1665 à 1668, et un second, de 1670 à 1672. Comme l'impliquait sa charge, il était responsable de la justice, de la police et des finances. Il s'occupa de dresser le premier recensement de la colonie. Son séjour en Canada a été considéré comme l'âge d'or de la période française, même si, de nos jours, quelques historiens commencent à nuancer leur appréciation du «règne» de Talon.

Jean-Baptiste de La Croix de Chevrières de Saint-Vallier (1653-1727) a été le deuxième évêque de la Nouvelle-France. Son caractère et ses prises de position lui valurent plusieurs ennemis. En 1704, alors qu'après une absence de quatre ans il s'apprête à revenir à Québec, le navire à bord duquel il fait la traversée est attaqué par les Anglais. Saint-Vallier est fait prisonnier et amené en Angleterre. Il ne retrouve sa liberté que cinq ans plus tard, mais il n'obtient la permission royale de revenir dans la colonie qu'en 1713. Il choisit d'aller vivre à l'Hôpital général plutôt que d'occuper l'évêché. C'est à cet endroit qu'il décède le 26 décembre 1727.

Elzéar-Alexandre Taschereau (1820-1898) a été recteur de l'Université Laval de 1860 à 1866. Quatre ans plus tard, il est nommé archevêque du diocèse de Québec. Sur plusieurs questions, il s'oppose à Ignace Bourget, l'évêque du diocèse de Montréal, qui l'accuse de tendances «libérales». En 1886, il devient le premier Canadien à être élevé au rang de cardinal. Sa santé commençant à décliner, il confie l'administration du diocèse à son coadjuteur Louis-Nazaire Bégin. C'était en 1894.

Sculpture représentant l'intendant Jean Talon.

L'amorce de la rue Sainte-Famille vue depuis le parvis de la basilique de Québec.

Une scène d'aujourd'hui qui rappelle celle du marché de la place Royale au XVIIe siècle.

REMERCIEMENTS

Pierre Caron remercie l'Institut Canadien de Québec qui l'a logé dans sa résidence des écrivains à l'été 2006 pour lui faciliter l'accès aux sites historiques de Québec et sa région.

Également, sa reconnaissance va à Christiane Bohémier, son épouse, cette «fignoleuse» hors pair, sa première lectrice dont les conseils lui sont essentiels.

Jacques Lacoursière remercie celles et ceux qui, par leurs recherches et leurs écrits, ont enrichi ses connaissances de l'histoire vivante de Québec et sa région.

Achevé d'imprimé au Canada
sur les presses de Quebecor World Saint-Jean